발달지체 영유아 조기개입 | 표현언어편(I) 3

임경옥 저

학지사

머리말

필자가 25년을 특수교육현장에 있으면서 느꼈던 가장 큰 안타까움은 장애 및 발달지체 영유아를 지도하기 위해 조기에 개입할 수 있는 지침서가 없다는 것이었다. 이와 관련하여 이들을 양육하는 부모와 현장에서 지도하는 교사들의 요구가 지속되었지만 감히 엄두를 낼 수가 없었다.

그러나 대학에서 후학을 양성하고자 운영하던 특수교육기관을 정리하면서 그동안 미루어왔던 장애 영유아 발달 영역별 지도를 위한 지침서를 현장 경험을 바탕으로 열정 하나만 가지고 집필하였고, 출간된 지 벌써 6년이 지났다.

열정만 가지고 집필했던 지침서는 6년이 지난 현 시점에서 돌이켜 보면 부끄러워 감히 내놓을 수 없을 만큼 미숙하고 부족한 부분이 너무 많아 죄송한 마음을 금할 길 없다. 그럼에도 불구하고 『장애 영유아 발달 영역별 지침서』(전5권)가 장애 영유아를 지도하는 데 많은 도움이 되었다는 장애아동의 부모님, 특수교사, 그리고 장애 영유아를 위한 유아 교육현장의 통합반 담당 교사들에게 먼저 감사드린다. 그리고 부족한 부분에 조언을 아끼지 않고 오랫동안 이 책을 지켜봐 주신 주변 지인들에게도 감사의 인사를 드린다. 이러한 지원과 채찍은 기존에 출판된 저서의 미숙하고 부족한 부분을 보완하여 전반적인 수정과 더불어 다시 집필해야 한다는 책무로 다가왔다. 그러므로 『발달지체 영유아 조기개입』에 대한 집필은 이 책을 아껴 주셨던 모든 분에게 감사의 마음으로 헌납하고자 심혈을 기울였으며, 처음 집필 시의 열정을 가지고 미숙하게 출간된 부끄러움을 조금이나마 만회하고자 최선을 다하였다.

이 책은 시리즈로 구성되어 각 영역별로 구성되어 있다. '인지' '수용언어' '표현언어' '대근육과 소근육' '사회성과 신변처리' 등의 영역으로 구성되어 있으며, 각 영역별로 가정에서도 장애 및 발달지체 영유아를 쉽게 지도할 수 있도록 초점을 맞추었다. 이를 위해 가능한 한 전문적인 용어를 배제하고 가장 쉽게 이해할 수 있는 용어를 선택하고자 고심하였으며, 실제적이고 기능 중심적인 항목을 배치하고자 노력하였다. 그리고 각 항목마다 되도록 자세히 서술하였고, 각 책의 부록에는 각 영역별 발달수준을 체크하여 지도할 수 있도록 항목별 시행 일자와 습득 일자를 기록할 수 있는 관찰표를 수록하였다.

따라서 이 책을 활용하여 지도할 경우, 각 항목의 방법 1은 수행 여부를 가늠하기 위한 선행검사에 중점을 두었으므로 방법 1로 각 항목의 수행 여부를 관찰표에 기록한 후 지도하도록 한다. 이를 위해 각 영역별로 개인별 특성을 고려하여 장애 및 발달지체 영유아의 현재 나이를 기준으로 한두 살 아래와 위 단계까지 관찰표에 수행 여부를 기록한 후 지도할 것을 권장한다. 또한 각 항목별 수행 후 반드시 다양하게 위치를 바꾸어 수행 여부를 확인해야 하며, 특히 그림 지도 시에는 위치가 고정되어 있어 외워서 수행될 가능성을 배제할 수 없으므로 그림을 여러 장 복사한 후 그림을 오려서 다양하게 위치를 바꾸어 확인해야 한다.

강화제(행동의 결과로 영유아가 좋아하는 것을 제공하는 것. 예: 음식물, 장난감, 스티커 등) 적용은 각 항목의 방법에 적용되어 있는 순서를 참고하여 필요 시 각 단계마다 적절하게 상황을 판단하여 제공해 줄 것을 제안한다. 그리고 처음 지도 시에는 자주 강화제를 제공하다가 점차 줄여 나가야 함을 유의하도록 한다.

끝으로, 이 책이 장애 및 발달지체 영유아를 양육하는 부모님과 이들을 현장에서 지도하는 모든 교사, 그리고 장애 영유아를 위한 보육교사와 특수교사를 배출하는 대학의 교재로서 미력하나마 도움이 되길 진심으로 바란다. 또한 이 책의 출판을 맡아 준 학지사의 김진환 사장님을 비롯하여 완성도 높은 책이 출판될 수 있도록 힘든 편집과 교정 및 삽화 작업을 묵묵히 도와주신 편집부 김준범 차장님과 직원들에게도 감사드린다. 마지막으로 이 책의 이해를 돕기 위해 사용한 삽화의 근간이 되어 준 『장애 영유아 발달 영역별 지침서』의 그림을 그려 준 딸 수지와 진심으로 격려해 주고 지원해 준 지인들에게 무한한 고마움을 전하며 모든 분에게 하나님의 축복과 영광이 함께하길 기원한다.

장애 및 발달지체 영유아의 행복한 삶을 기원하며

2018년 2월 임경옥

차례

표현언어편 (I)

0~1세 — — — -• 11

1~2세 — — — -• 19

표현언어편 (I)

| 0~1세 | 1~2세 | 2~3세 | 3~4세 | 4~5세 |

0~1세

1 쿠잉(cooing) 하기

0~1세

목표 | 쿠잉을 할 수 있다.

자료 | 뚜껑을 열면 인형이 튀어나오는 장난감, 강화제

방법 ❶

- 교사가 발성하기 가장 쉬운 모음(예: 'ㅏ' 'ㅜ')이나 자음(예: 'ㄱ' 'ㅋ')을 사용하여 소리(예: '아' '쿠') 내는 시범을 보인다.
- 영아에게 교사를 모방하여 소리를 내어 보라고 한다.
- 수행되면 영아 스스로 소리를 내어 보라고 한다.
- 수행되면 영아의 특성에 맞는 적절한 강화제를 제공한다.

방법 ❷

- 영아가 자발적으로 내는 소리가 있으면 교사가 모방해서 영아와 같은 소리를 낸다.
- 교사가 발성하기 가장 쉬운 모음(예: 'ㅏ' 'ㅜ')이나 자음(예: 'ㄱ' 'ㅋ')을 사용하여 아, 구, 쿠 등의 소리를 내는 시범을 보인다.
- 영아에게 교사를 모방하여 아, 구, 쿠 등과 비슷한 소리를 내어 보라고 한다.
- 모방하지 못하면 교사가 뚜껑을 열면 인형이 튀어나오는 장난감을 열어 인형이 튀어나오면 놀라는 시늉을 하면서 "아."라고 발성하는 시범을 보인다.

• 영아에게 교사를 모방하여 "아."와 비슷한 소리를 내어 보라고 한다.
• 모방하지 못하면 교사의 입을 손으로 막았다 뗐다 하면서 "아, 아, 아……." 소리를 내고 영아에게 모방하게 한다.
• 교사가 영아의 입에 손을 대고 막았다 뗐다 하면서 "아, 아, 아……." 소리를 내게 유도한다.
• 도움을 점차 줄여 간다.
• 수행되면 영아 스스로 "아." 소리를 내어 보라고 한다.
• 수행되면 교사가 "쿠(푸)." 소리를 발성하는 시범을 보인다.
• 영아에게 교사를 모방하여 "쿠."와 비슷한 소리를 내어 보라고 한다.
• 모방하지 못하면 교사가 영아의 입술 모양을 '쿠' 소리가 나올 수 있도록 잡아 준 후 영아에게 "쿠."와 비슷한 소리를 내어 보라고 한다.
• 수행되면 영아 스스로 '우' '가' '카' 등을 소리 내게 한다.
• 수행되면 영아의 특성에 맞는 적절한 강화제를 제공한다.

☞ 지도하기 전에 교사가 입술을 맞닿아 떨어서 "푸르르르." 하는 소리를 시범 보인 후 영아에게 "푸르르르." 하는 소리를 반복시킨 다음 지도해도 효과적이다. "푸르르르." 하는 소리는 일반적으로 영아 스스로 하는 경우가 대부분이다.

☞ 필요시 각 단계마다 적절한 강화제(예: 안아 주기, 뽀뽀하기, 칭찬하기, 좋아하는 과자나 장난감 주기 등)를 제공하면 과제 수행을 촉진할 수 있으므로 모든 연령에 활용하도록 한다.

☞ 쿠잉 단계(cooing stage): 초기 옹알이 시기로 생후 2~3개월 시기에 모음과 비슷한 소리 중 후설 모음, 즉 입천장 뒤쪽에서 발음되는 소리(예: 'ㅏ' 'ㅜ')와 목 뒤쪽에서 나는 자음(예: 'ㄱ' 'ㅋ')과 비슷한 소리를 내기 시작한다. 특히 이 시기에는 '구' 나 '쿠' 와 같이 비둘기 울음 같은 소리를 내기 때문에 쿠잉 단계라고 한다.

2 같은 음절 반복해서 소리 내기

0~1세

목표 | 같은 음절을 반복해서 소리 낼 수 있다.

자료 | 같은 구절이 반복되는 동요, 강화제

방법 ❶

- 교사가 같은 구절이 반복되는 동요, 예를 들어 "손이 ♬ 시려워~꽁 ♬ 발이 시려워~꽁 ♬ 겨울바람 때~문에 ♬ 꽁꽁꽁 ♬ 손이 꽁꽁꽁 ♬ 꽁 ♬ 발이 꽁꽁꽁 ♬ 꽁 ♬ 겨울바람 때문에~ ♬ 꽁꽁꽁 ♬" 동요의 "꽁꽁꽁" 부분을 개사하여 "손이 ♬ 시려워~파(아), 발이 시려워~ ♬파(아) ♬ 겨울바람 때~문에 ♬ 파파파(아, 아, 아) ♬"를 반복해서 불러 준다.
- 교사가 예를 들어 "아, 아, 아." "우, 우, 우." "바, 바, 바." "가, 가, 가." "파, 파, 파." 등 영아가 발성하기 쉬운 발음을 선택하여 소리 내는 시범을 보인다.
- 영아에게 교사를 모방하여 "아, 아, 아." "우, 우, 우." "바, 바, 바." "가, 가, 가." "파, 파, 파." 등의 소리를 내어 보라고 한다.
- 수행되면 영아 스스로 소리를 내어 보라고 한다.
- 수행되면 영아의 특성에 맞는 적절한 강화제를 제공한다.

방법 ❷

- 교사가 같은 구절이 반복되는 동요, 예를 들어 "손이 ♬ 시려워~꽁 ♬ 발이 시려워~꽁 ♬ 겨울바람 때~문에 ♬ 꽁꽁꽁 ♬ 손이 꽁꽁꽁 ♬ 꽁 ♬ 발이 꽁꽁꽁 ♬ 꽁 ♬ 겨울바람 때문에~ ♬ 꽁꽁꽁 ♬" 동요의 "꽁꽁꽁" 부분을 개사하여 "손이 시려워~ ♬바(아), 발이 시려워~ ♬바(아), 겨울 바람 때~문에 ♬ 바, 바, 바(아, 아, 아) ♬"를 반복해서 불러 준다.
- 교사가 예를 들어 "바 바 바." 소리를 내는 시범을 보인다.

- 영아에게 교사를 모방하여 "바, 바, 바." 소리를 내어 보라고 한다.
- 모방하지 못하면 교사가 영아의 손을 교사 입에 갖다 댄 후 교사가 "바, 바, 바." 소리를 내어 준다.
- 교사가 영아의 입술을 잡고 입술을 다물었다 떼는 동작을 반복적으로 해 주며 "바, 바, 바." 소리를 내어 보라고 한다.
- 교사가 "바."라고 첫소리를 말해 준 후 영아에게 "바, 바."라는 소리를 내어 보라고 한다.
- 도움을 점차 줄여 간다.
- 수행되면 영아 스스로 "바, 바, 바." 소리를 내어 보라고 한다.
- 수행되면 교사가 예를 들어 팔을 양쪽으로 벌렸다 앞으로 모으면서 "아, 아, 아." 소리를 내는 시범을 보인다.
- 영아에게 교사를 모방하여 "아, 아, 아." 소리를 내어 보라고 한다.
- 모방하지 못하면 교사가 영아의 입술을 잡고 입술을 '아' 모양으로 만들어 준 후 "아, 아, 아." 소리를 내어 보라고 한다.
- 교사가 영아의 양쪽 팔을 잡고 팔을 양쪽으로 벌렸다 앞으로 모으면서 "아, 아, 아." 소리를 낼 수 있도록 도와준다.
- 도움을 점차 줄여 간다.
- 수행되면 영아 스스로 "아, 아, 아." 소리를 내어 보라고 한다.
- 수행되면 영아의 특성에 맞는 적절한 강화제를 제공한다.

☞ 다른 음절도 다양한 방법, 예를 들어 '우' 지도 시 양쪽 팔을 아래에서 위로 올리면서 지도한다. 신체 동작과 함께 지도하면 발성을 촉진시킬 수 있다. 신체 동작은 교사나 부모가 영아의 양쪽 팔을 잡고 만들어 주면 된다.

☞ "리 리 리 자로 ♬ 끝나는 말은~ ♬ 꾀꼬리, 목소리, 개나리, 울타리, 오~리 한~ 마리 ♬" 동요를 개사하여 "아 아 아 자로 ♬ 끝나는 말은~ ♬ 복숭아, 코코아, 물방아, 아세아, 카나리~아~

♬" 로 반복하여 들려주거나 '아' 대신 다른 음절로 바꾸어 활용하면 된다.

☞ 반복 옹알이 단계(canonical stage): 일반적으로 알고 있는 옹알이 시기로 7~10개월 되는 영아들이 자음+모음으로 이루어진 음절 한 가지(예: '바바바')를 반복해서 말한다. 그러나 영아가 자신의 의사를 표현하기 위한 것은 아니다. 이 시기에 영아가 내는 소리에 대해 부모나 교사가 적절하게 같은 소리로 반응해 주면 영아의 옹알이를 촉진시킬 수 있다.

3 자음과 모음 반복 연결하기 0~1세

목표 | 자음과 모음을 반복하여 연결할 수 있다.

자료 | 같은 구절이 반복되는 동요, 강화제

방법 ❶

- "바람 불~어도~ ♬ 괜~찮아요. 괜~찮아요. 괜~찮아요. 쌩쌩 불~어도 괜~찮아요. 난 난난 나는 ♬ 괜~찮아요." 동요의 "괜~찮아요." 부분을 개사하여, 예를 들어 "바람 불~어도 ♬ 바~파~바 ♬"를 반복하여 들려준다.
- 교사가 발성하기 가장 쉬운 자음(예: '바' '파')이나 모음(예: '아' '우')을 사용하여 연결해서 "바-파-바." 또는 "아-바-파." 소리를 내는 시범을 보인다.
- 영아에게 교사를 모방하여 "바-파-바." 또는 "아-바-파." 소리를 내어 보라고 한다.
- 수행되면 영아 스스로 "바-파-바." 또는 "아-바-파." 소리를 내어 보라고 한다.
- 수행되면 영아의 특성에 맞는 적절한 강화제를 제공한다.

방법 ❷

- "바람 불~어도~ ♬ 괜~찮아요. 괜~찮아요. 괜~찮아요. 쌩쌩 불~어도 괜~찮아요. 난 난난 나는 ♬ 괜~찮아요 ♬" 동요의 '괜~찮아요' 부분을 개사하여, 예를

들어 "바람 불~어도 ♬ 바~파~바 ♬"를 반복하여 들려준다.

- 교사가 발성하기 가장 쉬운 자음(예: '바' '파')이나 모음(예: '아' '우')을 사용하여 연결해서 "바-파-바." 또는 "아-바-파." 소리를 내는 시범을 보인다.
- 영아에게 교사를 모방하여 "바-파-바." 또는 "아-바-파." 소리를 내어 보라고 한다.
- 모방하지 못하면 교사가 영아의 입술을 잡고 입 모양을 만들어 준 후 "바-파-바." 또는 "아-바-파." 소리를 내어 보라고 한다.
- 교사가 영아의 손을 교사 입에 대어 소리를 낼 때 나오는 숨이나 음을 느껴 보도록 한 후 "바-파-바." 또는 "아-바-파." 소리를 내어 보라고 한다.
- 도움을 점차 줄여 간다.
- 영아 스스로 "바-파-바." 또는 "아-바-파." 소리를 내어 보라고 한다.
- 수행되면 다른 자음과 모음도 반복하여 연결해서 소리를 내어 보라고 한다.
- 수행되면 영아의 특성에 맞는 적절한 강화제를 제공한다.

☞ 반복 옹알이 단계를 거친 후 10~18개월 영아들은 혼합 옹알이 단계(variegated stages), 즉 여러 음절을 다양하게 사용하는 비반복 옹알이(예: 가-아-바) 단계에 접어들게 된다. 이 단계에서 영아들의 옹알이는 여러 음절을 다양한 순서(예: 가-우-바)로 사용하게 되며 억양도 다양해진다.

☞ 영아가 자발적으로 내는 자음(예: '바' '파')과 모음(예: '아' '우') 발화가 있으면 교사가 모방해서 영아와 같은 소리를 반복 연결(예: '가-우-바' 또는 '우-가-바')해 주도록 한다.

4 "빠이빠이." 표현하기

목표 | "빠이빠이."를 표현할 수 있다.

자료 | 강화제

방법 ❶

- 교사가 손을 좌우로 흔들며 "빠이빠이."라고 말하는 시범을 보인다.
- 영아에게 교사를 모방하여 "빠이빠이."라고 말해 보라고 한다.
- 수행되면 영아 스스로 "빠이빠이."라고 말해 보라고 한다.
- 수행되면 영아의 특성에 맞는 적절한 강화제를 제공한다.

방법 ❷

- 교사가 손을 좌우로 흔들며 "빠이빠이."라고 말하는 시범을 보인다.
- 영아에게 교사를 모방하여 "빠이빠이."라고 말해 보라고 한다.
- 모방하지 못하면 교사가 양 입술을 다물었다 떼면서 "빠." 소리를 과장되게 내는 시범을 보인다.
- 영아에게 교사를 모방하여 "빠." 소리를 내어 보라고 한다.
- 모방하지 못하면 교사가 손으로 영아의 양 입술을 닿게 만들어 떼면서 "빠." 소리를 낼 수 있도록 도와준 후 "빠." 소리를 내어 보라고 한다.
- 수행되면 교사가 '빠'라고 말하는 입 모양을 보여 주며 영아에게 "빠."라고 말해 보라고 한다.
- 도움을 점차 줄여 간다.
- 수행되면 영아 스스로 "빠."라고 말해 보라고 한다.
- 수행되면 교사가 "이."라고 말하는 시범을 보인다.
- 영아에게 교사를 모방하여 "이."라고 말해 보라고 한다.

- 모방하지 못하면 교사가 손으로 영아의 입술을 '이' 모양이 되도록 만들어 준 후 "이."라고 말해 보라고 한다.
- 수행되면 교사가 '이'라고 말하는 입 모양을 보여 주며 영아에게 "이."라고 말해 보라고 한다.
- 도움을 점차 줄여 간다.
- 수행되면 영아 스스로 "이."라고 말해 보라고 한다.
- 수행되면 교사가 "빠이."라고 말해 준 후 영아에게 교사를 모방하여 "빠이."라고 말해 보라고 한다.
- 수행되면 교사가 "빠이빠이."라고 말해 준 후 영아에게 교사를 모방하여 "빠이빠이."라고 말해 보라고 한다.
- 수행되면 영아 스스로 "빠이빠이."라고 말해 보라고 한다.
- 수행되면 영아의 특성에 맞는 적절한 강화제를 제공한다.

5 호흡 훈련 I

1~2세

목표 | 발성을 위해 호흡을 짧게 할 수 있다.

자료 | 나팔, 피리, 호루라기, 하모니카 등, 강화제

방법 ①

- 교사가 불면 소리가 나는 악기(예: 나팔, 피리, 호루라기, 하모니카)들을 제시한 후 입에 물고 불면서 소리를 내는 시범을 보인다.
- 영아에게 교사를 모방하여 소리가 나는 악기들을 입으로 불어 소리를 내어 보라고 한다.
- 수행되면 영아 스스로 소리가 나는 악기들을 입으로 불어 소리를 내어 보라고 한다.
- 수행되면 영아의 특성에 맞는 적절한 강화제를 제공한다.

방법 ②

- 교사가 불면 소리가 나는 악기(예: 나팔, 피리, 호루라기, 하모니카)들을 제시한 후 입에 물고 불면서 소리를 내는 시범을 보인다.
- 영아에게 교사를 모방하여 소리가 나는 악기들을 입으로 불어 소리를 내어 보라고 한다.

- 불지 못하면 교사가 예를 들어 나팔을 입에 물고 불면서 소리를 내는 시범을 보인다.
- 영아에게 교사를 모방하여 나팔을 불어 소리를 내어 보라고 한다.
- 모방하지 못하면 영아의 손을 교사 입 앞에 대고 교사가 입술로 영아의 손에 바람을 불어 영아가 바람을 느낄 수 있도록 한다.
- 교사가 나팔을 영아의 입에 끼운 후 다른 교사와 함께 영아의 코를 손으로 잡아 막고 입술을 나팔에 맞게 오므려 주어 호흡을 하면 소리가 날 수 있도록 도와준다.
- 도움을 점차 줄여 간다.
- 수행되면 영아 스스로 나팔을 불어 보라고 한다.
- 수행되면 교사가 예를 들어 피리를 입에 물고 불면서 소리를 내는 시범을 보인다.
- 영아에게 교사를 모방하여 피리를 불어 소리를 내어 보라고 한다.
- 모방하지 못하면 나팔을 지도한 것과 같은 방법으로 지도한다.
- 수행되면 호루라기, 하모니카 등도 같은 방법으로 지도한다.
- 수행되면 영아 스스로 소리가 나는 악기들을 입으로 불어 소리를 내어 보라고 한다.
- 수행되면 영아의 특성에 맞는 적절한 강화제를 제공한다.

☞ 부는 것을 힘들어하는 경우 빨대로(처음에는 굵고 짧은 빨대를 사용하다가 점차 가는 빨대로 바꾸어 주어야 함) 우유나 음료수를 마시게 하는 것도 호흡 훈련에 도움이 된다. 이때 우유에 천연색소(예: 자색 고구마 분말, 블루베리 액)를 넣어 주면 영아가 흥미를 가질 수 있어 효과적이다.

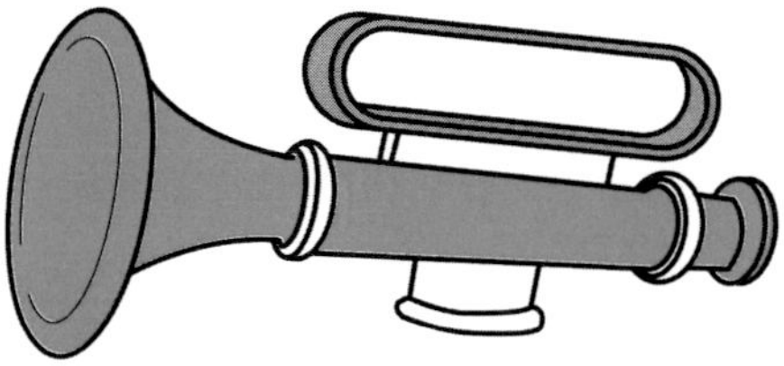

나팔

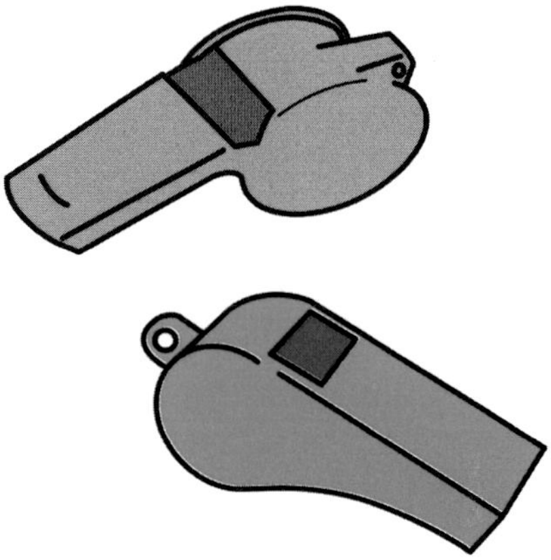

호루라기

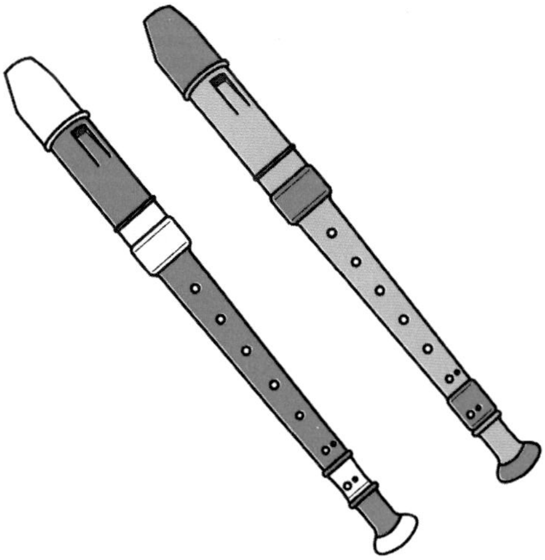

피리

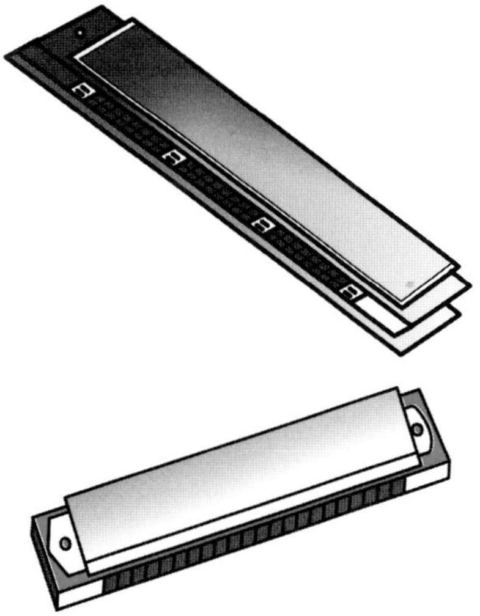

하모니카

6 호흡 훈련 II

1~2세

목표 | 발성을 위해 호흡을 짧게 할 수 있다.

자료 | 색종이 조각, 반짝이 조각, 접시 또는 쟁반, 강화제

방법 ❶

- 교사가 색종이 조각과 반짝이 조각을 잘라서 섞은 후 접시 또는 쟁반에 담아 놓는다.
- 교사가 쟁반에 담긴 색종이 조각과 반짝이 조각들을 "후." 하고 불어서 날리는 모습을 시범 보인다.
- 영아에게 교사를 모방하여 색종이와 반짝이 조각들을 "후." 하고 불어서 날려 보라고 한다.
- 수행되면 영아 스스로 색종이와 반짝이 조각들을 "후." 하고 불어서 날려 보라고 한다.
- 수행되면 영아의 특성에 맞는 적절한 강화제를 제공한다.

방법 ❷

- 교사가 색종이 조각과 반짝이 조각을 잘라 섞은 후 접시 또는 쟁반에 담아 놓는다.
- 교사가 쟁반에 담긴 색종이 조각과 반짝이 조각들을 "후." 하고 불어서 날리는 모습을 시범 보인다.
- 영아에게 교사를 모방하여 색종이와 반짝이 조각들을 "후." 하고 불어서 날려 보라고 한다.
- 모방하지 못하면 영아의 손을 교사 입 앞에 대고 입술로 영아의 손에 바람을 불어 영아가 바람을 느낄 수 있도록 한다.
- 교사가 영아의 코를 손으로 잡아 막아 준 후 접시에 색종이를 담아 영아 입 가까이에 대 주어 숨을 내쉬면서 색종이가 날릴 수 있도록 도와준다.

- 영아에게 교사를 모방하여 입술을 모아 '오' 모양을 만들어 보라고 한다.
- 모방하지 못하면 교사가 영아의 입술을 모아 '오' 모양이 되도록 만들어 준다.
- 영아 스스로 입술을 모아 '오' 모양을 만들어 "후." 하고 불어 보라고 한다.
- 도움을 점차 줄여 간다.
- 수행되면 영아 스스로 색종이와 반짝이 조각들을 "후." 하고 불어서 날려 보라고 한다.
- 수행되면 영아의 특성에 맞는 적절한 강화제를 제공한다.

7 호흡 훈련 III

1~2세

목표 | 발성을 위해 호흡을 짧게 할 수 있다.

자료 | 색종이, 반짝이 수술, 강화제

방법 1

- 색종이의 윗면(가로)을 2cm의 여분을 두고 세로로 1cm 간격으로 잘라 입으로 "후." 하고 불면 잘린 부분의 색종이가 흔들리게 만들어 놓는다.
- 교사가 반짝이 수술과 준비된 색종이를 "후." 하고 불어 하단 부분이 흔들리는 시범을 보인다.
- 영아에게 교사를 모방하여 반짝이 수술과 색종이를 "후." 하고 불어 흔들리게 해 보라고 한다.
- 수행되면 영아 스스로 반짝이 수술과 색종이를 "후." 하고 불어 흔들리게 해 보라고 한다.
- 수행되면 영아의 특성에 맞는 적절한 강화제를 제공한다.

방법 ❷

- 교사가 반짝이 수술을 “후.” 하고 불어 하단 부분이 흔들리는 시범을 보인다.
- 영아에게 교사를 모방하여 반짝이 수술을 “후.” 하고 불어 흔들리게 해 보라고 한다.
- 모방하지 못하면 영아의 손을 교사 입 앞에 대고 교사가 입술로 영아의 손에 바람을 불어 영아가 바람을 느낄 수 있도록 한다.
- 교사가 영아의 코를 손으로 잡아 막고 입술을 잠깐 오므려 준 후 놓아 주면 호흡에 의해 반짝이 수술이 흔들리도록 도와준다.
- 영아에게 교사를 모방하여 입술을 모아 ‘오’ 모양을 만들어 보라고 한다.
- 모방하지 못하면 교사가 영아의 입술을 ‘오’ 모양이 되도록 만들어 준다.
- 영아 스스로 입술을 모아 ‘오’ 모양을 만들어 “후.” 하고 불어 보라고 한다.
- 도움을 점차 줄여 간다.
- 수행되면 영아 스스로 반짝이 수술을 “후.” 하고 불어 흔들리게 해 보라고 한다.
- 수행되면 색종이의 윗면(가로)을 2cm의 여분을 두고 세로로 1cm 간격으로 잘라 입으로 “후.” 하고 불면 잘린 부분의 색종이가 흔들리게 만들어 놓는다.
- 교사가 준비된 색종이를 “후.” 하고 불어 색종이의 잘린 부분이 흔들리는 시범을 보인다.
- 영아에게 교사를 모방하여 색종이를 “후.” 하고 불어 흔들리게 해 보라고 한다.
- 모방하지 못하면 반짝이 수술을 “후.” 하고 불게 한 것과 같은 방법으로 지도한다.
- 수행되면 영아의 특성에 맞는 적절한 강화제를 제공한다.

☞ 영아가 흥미를 가질 수 있는 다양한 색깔이 섞인 반짝이 수술을 준비(판매되는 것을 구입하거나 집에서 다양한 색깔의 노끈을 잘게 찢어 윗부분을 묶어 사용하면 됨)하여 색종이 부는 것과 같은 방법으로 지도하면 된다.

☞ 반짝이 수술과 색종이 불기가 수행되면 4절지 종이의 윗면을 약 5cm 정도 접어 그대로 두고 나머지 부분을 세로로 잘라서 불 수 있도록 지도하면 발성을 위한 호흡 훈련에 도움이 된다.

8 호흡 훈련 IV

1~2세

목표 | 발성을 위해 호흡을 짧게 또는 길게 할 수 있다.

자료 | 초, 라이터, 케이크(조각 케이크나 초코파이), 강화제

방법 ❶

- 케이크(조각 케이크나 초코파이)에 초를 꽂아 촛불을 켜 둔다.
- 교사가 입술을 '오' 모양으로 만들어 촛불 가까이에 대고 "후." 하고 불면서 촛불을 끄는 시범을 보인다.
- 영아에게 교사를 모방하여 입술을 '오' 모양으로 만든 후 "후." 하고 불어 촛불을 꺼 보라고 한다.
- 수행되면 영아 스스로 "후." 하고 불어 촛불을 꺼 보라고 한다.
- 수행되면 영아의 특성에 맞는 적절한 강화제를 제공한다.

방법 ❷

- 케이크(조각 케이크나 초코파이)에 초를 꽂아 촛불을 켜 둔다.
- 교사가 입술을 '오' 모양으로 만들어 촛불 가까이에 대고 "후." 하고 불면서 촛불을 끄는 시범을 보인다.
- 영아에게 교사를 모방하여 촛불 가까이에 대고 "후." 하고 불면서 촛불을 꺼 보라고 한다.
- 모방하지 못하면 교사가 입술을 '오' 모양으로 만드는 시범을 보인다.
- 영아에게 교사를 모방하여 입술을 '오' 모양으로 만들어 보라고 한다.
- 모방하지 못하면 교사가 영아의 입술을 '오' 모양이 되도록 만들어 준다.
- 도움을 점차 줄여 간다.
- 영아 스스로 입술을 모아 '오' 모양을 만들어 보라고 한다.

- 수행되면 영아에게 교사를 모방하여 입술을 '오' 모양으로 만든 후 "후." 하고 불어 촛불을 꺼 보라고 한다.
- 모방하지 못하면 영아의 입에 나팔을 물려 준 후 촛불을 영아 앞에 놓는다.
- 영아가 나팔에서 나오는 바람으로 촛불을 끌 수 있도록 교사가 촛불을 영아 입 높이에 올려 주어 촛불이 꺼지게 도와준다.
- 영아에게 나팔을 불게 함과 동시에 교사가 나팔을 빼면서 촛불을 영아 입 높이에 올려 주어 나팔을 불 때 남아 있는 호흡으로 촛불이 꺼지게 도와준다.
- 도움을 점차 줄여 간다.
- 수행되면 영아 스스로 입술을 모아 '오' 모양을 만든 후 "후." 하고 불어 촛불을 꺼 보라고 한다.
- 수행되면 영아의 특성에 맞는 적절한 강화제를 제공한다.

☞ 영아가 "후." 하고 바람을 불지 못하면 영아의 손을 교사 입 가까이에 닿게 한 후 교사가 영아의 손에 "후." 하고 바람을 불어 주어 영아에게 "후." 하고 불면 바람이 나온다는 것을 인식시켜 준 다음 과제를 시행하도록 한다.

☞ 수행되면 케이크에 초를 꽂아 '생일 축하' 노래를 불러 주면서 촛불을 끄게 한다.

9 혀 훈련 I

1~2세

목표 | 발성을 위해 혀를 좌, 우로 움직일 수 있다.

자료 | 꿀, 설탕, 일회용 비닐장갑, 강화제

방법 ①

- 교사가 혀를 내밀어 윗입술과 아랫입술 전체를 핥는 모습을 시범 보인다.

• 영아에게 교사를 모방하여 혀를 내밀어 윗입술과 아랫입술 전체를 핥아 보라고 한다.
• 수행되면 영아 스스로 혀를 내밀어 윗입술과 아랫입술 전체를 핥아 보라고 한다.
• 수행되면 영아의 특성에 맞는 적절한 강화제를 제공한다.

방법 ❷

• 교사가 혀를 내밀어 윗입술을 오른쪽에서 왼쪽, 왼쪽에서 오른쪽으로 핥는 시범을 보인다.
• 영아에게 교사를 모방하여 혀를 내밀어 윗입술을 오른쪽에서 왼쪽, 왼쪽에서 오른쪽으로 핥아 보라고 한다.
• 모방하지 못하면 교사가 혀를 내밀어 윗입술을 오른쪽에서 왼쪽으로 핥는 시범을 보인다.
• 영아에게 교사를 모방하여 혀를 내밀어 윗입술을 오른쪽에서 왼쪽으로 핥아 보라고 한다.
• 모방하지 못하면 교사가 일회용 비닐장갑을 끼고 영아의 혀를 오른쪽에서 왼쪽으로 핥을 수 있도록 움직여 준다.
• 교사가 영아의 윗입술에 꿀이나 설탕을 발라 준 후 영아에게 윗입술을 오른쪽에서 왼쪽으로 핥아 보라고 한다.
• 도움을 점차 줄여 간다.
• 수행되면 영아 스스로 윗입술을 오른쪽에서 왼쪽으로 핥아 보라고 한다.
• 수행되면 교사가 혀를 내밀어 윗입술을 왼쪽에서 오른쪽으로 핥는 시범을 보인다.
• 영아에게 교사를 모방하여 혀를 내밀어 윗입술을 왼쪽에서 오른쪽으로 핥아 보라고 한다.
• 모방하지 못하면 윗입술을 오른쪽에서 왼쪽으로 핥게 한 것과 같은 방법으로 지도한다.
• 수행되면 영아 스스로 혀를 내밀어 윗입술 전체를 핥아 보라고 한다.

- 수행되면 교사가 혀를 내밀어 아랫입술을 왼쪽에서 오른쪽, 오른쪽에서 왼쪽으로 핥는 시범을 보인다.
- 영아에게 교사를 모방하여 혀를 내밀어 아랫입술을 오른쪽에서 왼쪽, 왼쪽에서 오른쪽으로 핥아 보라고 한다.
- 모방하지 못하면 교사가 혀를 내밀어 아랫입술을 오른쪽에서 왼쪽으로 핥는 시범을 보인다.
- 영아에게 교사를 모방하여 혀를 내밀어 아랫입술을 오른쪽에서 왼쪽으로 핥아 보라고 한다.
- 모방하지 못하면 윗입술을 오른쪽에서 왼쪽으로 핥게 한 것과 같은 방법으로 지도한다.
- 수행되면 교사가 혀를 내밀어 아랫입술을 왼쪽에서 오른쪽으로 핥는 시범을 보인다.
- 영아에게 교사를 모방하여 혀를 내밀어 아랫입술을 왼쪽에서 오른쪽으로 핥아 보라고 한다.
- 모방하지 못하면 윗입술을 오른쪽에서 왼쪽으로 핥게 한 것과 같은 방법으로 지도한다.
- 수행되면 영아 스스로 혀를 내밀어 아랫입술 전체를 핥아 보라고 한다.
- 수행되면 교사가 혀를 내밀어 윗입술과 아랫입술 전체를 핥는 시범을 보인다.
- 영아에게 교사를 모방하여 혀를 내밀어 윗입술과 아랫입술 전체를 핥아 보라고 한다.
- 수행되면 영아 스스로 혀를 내밀어 윗입술과 아랫입술 전체를 핥아 보라고 한다.
- 수행되면 영아의 특성에 맞는 적절한 강화제를 제공한다.

☞ 필요시 교사가 일회용 비닐장갑을 낀 후 꿀이나 설탕이 발려 있는 영아의 입술을 따라 영아의 혀를 움직일 수 있도록 도와주도록 한다.

10 혀 훈련 II

1~2세

목표 | 발성을 위해 혀를 위, 아래로 움직일 수 있다.

자료 | 꿀, 설탕, 일회용 비닐장갑, 강화제

방법 ❶

- 교사가 자신의 윗입술 중간에 검지를 댄 후 혀를 내밀어 검지가 닿아 있는 윗입술 중간에 닿게 하는 시범을 보인다.
- 교사가 영아의 윗입술에 검지를 대 준 후 영아에게 교사를 모방하여 혀를 내밀어 그 위치에 닿게 해 보라고 한다.
- 수행되면 교사가 영아의 윗입술에 검지를 대 준 후 영아 스스로 혀를 내밀어 닿게 해 보라고 한다.
- 수행되면 교사가 자신의 아랫입술 중간에 검지를 댄 후 혀를 내밀어 검지가 닿아 있는 아랫입술 중간에 닿게 하는 시범을 보인다.
- 교사가 영아의 아랫입술에 검지를 대 준 후 영아에게 교사를 모방하여 혀를 내밀어 닿게 해 보라고 한다.
- 수행되면 교사가 영아의 아랫입술에 검지를 대 준 후 영아 스스로 혀를 내밀어 검지가 닿아 있는 아랫입술 중간에 닿게 해 보라고 한다.
- 수행되면 영아의 특성에 맞는 적절한 강화제를 제공한다.

방법 ❷

- 교사가 자신의 윗입술 중간에 검지를 댄 후 혀를 내밀어 검지가 닿아 있는 윗입술 중간에 닿게 하는 시범을 보인다.
- 교사가 영아의 윗입술에 검지를 대 준 후 영아에게 교사를 모방하여 혀를 내밀어 그 위치에 닿게 해 보라고 한다.

• 모방하지 못하면 교사가 일회용 장갑을 끼고 검지 끝에 꿀이나 설탕을 발라 영아의 윗입술 중간에 검지를 대 준 후 영아에게 혀를 내밀어 교사의 검지에 닿게 해 보라고 한다.
• 수행되면 영아의 윗입술 중간에 꿀이나 설탕을 발라 준 후 영아에게 혀를 내밀어 윗입술 중간에 닿게 해 보라고 한다.
• 도움을 점차 줄여 간다.
• 수행되면 영아 스스로 혀를 내밀어 윗입술 중간에 닿게 해 보라고 한다.
• 수행되면 교사가 자신의 아랫입술 중간에 검지를 댄 후 혀를 내밀어 검지가 닿아 있는 아랫입술 중간에 닿게 하는 시범을 보인다.
• 교사가 영아의 아랫입술에 검지를 대 준 후 영아에게 교사를 모방하여 혀를 내밀어 검지가 닿아 있는 아랫입술 중간에 닿게 해 보라고 한다.
• 모방하지 못하면 교사가 일회용 장갑을 끼고 검지 끝에 꿀이나 설탕을 발라 영아의 아랫입술 중간에 검지를 대 준 후 영아에게 혀를 내밀어 교사의 검지에 닿게 해 보라고 한다.
• 수행되면 영아의 아랫입술 중간에 꿀이나 설탕을 발라 준 후 영아에게 혀를 내밀어 아랫입술 중간에 닿게 해 보라고 한다.
• 수행되면 교사가 영아의 윗입술과 아랫입술에 무작위로 검지를 대 준 후 영아가 교사가 검지를 대 준 위치에 혀를 내밀어 닿게 할 수 있는지 확인한다.
• 수행되면 영아의 특성에 맞는 적절한 강화제를 제공한다.

☞ 필요시 교사가 일회용 비닐장갑을 낀 후 영아의 혀를 마사지해 주거나 꿀이나 설탕을 손가락 끝에 발라 영아의 혀를 움직일 수 있도록 도와주도록 한다.

11 "아빠." "엄마." 부르기

1~2세

목표 | "아빠." "엄마."를 부를 수 있다.

자료 | 아빠 사진, 엄마 사진, 강화제

방법 ❶

- 교사가 영아의 아빠 사진과 엄마 사진을 앞에 놓고 아빠의 사진을 가리키며 "아빠."라고 부르고, 엄마의 사진을 가리키며 "엄마."라고 부르는 시범을 보인다.
- 영아에게 각각의 사진을 보여 주며 교사를 모방하여 "아빠." "엄마."라고 불러 보라고 한다.
- 수행되면 교사가 각각의 사진을 보여 줄 때 영아 스스로 "아빠." "엄마."라고 불러 보라고 한다.
- 수행되면 영아의 특성에 맞는 적절한 강화제를 제공한다.

방법 ❷

- 교사가 영아의 아빠 사진과 엄마 사진을 앞에 놓고 아빠의 사진을 가리키며 "아빠."라고 부르고, 엄마의 사진을 가리키며 "엄마."라고 부르는 시범을 보인다.
- 영아에게 각각의 사진을 보여 주며 교사를 모방하여 "아빠." "엄마."라고 불러 보라고 한다.
- 모방하지 못하면 교사가 아빠의 사진을 보여 주며 "아빠."라고 부르는 시범을 보인다.
- 영아에게 교사를 모방하여 "아빠."라고 불러 보라고 한다.
- 모방하지 못하면 교사가 "아."를 발음하는 시범을 보인다.
- 영아에게 교사를 모방하여 "아." 소리를 내어 보라고 한다.
- 모방하지 못하면 교사가 영아의 입 모양을 '아'가 되도록 만들어 준 후 "아." 소리

를 내어 보라고 한다.

- 수행되면 교사가 '아'라고 말하는 입 모양을 보여 주며 영아에게 "아." 소리를 내어 보라고 한다.
- 도움을 점차 줄여 간다.
- 수행되면 영아 스스로 "아." 소리를 내어 보라고 한다.
- 수행되면 교사가 "빠."를 발음하는 시범을 보인다.
- 영아에게 교사를 모방하여 "빠." 소리를 내어 보라고 한다.
- 모방하지 못하면 교사가 영아의 입술을 맞닿게 한 후 벌려 주면서 "빠." 소리를 내어 보라고 한다.
- 수행되면 교사가 '빠'라고 말하는 입 모양을 보여 주며 영아에게 "빠." 소리를 내어 보라고 한다.
- 도움을 점차 줄여 간다.
- 수행되면 영아 스스로 "빠." 소리를 내어 보라고 한다.
- 수행되면 교사가 아빠의 사진을 보여 줄 때 영아 스스로 "아빠"라고 불러 보라고 한다.
- 수행되면 교사가 엄마의 사진을 보여 주며 "엄마."라고 부르는 시범을 보인다.
- 영아에게 교사를 모방하여 "엄마."라고 불러 보라고 한다.
- 모방하지 못하면 교사가 '아빠'를 지도한 것과 같은 방법으로 지도한다.
- 수행되면 교사가 엄마의 사진을 보여 줄 때 영아 스스로 "엄마"라고 불러 보라고 한다.
- 수행되면 교사가 각각의 사진을 보여 줄 때 영아 스스로 "아빠." "엄마."라고 불러 보라고 한다.
- 수행되면 영아의 특성에 맞는 적절한 강화제를 제공한다.

☞ 사진을 보고 "아빠." "엄마."를 부를 수 있게 되면 실제 집에서 "아빠." "엄마."를 부를 수 있도록 가정에서도 연계하여 지도할 수 있도록 해야 한다.

12 친숙한 단어 모방하기

1~2세

목표 | 친숙한 단어를 모방할 수 있다.

자료 | 강화제

방법 ❶

- 교사가 예를 들어 "맘마." "빵, 빵." "부릉, 부릉." 등을 발음하는 시범을 보인다.
- 영아에게 교사를 모방하여 "맘마." "빵, 빵." "부릉, 부릉." 등의 친숙한 단어를 말해 보라고 한다.
- 수행되면 영아 스스로 "맘마." "빵, 빵." "부릉, 부릉." 등의 친숙한 단어를 말해 보라고 한다.
- 수행되면 영아의 특성에 맞는 적절한 강화제를 제공한다.

방법 ❷

- 교사가 예를 들어 "맘마."를 발음하는 시범을 보인다.
- 영아에게 교사를 모방하여 "맘마."를 모방해 보라고 한다.
- 모방하지 못하면 교사가 "맘." 소리를 발음하는 시범을 보인다.
- 영아에게 교사를 모방하여 "맘." 소리를 내어 보라고 한다.
- 모방하지 못하면 교사가 영아의 입술을 벌린 후 다시 입술이 맞닿을 수 있도록 양 입술을 잡아 주면서 "맘." 소리를 낼 수 있도록 계속 반복해 준다.
- 수행되면 교사가 '맘'이라고 말하는 입 모양을 보여 주며 영아에게 "맘." 소리를 내어 보라고 한다.
- 도움을 점차 줄여 간다.
- 수행되면 영아 스스로 "맘." 소리를 내어 보라고 한다.
- 수행되면 교사가 "마." 소리를 발음하는 시범을 보인다.

- 영아에게 교사를 모방하여 "마." 소리를 내어 보라고 한다.
- 모방하지 못하면 교사가 영아의 양 입술이 맞닿게 잡아 준 후 벌리면서 "마" 소리를 낼 수 있도록 계속 반복해 준다.
- 교사가 '마'라고 말하는 입 모양을 보여 주며 천천히 반복하여 "마." 소리를 들려준 후 영아에게 "마." 소리를 내어 보라고 한다.
- 도움을 점차 줄여 간다.
- 수행되면 영아 스스로 "마." 소리를 내어 보라고 한다.
- 수행되면 교사가 "맘마" 소리를 발음하는 시범을 보인 후 영아에게 모방하게 한다.
- 수행되면 다른 친숙한 단어(예: 빵, 빵, 부릉, 부릉 등)들도 같은 방법으로 지도한 후 영아에게 교사를 모방하여 친숙한 단어를 말해 보라고 한다.
- 수행되면 영아 스스로 "맘마." "빵, 빵." "부릉, 부릉." 등의 친숙한 단어를 말해 보라고 한다.
- 수행되면 영아의 특성에 맞는 적절한 강화제를 제공한다.

13 원하는 것을 몸짓으로 표현하기 1~2세

목표 | 원하는 것을 몸짓으로 표현할 수 있다.

자료 | 영아가 좋아하는 장난감이나 음식, 강화제

방법 ❶

- 교사가 영아가 원하는 장난감이나 음식을 가지고 영아가 손으로 가리키면 장난감이나 음식을 주는 시범을 보인다.
- 영아에게 교사를 모방하여 원하는 물건이나 음식을 손으로 가리켜 보라고 한 후 영아가 가리키는 것을 준다.
- 수행되면 영아 스스로 원하는 물건이나 음식을 손으로 가리켜 보라고 한 후 영아

가 가리키면 원하는 것을 준다.

- 수행되면 영아의 특성에 맞는 적절한 강화제를 제공한다.

방법 ❷

- 교사가 영아가 원하는 장난감이나 음식을 가지고 손으로 가리키는 물건이나 음식을 주는 시범을 보인다.
- 영아에게 원하는 장난감이나 음식을 손으로 가리켜 보라고 한다.
- 가리키지 못하면 교사가 예를 들어 영아의 손을 잡고 영아가 좋아하는 장난감 자동차를 가리키면 장난감 자동차를 주는 시범을 보인다.
- 영아에게 교사를 모방하여 장난감 자동차를 손으로 가리켜 보라고 한 후 영아가 가리키면 장난감 자동차를 준다.
- 가리키지 못하면 교사가 영아의 손을 잡고 장난감 자동차를 가리킨 후 장난감 자동차를 준다.
- 교사가 장난감 자동차를 가리키며 영아에게 가리켜 보라고 한 후 영아가 가리키면 장난감 자동차를 준다.
- 도움을 점차 줄여 간다.
- 수행되면 영아 스스로 장난감 자동차를 가리켜 보라고 한 후 영아가 가리키면 장난감 자동차를 준다.
- 수행되면 다른 장난감이나 음식도 같은 방법으로 지도한다.
- 수행되면 영아 스스로 원하는 물건이나 음식을 손으로 가리켜 보라고 한 후 영아가 가리키면 원하는 것을 준다.
- 수행되면 영아의 특성에 맞는 적절한 강화제를 제공한다.

☞ 지도하기 전 교사가 먼저 영아가 특별하게 좋아하는 장난감이나 음식의 종류를 파악한 후 지도하도록 한다.

14 신체 두 부위 말하기

1~2세

목표 | 신체 두 부위를 말할 수 있다.

자료 | 인형, 거울, 스티커, 강화제

방법 ❶

- 교사가 "코~라고 ♬ 말해 봐~요 ♬ 말해 봐~요 코, 코, 코 ♬"라고 노래 부르면서 교사의 '코'나 영아의 '코' 를 가리키며 "코."라고 말하는 시범을 보인다.
- 영아에게 교사를 모방하여 "코."라고 말해 보라고 한다.
- 수행되면 교사가 영아의 '코'를 가리키며 "이게 뭐예요?"라고 물어볼 때 영아 스스로 "코."라고 말해 보라고 한다.
- 수행되면 교사가 "눈~이라고 ♬ 말해 봐~요 ♬ 말해 봐~요 눈, 눈, 눈 ♬"이라고 노래 부르면서 교사의 '눈'이나 영아의 '눈'을 가리키며 "눈."이라고 말하는 시범을 보인다.
- 영아에게 교사를 모방하여 "눈."이라고 말해 보라고 한다.
- 수행되면 교사가 영아의 '눈'을 가리키며 "이게 뭐예요?"라고 물어볼 때 영아 스스로 "눈."이라고 말해 보라고 한다.
- 수행되면 교사가 영아의 코를 가리킬 때 영아 스스로 "코."라고 말하고, 교사가 눈을 가리킬 때 "눈."이라고 말해 보라고 한다.
- 수행되면 영아의 특성에 맞는 적절한 강화제를 제공한다.

방법 ❷

- 거울 앞에 서서 교사가 "코~라고 ♬ 말해 봐~요 ♬ 말해 봐~요 코, 코, 코 ♬"라고 노래 부르면서 교사의 '코'를 가리키며 "코."라고 말하는 시범을 보인다.
- 교사가 영아의 '코'를 가리키며 "코."라고 말해 준다.

• 영아에게 교사를 모방하여 "코."라고 말해 보라고 한다.
• 모방하지 못하면 교사가 "코~라고 ♬ 말해 봐~요 ♬ 말해 봐~요 코, 코, 코 ♬" 라고 노래 부르면서 영아의 손을 잡고 '코'를 가리키며 "코~♬ 코, 코, 코, 코~ ♬"라고 말해 준다.
• 교사가 영아의 '코'에 스티커를 붙여 주면서 "코."라고 말해 준다.
• 영아가 '코'에 붙은 스티커를 만지거나 떼어 내려고 할 때 교사가 "코."라고 말해 준다.
• 이와 같은 과정을 몇 번 반복한다.
• 교사가 '코'라고 말하는 입 모양을 보여 주며 천천히 반복하여 "코."라고 말해 준 후 영아에게 "코."라고 말해 보라고 한다.
• 도움을 점차 줄여 간다.
• 수행되면 교사가 영아의 '코'를 가리키며 "이게 뭐예요?" 라고 물어볼 때 영아 스스로 "코."라고 말해 보라고 한다.
• 수행되면 교사가 "눈~이라고 ♬ 말해 봐~요 ♬ 말해 봐~요 눈, 눈, 눈 ♬"이라고 노래 부르면서 교사의 '눈'을 가리키며 "눈."이라고 말하는 시범을 보인다.
• 교사가 영아의 '눈'을 가리키며 "눈."이라고 말해 준다.
• 영아에게 교사를 모방하여 "눈."이라고 말해 보라고 한다.
• 모방하지 못하면 '코'를 지도한 것과 같은 방법으로 지도한다.
• 수행되면 교사가 영아의 코를 가리킬 때 영아 스스로 "코."라고 말하고 눈을 가리킬 때 "눈."이라고 말해 보라고 한다.
• 수행되면 영아의 특성에 맞는 적절한 강화제를 제공한다.

☞ 영아의 신체에 직접 적용하기 전에 먼저 인형을 가지고 노래를 부르며 같은 방법으로 지도하면 효과적일 수 있다.

☞ 일반적으로 신체 부위에 스티커를 붙이면 영아가 무의식적으로 스티커를 떼어 내려고 한다. 그러므로 신체 부위 지도 시 스티커를 적절하게 사용하면 효과적이다.

15 "주세요." 표현하기

1~2세

목표 | "주세요."라고 표현할 수 있다.

자료 | 과자, 음식물, 장난감, 그림책 등, 강화제

방법 ❶

- 교사가 예를 들어 과자를 가리키며 "주세요."라고 말하는 시범을 보인다.
- 영아에게 교사를 모방하여 "주세요."라고 말해 보라고 한다.
- 수행되면 영아 스스로 "주세요."라고 말해 보라고 한다.
- 수행되면 다른 물건이나 음식물도 영아 스스로 "주세요."라고 말해 보라고 한다.
- 수행되면 영아의 특성에 맞는 적절한 강화제를 제공한다.

방법 ❷

- 교사가 예를 들어 과자를 가리키며 "주세요."라고 말하는 시범을 보인다.
- 영아에게 교사를 모방하여 "주세요."라고 말해 보라고 한다.
- 모방하지 못하면 교사가 "주."라고 말해 준 후 영아에게 교사를 모방하여 "주."라고 말해 보라고 한다.
- 수행되면 교사가 "주."라고 말하는 입 모양을 보여 주며 영아에게 교사를 모방하여 "주."라고 말해 보라고 한다.
- 도움을 점차 줄여 간다.
- 수행되면 영아 스스로 "주."라고 말해 보라고 한다.
- 수행되면 교사가 "주세."라고 말하는 시범을 보인다.
- 영아에게 교사를 모방하여 "주세."라고 말해 보라고 한다.
- 모방하지 못하면 교사가 반복하여 "주세."라고 말해 준 후 영아에게 교사를 모방하여 "주세."라고 말해 보라고 한다.

- 수행되면 교사가 “주세.”라고 말하는 입 모양을 보여 주며 영아에게 교사를 모방하여 “주세.”라고 말해 보라고 한다.
- 수행되면 영아 스스로 “주세.”라고 말해 보라고 한다.
- 수행되면 교사가 “주세요.”라고 말하는 시범을 보인다.
- 영아에게 교사를 모방하여 “주세요.”라고 말해 보라고 한다.
- 모방하지 못하면 교사가 “주.”라고 첫 글자를 말해 준 후 영아에게 교사를 모방하여 “주세요.”라고 말해 보라고 한다.
- 수행되면 교사가 “주세요.”라고 말하는 입 모양을 보여 주며 영아에게 교사를 모방하여 “주세요.”라고 말해 보라고 한다.
- 도움을 점차 줄여 간다.
- 수행되면 영아 스스로 “주세요.”라고 말해 보라고 한다.
- 수행되면 다른 물건이나 음식물도 영아 스스로 “주세요.”라고 말해 보라고 한다.
- 수행되면 영아의 특성에 맞는 적절한 강화제를 제공한다.

☞ 영아가 좋아하는 장난감, 음료수, 음식 등을 가지고 위와 같은 방법으로 지도하면 효과적이다. 그리고 영아가 좋아하는 장난감, 음료수, 음식 등을 가지고 지도할 경우 강화제를 준비하지 않고 수행되면 좋아하는 것을 주어도 된다.

서울우유
나100%
세균수
1A등급
체세포수
1등급

웅이와
엄마한테
갈래!

16 친숙한 사물 이름 말하기

1~2세

목표 | 친숙한 사물의 이름을 말할 수 있다.

자료 | 친숙한 사물(예: 컵, 신발, 가방, 모자, 공 등), 강화제

방법 ❶

- 교사가 영아에게 친숙한 사물(예: 컵, 신발, 가방, 모자, 공 등)을 놓고 각각의 이름을 말하는 시범을 보인다.
- 영아에게 교사를 모방하여 친숙한 사물의 이름을 말해 보라고 한다.
- 수행되면 영아 스스로 친숙한 사물의 이름을 말해 보라고 한다.
- 수행되면 영아의 특성에 맞는 적절한 강화제를 제공한다.

방법 ❷

- 교사가 예를 들어 모자를 영아 앞에 놓고 "모자."라고 말하는 시범을 보인다.
- 영아에게 교사를 모방하여 "모자."라고 말해 보라고 한다.
- 모방하지 못하면 교사가 "모."라고 말하는 시범을 보인다.
- 영아에게 교사를 모방하여 "모."라고 말해 보라고 한다.
- 모방하지 못하면 영아의 입을 다물게 한 후 교사가 손으로 영아의 입술을 '모' 모양이 되게 벌려 주면서 "모."라고 말해 보라고 한다.
- 수행되면 교사가 '모'라고 말하는 입 모양을 보여 주며 천천히 "모."라고 반복해서 말해 준 후 영아에게 "모."라고 말해 보라고 한다.
- 도움을 점차 줄여 간다.
- 수행되면 영아 스스로 "모."라고 말해 보라고 한다.
- 수행되면 교사가 "자."라고 말하는 시범을 보인다.
- 영아에게 교사를 모방하여 "자."라고 말해 보라고 한다.

- 모방하지 못하면 교사가 입술을 약간 벌려 이빨이 닿아 있는 상태에서 입을 벌리며 "자."라고 소리 내는 모습을 보여 준 후 영아에게 "자."라고 말해 보라고 한다.
- 수행되면 교사가 '자'라고 말하는 입 모양을 보여 주며 천천히 "자."라고 반복해서 들려준 후 "자."라고 말해 보라고 한다.
- 도움을 점차 줄여 간다.
- 수행되면 영아 스스로 "자."라고 말해 보라고 한다.
- 수행되면 교사가 "모자."라고 말한 후 영아 스스로 "모자"라고 말해 보라고 한다.
- 수행되면 교사가 예를 들어 '컵'을 제시한 후 "컵."이라고 말하는 시범을 보인다.
- 영아에게 교사를 모방하여 "컵."이라고 말해 보라고 한다.
- 모방하지 못하면 '모자'를 지도한 것과 같은 방법으로 지도한다.
- 수행되면 교사가 '모자'와 '컵'을 제시한 후 영아에게 각각의 이름을 말해 보라고 한다.
- 수행되면 나머지 친숙한 사물들도 같은 방법으로 지도한 후 각각의 이름을 말해 보라고 한다.
- 수행되면 영아의 특성에 맞는 적절한 강화제를 제공한다.

☞ 실물로 지도하도록 하고 하나씩 수행될 때마다 먼저 수행된 물건과 같이 놓고 각각의 이름을 정확하게 말할 수 있는지 확인해야 한다.

HELLO KITTY

서울우유
나 100%
세균수
1A등급
체세포수
1등급

MARVEL

17 두세 가지 동물 울음소리 표현하기

1~2세

목표 | 두세 가지 동물 울음소리를 표현할 수 있다.

자료 | 강아지, 고양이, 돼지 모형(그림) 등, 동물 울음소리가 나는 동화책(카세트), 강화제

방법 ❶

- 교사가 강아지와 고양이, 돼지 모형(그림)을 제시한 후 동물 울음소리가 나는 동화책(카세트)을 이용하여 각 동물의 울음소리를 들려준다.
- 교사가 강아지와 고양이, 돼지 모형(그림)을 각각 가리키며 "우리 집에는 ♬ 강~아지 멍멍, 친구 집에는 ♬ 고~양이 야옹, 돼지 소리는 ♬ 꿀~꿀 ♬"이라고 노래 부르며 각 동물의 울음소리를 내는 시범을 보인다.
- 영아에게 교사를 모방하여 각 동물의 울음소리를 내어 보라고 한다.
- 수행되면 교사가 각 동물의 모형을 보여 줄 때 영아 스스로 동물의 울음소리를 내어 보라고 한다.
- 수행되면 영아의 특성에 맞는 적절한 강화제를 제공한다.

방법 ❷

- 교사가 예를 들어 강아지 모형(그림)을 제시한 후 동물 울음소리가 나는 동화책(카세트)을 이용하여 강아지 울음소리를 들려준다.
- 교사가 강아지 모형(그림)을 제시한 후 "우리 집에는 ♬ 강~아지 멍멍 ♬"이라고 노래 부르며 "멍멍."이라고 말하는 시범을 보인다.
- 영아에게 교사를 모방하여 "멍멍."이라고 말해 보라고 한다.
- 모방하지 못하면 교사가 동물 울음소리가 나는 동화책을 이용하여 "멍멍." 소리를 반복해서 들려주거나 직접 말해 준다.
- 교사가 "멍."이라고 첫소리를 말해 준 후 영아에게 교사를 모방하여 "멍멍."이라고

말해 보라고 한다.

- 수행되면 교사가 '멍, 멍'이라고 말하는 입 모양을 보여 주며 천천히 "멍, 멍."이라고 반복해서 들려준 후 영아에게 "멍멍."이라고 말해 보라고 한다.
- 도움을 점차 줄여 간다.
- 수행되면 영아 스스로 "멍멍."이라고 말해 보라고 한다.
- 수행되면 교사가 동물 울음소리가 나는 동화책을 이용하여, 예를 들어 고양이 울음소리를 들려준다.
- 교사가 고양이 모형(그림)을 제시한 후 "친구 집에는 ♬ 고~양이 야옹 야옹 ♬"이라고 노래 부르며 "야옹."이라고 말하는 시범을 보인다.
- 영아에게 교사를 모방하여 "야옹."이라고 말해 보라고 한다.
- 모방하지 못하면 강아지를 지도한 것과 같은 방법으로 지도한다.
- 수행되면 영아 스스로 "야옹."이라고 말해 보라고 한다.
- 수행되면 돼지도 같은 방법으로 지도한 후 영아 스스로 "꿀꿀."이라고 말해 보라고 한다.
- 수행되면 교사가 각 동물의 모형을 보여 줄 때 영아 스스로 각 동물의 울음소리를 말해 보라고 한다.
- 수행되면 영아의 특성에 맞는 적절한 강화제를 제공한다.

18 "안녕."이라고 말하기

1~2세

목표 | "안녕."이라고 말할 수 있다.

자료 | 강화제

방법 ❶

- 교사가 손을 좌우로 흔들며 "안녕."이라고 말하는 시범을 보인다.
- 영아에게 교사를 모방하여 "안녕."이라고 말해 보라고 한다.
- 수행되면 영아 스스로 "안녕."이라고 말해 보라고 한다.
- 수행되면 영아의 특성에 맞는 적절한 강화제를 제공한다.

방법 ❷

- 교사가 손을 좌우로 흔들며 "안녕."이라고 말하는 시범을 보인다.
- 영아에게 교사를 모방하여 "안녕."이라고 말해 보라고 한다.
- 모방하지 못하면 교사가 "아."라고 말한 후 영아에게 교사를 모방하여 "아."라고 말해 보라고 한다.
- 수행되면 교사가 '아'라는 입 모양을 보여 주며 천천히 "아."라고 반복해서 들려준 후 영아에게 "아."라고 말해 보라고 한다.
- 수행되면 영아 스스로 "아."라고 말해 보라고 한다.
- 수행되면 교사가 "아." 소리를 내며 입을 벌린 후 혀를 살짝 내밀어 이빨로 깨물면서 "안."이라고 말하는 시범을 보인다.
- 영아에게 교사를 모방하여 "안."이라고 말해 보라고 한다.
- 도움을 점차 줄여 간다.
- 수행되면 영아 스스로 "안."이라고 말해 보라고 한다.
- 수행되면 교사가 "녕."이라고 말하는 시범을 보인다.

• 영아에게 교사를 모방하여 "녕."이라고 말해 보라고 한다.
• 모방하지 못하면 교사가 손으로 영아의 입술을 '녕' 모양이 되도록 만들어 준 후 "녕."이라고 말해 보라고 한다.
• 수행되면 교사가 '녕'이라는 입 모양을 보여 주며 천천히 "녕."이라고 반복해서 들려준 후 영아에게 "녕."이라고 말해 보라고 한다.
• 도움을 점차 줄여 간다.
• 수행되면 영아 스스로 "녕."이라고 말해 보라고 한다.
• 수행되면 교사가 "안녕."이라고 말해 준 후 영아에게 교사를 모방하여 "안녕."이라고 말해 보라고 한다.
• 수행되면 영아 스스로 "안녕."이라고 말해 보라고 한다.
• 수행되면 영아의 특성에 맞는 적절한 강화제를 제공한다.

19 "이게 뭐야?"라고 질문하기

1~2세

목표 | "이게 뭐야?"라고 질문할 수 있다.

자료 | 영아가 모르는 여러 개의 장난감 및 물건, 강화제

방법 ❶

• 교사가 영아가 모르는 장난감 및 물건을 보여 주며 "이게 뭐야?"라고 말하는 시범을 보인다.
• 교사가 영아가 모르는 장난감 및 물건을 보여 줄 때 영아에게 교사를 모방하여 "이게 뭐야?"라고 물어보라고 한다.
• 수행되면 교사가 영아가 모르는 장난감 및 물건을 보여 줄 때 영아 스스로 "이게 뭐야?"라고 물어보라고 한다.
• 수행되면 영아의 특성에 맞는 적절한 강화제를 제공한다.

방법 ❷

- 교사가 영아가 모르는 장난감 및 물건을 보여 줄 때 "이게 뭐야?"라고 말하는 시범을 보인다.
- 교사가 영아가 모르는 장난감 및 물건을 보여 주며 영아에게 교사를 모방하여 "이게 뭐야?"라고 물어보라고 한다.
- 모방하지 못하면 교사가 영아에게 친숙한 장난감 및 물건을 보여 주며 "이게 뭐야?"라고 물어본다.
- 영아에게 대답하게 한 후 영아에게 교사를 모방하여 "이게 뭐야?"라고 물어보라고 한다.
- 물어보지 못하면 교사가 "이게."라고 말해 준 후 영아에게 "뭐야?"라고 말해 보라고 한다.
- 수행되면 교사가 "이."라고 첫 글자를 말해 준 후 영아에게 "이게 뭐야?"라고 물어보라고 한다.
- 수행되면 교사가 "이게 뭐야?"라고 말하는 입 모양을 보여 준 후 영아에게 "이게 뭐야?"라고 물어보라고 한다.
- 도움을 점차 줄여 간다.
- 수행되면 교사가 영아가 모르는 장난감 및 물건을 보여 줄 때 영아 스스로 "이게 뭐야?"라고 물어보라고 한다.
- 수행되면 영아가 모르는 다른 장난감 및 물건도 같은 방법으로 지도한 후 영아 스스로 "이게 뭐야?"라고 물어보라고 한다.
- 수행되면 영아의 특성에 맞는 적절한 강화제를 제공한다.

응이와
엄마한테
갈래!

WORLDPHONE
GS-460

1339

20 한 가지 색 말하기

1~2세

목표 | 한 가지 색을 말할 수 있다.

자료 | 빨간색 카드, 빨간색 크레파스, 빨간색, 스티커, 강화제

방법 ❶

- 교사가 예를 들어 빨간색 카드를 제시한 후 "빨간색."이라고 말하는 시범을 보인다.
- 영아에게 교사를 모방하여 "빨간색."이라고 말해 보라고 한다.
- 수행되면 교사가 빨간색 카드를 제시할 때 영아 스스로 "빨간색."이라고 말해 보라고 한다.
- 수행되면 영아의 특성에 맞는 적절한 강화제를 제공한다.

방법 ❷

- 교사가 예를 들어 빨간색 카드를 제시한 후 "빨간색을 ♬ 말~해 봐요 ♬ 말~해 봐요 ♬"라고 노래를 부르며 "빨간색."이라고 말하는 시범을 보인다.
- 영아에게 교사를 모방하여 "빨간색."이라고 말해 보라고 한다.
- 모방하지 못하면 교사가 "빨."이라고 첫 글자를 말해 준 후 영아에게 "빨간색."이라고 말해 보라고 한다.
- 수행되면 교사가 '빨간색'이라고 말하는 입 모양을 보여 준 후 영아에게 "빨간색."이라고 말해 보라고 한다.
- 수행되면 교사가 '사과'와 같은 색을 말해 보라고 한다.
- 도움을 점차 줄여 간다.
- 수행되면 교사가 빨간색 카드를 제시할 때 영아 스스로 "빨간색."이라고 말해 보라고 한다.
- 수행되면 영아의 특성에 맞는 적절한 강화제를 제공한다.

☞ 빨간색 크레파스로 사과나 딸기에 색을 칠하면서 빨간색을 지도하거나 빨간색 스티커를 붙이면서 빨간색을 놀이식으로 지도해도 효과적이다.

21 친숙한 동물 이름 말하기

1~2세

목표 | 친숙한 동물 이름을 말할 수 있다.

자료 | 영아에게 친숙한 동물 모형 및 그림, 강화제

1~2세

방법 ❶

- 교사가 영아에게 친숙한 각 동물의 모형(그림)을 제시한 후 "○○는 ♬ 어디 있나? ♬ 여~기 ♬"라고 노래를 부르며 각 동물의 이름을 말하는 시범을 보인다.
- 영아에게 교사를 모방하여 각 동물의 이름을 말해 보라고 한다.
- 수행되면 영아 스스로 각 동물의 이름을 말해 보라고 한다.
- 수행되면 교사가 각 동물의 위치를 다양하게 바꾸어 놓은 후 영아 스스로 각 동물의 이름을 말해 보라고 한다.
- 수행되면 영아의 특성에 맞는 적절한 강화제를 제공한다.

방법 ❷

- 교사가 영아에게 친숙한 각 동물의 모형(그림)을 제시한 후 "○○는 ♬ 어디 있나? ♬ 여~기 ♬"라고 노래를 부르며 각 동물의 이름을 말하는 시범을 보인다.
- 영아에게 교사를 모방하여 각 동물의 이름을 말해 보라고 한다.
- 모방하지 못하면 교사가 예를 들어 '강아지' 모형(그림)을 제시한 후 "강아지라고 ♬ 말해 봐~요 ♬ 말해 봐~요 ♬"라고 노래를 부르며 "강아지."라고 말하는 시범을 보인다.

- 영아에게 교사를 모방하여 "강아지."라고 말해 보라고 한다.
- 모방하지 못하면 교사가 "강아."라고 말해 준 후 영아에게 "지."라고 말해 보라고 한다.
- 수행되면 교사가 "강."이라고 첫 글자를 말해 준 후 영아에게 "강아지."라고 말해 보라고 한다.
- 수행되면 교사가 '강아지'라고 말하는 입 모양을 보여 주며 영아에게 "강아지."라고 말해 보라고 한다.
- 도움을 점차 줄여 간다.
- 수행되면 영아 스스로 "강아지."라고 말해 보라고 한다.
- 수행되면 교사가 예를 들어 '고양이' 모형(그림)을 제시한 후 "고양이라고 ♬ 말해 봐~요 ♬ 말해 봐~요 ♬"라고 노래를 부르며 "고양이."라고 말하는 시범을 보인다.
- 영아에게 교사를 모방하여 "고양이."라고 말해 보라고 한다.
- 모방하지 못하면 교사가 "고양."이라고 말해 준 후 영아에게 "이."라고 말해 보라고 한다.
- 수행되면 교사가 "고."라고 첫 글자를 말해 준 후 영아에게 "고양이."라고 말해 보라고 한다.
- 수행되면 교사가 '고양이'라고 말하는 입 모양을 보여 준 후 영아에게 "고양이."라고 말해 보라고 한다.
- 도움을 점차 줄여 간다.
- 수행되면 영아 스스로 "고양이."라고 말해 보라고 한다.
- 수행되면 교사가 '강아지'와 '고양이' 모형(그림)을 제시한 후 각 동물을 물어볼 때 영아 스스로 "강아지." "고양이."라고 말해 보라고 한다.
- 수행되면 영아에게 친숙한 다른 동물들도 같은 방법으로 지도한 후 영아에게 각 동물의 이름을 말해 보라고 한다.
- 수행되면 교사가 영아에게 친숙한 각 동물의 위치를 다양하게 바꾸어 놓은 후 동

물 이름을 물어볼 때 영아 스스로 각 동물의 이름을 말해 보라고 한다.

• 수행되면 영아의 특성에 맞는 적절한 강화제를 제공한다.

☞ 동물 모형(완구점이나 인터넷에서 쉽게 구입 가능)으로 지도한 후 그림으로 확인해 보도록 하고 가능하면 일상생활(예: 동물원에 갈 때) 속에서 지도하도록 한다.

☞ 예시는 친숙한 동물(예: 강아지, 고양이)로 지도 방법을 제시했지만 크기가 차이 나는 동물(예: 강아지와 호랑이)을 가지고 지도하면 좀 더 쉽게 수행이 가능한 경우도 있으므로 참고하기 바란다.

☞ 영아가 어려워하면 지도 시, 예를 들어 강아지는 색칠을 해서 제시하고 고양이는 색칠 없이 제시하면 색이 단서가 되어 좀 더 쉽게 수행이 가능하다. 수행된 다음에는 강아지와 고양이를 색 없이 제시하여 수행 여부를 확인하면 된다.

☞ 교구로 제작하여 사용하면 편리하다. 영아에게 친숙한 동물의 사진이나 그림을 오려서 사용하거나 다음의 그림을 복사하여 각 동물 그림 뒷면에는 까슬이를 붙이고, 하드보드지에는 보슬이를 붙이면 된다. 붙였다 뗐다 할 수 있으므로 위치를 다양하게 바꾸어 지도할 수 있다. 하드보드지는 문구점에서 구입할 수 있다.

22 친숙한 음식 이름 말하기

1~2세

목표 | 친숙한 음식 이름을 말할 수 있다.

자료 | 영아에게 친숙한 음식의 실물과 그림, 음식물 스티커, 강화제

방법 ❶

- 교사가 영아에게 친숙한 음식의 실물이나 그림을 제시한 후 "○○는 ♬ 어디 있나? ♬ 여~기 ♬"라고 노래를 부르며 각 음식의 이름을 말하는 시범을 보인다.
- 영아에게 교사를 모방하여 각 음식의 이름을 말해 보라고 한다.
- 수행되면 영아 스스로 각 음식의 이름을 말해 보라고 한다.
- 수행되면 교사가 각 음식의 위치를 다양하게 바꾸어 놓은 후 영아 스스로 각 음식의 이름을 말해 보라고 한다.
- 수행되면 영아의 특성에 맞는 적절한 강화제를 제공한다.

방법 ❷

- 교사가 영아에게 친숙한 음식의 실물이나 그림을 제시한 후 "○○는 ♬ 어디 있나? ♬ 여~기 ♬"라고 노래를 부르며 각 음식의 이름을 말하는 시범을 보인다.
- 영아에게 교사를 모방하여 각 음식의 이름을 말해 보라고 한다.
- 모방하지 못하면 교사가 예를 들어 과자를 제시한 후 "과자라고 ♬ 말해 봐~요 ♬ 말해 봐~요 ♬"라고 노래를 부르며 "과자."라고 말하는 시범을 보인다.
- 영아에게 교사를 모방하여 "과자."라고 말해 보라고 한다.
- 모방하지 못하면 교사가 "과."라고 첫 음절을 말해 준 후 영아에게 "과자."라고 말해 보라고 한다.
- 수행되면 교사가 '과자'라고 말하는 입 모양을 보여 주며 영아에게 "과자."라고 말해 보라고 한다.

- 교사가 '과자'를 가리키며 영아에게 "과자."라고 말해 보라고 한다.
- 도움을 점차 줄여 간다.
- 수행되면 영아 스스로 "과자."라고 말해 보라고 한다.
- 수행되면 교사가 예를 들어 "우유라고 ♬ 말해 봐~요 ♬ 말해 봐~요 ♬"라고 노래를 부르며 "우유."라고 말하는 시범을 보인다.
- 영아에게 교사를 모방하여 "우유."라고 말해 보라고 한다.
- 모방하지 못하면 교사가 "우."라고 첫 음절을 말해 준 후 영아에게 "우유."라고 말해 보라고 한다.
- 수행되면 교사가 '우유'라고 말하는 입 모양을 보여 주며 영아에게 "우유."라고 말해 보라고 한다.
- 수행되면 교사가 '우유'를 가리키며 영아에게 "우유."라고 말해 보라고 한다.
- 도움을 점차 줄여 간다.
- 수행되면 영아 스스로 "우유."라고 말해 보라고 한다.
- 수행되면 교사가 '과자'와 '우유'의 위치를 바꾸어 놓고 이름을 물어볼 때 영아 스스로 "과자."와 "우유."라고 말해 보라고 한다.
- 수행되면 교사가 예를 들어 "밥이라고 ♬ 말해 봐~요 ♬ 말해 봐~요 ♬"라고 노래를 부르며 "밥."이라고 말하는 시범을 보인다.
- 영아에게 교사를 모방하여 "밥."이라고 말해 보라고 한다.
- 모방하지 못하면 '과자'를 가리킨 것과 같은 방법으로 지도한다.
- 수행되면 영아 스스로 "밥."이라고 말해 보라고 한다.
- 수행되면 다른 친숙한 음식들도 위와 같은 방법으로 지도한다.
- 수행되면 교사가 각 음식의 위치를 다양하게 바꾸어 놓은 후 이름을 물어볼 때 영아 스스로 각 음식의 이름을 말해 보라고 한다.
- 수행되면 영아의 특성에 맞는 적절한 강화제를 제공한다.

☞ 일상생활 속에서 음식을 먹을 때마다 지도하면 습득이 빠르고 효과적이다.

☞ 실제 음식으로 지도한 후 그림으로 확인하는 것이 효과적이다.

서울우유
다 100%
세균수
1A등급
체세포수
1등급

23 혀 훈련 III

2~3세

목표 | 발성을 위해 혀를 위, 아래, 좌, 우로 움직일 수 있다.

자료 | 큰 사탕(눈깔사탕), 작은 사탕, 일회용 장갑, 강화제

방법 ❶

- 교사가 큰 사탕을 입에 넣고 입을 크게 벌린다.
- 교사가 혀를 위, 아래, 좌, 우로 움직여 사탕을 어떻게 굴리는지 시범을 보인다.
- 영아의 입에 큰 사탕을 넣어 준 후 교사를 모방하여 입안에서 큰 사탕을 굴려 보라고 한다.
- 수행되면 영아 스스로 입안에서 큰 사탕을 굴려 보라고 한다.
- 수행되면 영아 스스로 입안에서 작은 사탕을 굴려 보라고 한다.
- 수행되면 영아의 특성에 맞는 적절한 강화제를 제공한다.

방법 ❷

- 교사가 큰 사탕을 입에 넣고 입을 크게 벌린다.
- 교사가 혀를 위, 아래, 좌, 우로 움직여 사탕을 어떻게 굴리는지 시범을 보인다.
- 영아의 입에 큰 사탕을 넣어 준 후 교사를 모방하여 혀를 위, 아래, 좌, 우로 움직

여 사탕을 굴려 보라고 한다.
- 모방하지 못하면 교사가 일회용 장갑을 끼고 영아의 입속에 손을 넣어 혀를 사용해 사탕을 입안에서 굴리도록 도와준다.
- 모방하지 못하면 영아의 오른쪽, 왼쪽 볼을 번갈아 눌러 주어 사탕을 이동시키며 입안에서 굴리도록 도와준다.
- 도움을 점차 줄여 간다.
- 수행되면 교사가 영아의 입에 큰 사탕을 넣어 준 후 영아 스스로 혀를 위, 아래, 좌, 우로 움직여 사탕을 굴려 보라고 한다.
- 수행되면 교사가 작은 사탕을 입에 넣고 입을 크게 벌린다.
- 교사가 혀를 위, 아래, 좌, 우로 움직여 사탕을 어떻게 굴리는지 시범을 보인다.
- 영아의 입에 작은 사탕을 넣어 준 후 교사를 모방하여 혀를 위, 아래, 좌, 우로 움직여 사탕을 굴려 보라고 한다.
- 모방하지 못하면 큰 사탕을 굴리는 것과 같은 방법으로 지도한다.
- 수행되면 영아의 특성에 맞는 적절한 강화제를 제공한다.

☞ 영아에 따라 큰 사탕을 굴리기 힘들어하는 경우 작은 사탕으로 시작하여 수행되면 큰 사탕으로 바꾸어 주어도 된다.

24 호흡 훈련 V

2~3세

목표 | 발성을 위해 호흡을 길게 할 수 있다.

자료 | 코끼리나팔, 바람개비, 강화제

방법 ❶

- 교사가 코끼리나팔을 입으로 불면 소리가 나면서 나팔 앞에 말려 있는 부분이 쭉

편지는 모습을 시범 보인다.

- 영아에게 교사를 모방하여 코끼리나팔을 불어 나팔 앞에 말려 있는 부분이 쭉 펴지게 해 보라고 한다.
- 수행되면 영아 스스로 코끼리나팔을 불어 나팔 앞에 말려 있는 부분이 쭉 펴지게 해 보라고 한다.
- 수행되면 영아의 특성에 맞는 적절한 강화제를 제공한다.

방법 ❷

- 교사가 코끼리나팔을 입으로 불면 소리가 나면서 나팔 앞에 말려 있는 부분이 쭉 펴지는 모습을 시범 보인다.
- 영아에게 교사를 모방하여 코끼리나팔을 불어 나팔 앞에 말려 있는 부분이 쭉 펴지게 해 보라고 한다.
- 모방하지 못하면 영아의 손을 교사 입 앞에 대고 입술로 영아의 손에 바람을 불어 영아가 바람을 느낄 수 있도록 한다.
- 모방하지 못하면 코끼리나팔을 영아의 입에 끼운 후 다른 교사와 함께 영아의 코를 손으로 잡아 막고 입술을 코끼리나팔에 맞게 오므려 주어 호흡을 하면 소리가 나면서 나팔 앞에 말려 있는 부분이 쭉 펴질 수 있도록 도와준다.
- 도움을 점차 줄여 간다.
- 수행되면 영아 스스로 코끼리나팔을 불어 나팔 앞에 말려 있는 부분이 쭉 펴지게 해 보라고 한다.
- 수행되면 영아의 특성에 맞는 적절한 강화제를 제공한다.

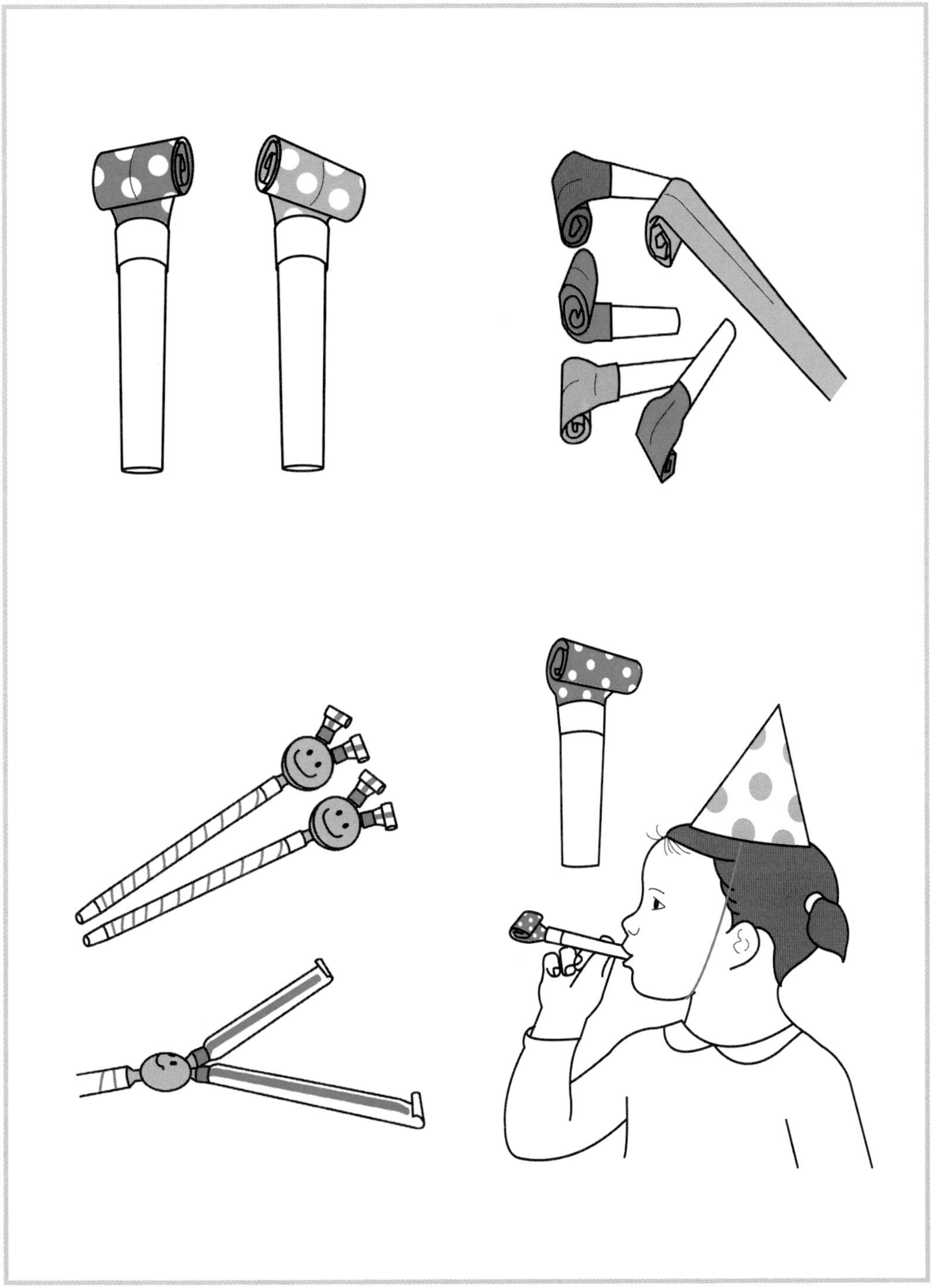

25 호흡 훈련 VI

2~3세

목표 | 발성을 위해 호흡을 길게 할 수 있다.

자료 | 굵고 짧은 빨대, 가는 빨대, 투명 컵이나 투명 용기에 담은 비눗방울 액, 우유, 음료수, 반짝이 수술, 강화제

방법 ❶

- 교사가 굵고 짧은 빨대로 컵에 담긴 비눗방울 액을 불어 거품이 보글보글 올라오게 하는 시범을 보인다.
- 영아에게 교사를 모방하여 굵고 짧은 빨대로 비눗방울 액(우유, 혹은 음료수)을 불어 보라고 한다.
- 수행되면 영아 스스로 굵고 짧은 빨대로 비눗방울 액을 불어 보라고 한다.
- 수행되면 교사가 가는 빨대로 컵에 담긴 비눗방울 액을 불어 거품이 보글보글 올라오게 하는 시범을 보인다.
- 영아에게 교사를 모방하여 가는 빨대로 비눗방울 액(우유, 혹은 음료수)을 불어 보라고 한다.
- 수행되면 영아 스스로 가는 빨대로 비눗방울 액을 불어 보라고 한다.
- 수행되면 영아의 특성에 맞는 적절한 강화제를 제공한다.

방법 ❷

- 교사가 굵고 짧은 빨대로 컵에 담긴 비눗방울 액을 불어 거품이 보글보글 올라오게 하는 시범을 보인다.
- 영아에게 교사를 모방하여 굵고 짧은 빨대로 비눗방울 액(우유, 혹은 음료수)을 불어 보라고 한다.
- 모방하지 못하면 교사가 빨대 앞에 반짝이 수술을 갖다 댄 후 굵고 짧은 빨대를 불

면 바람이 나온다는 것을 영아에게 보여 준다.

- 굵고 짧은 빨대에 영아의 손바닥을 닿게 한 후 교사가 빨대를 불어 바람이 나온다는 것을 영아에게 느끼게 해 준다.
- 교사와 영아가 각각 굵고 짧은 빨대를 비눗방울 액에 넣은 후 함께 빨대를 불어 거품이 올라오게 한다.
- 교사와 영아가 각각 굵고 짧은 빨대를 비눗방울 액에 넣은 후 영아만 빨대를 불어 거품이 올라오도록 교사는 한두 번만 불어 주다가 불지 않는다.
- 도움을 점차 줄여 간다.
- 수행되면 영아 스스로 굵고 짧은 빨대를 비눗방울 액에 넣은 후 빨대를 불어 비누 거품이 올라오게 해 보라고 한다.
- 수행되면 교사가 가는 빨대로 컵에 담긴 비눗방울 액을 불어 거품이 보글보글 올라오게 하는 시범을 보인다.
- 영아에게 교사를 모방하여 가는 빨대로 비눗방울 액(우유, 혹은 음료수)을 불어 보라고 한다.
- 모방하지 못하면 굵고 짧은 빨대로 비눗방울 액을 불게 한 것과 같은 방법으로 지도한다.
- 수행되면 영아 스스로 가는 빨대를 비눗방울 액에 넣은 후 빨대를 불어 비누 거품이 올라오게 해 보라고 한다.
- 수행되면 영아의 특성에 맞는 적절한 강화제를 제공한다.

☞ 비눗물을 삼킬 위험이 있는 영아의 경우 교사가 비눗물로 시범을 보여 준 후 영아에게는 우유나 음료수를 제시하여 빨대로 불도록 지도하는 것이 안전하다. 이때 우유에 천연 색소(예: 자색 고구마 분말, 블루베리 액)를 넣어 주어 영아의 흥미를 유발하도록 하면 효과적이다.

☞ 글리세린, 라우릴글루코사이드, 정제수를 순서대로 1 : 3 : 5 비율로 섞어 천연 비눗방울 액을 만들어 사용하면 좋다. 글리세린과 정제수는 약국에서 쉽게 구입할 수 있고, 라우릴글루코사이

드와 글리세린은 천연 재료 사이트에서도 같이 구입할 수 있다.

☞ 비눗물에 다양한 물감을 섞어서 사용하면 거품이 예쁜 색깔로 만들어지기 때문에 영아들이 매우 흥미로워해서 과제를 좀 더 쉽게 수행할 수 있도록 도와줄 수 있다.

2~3
세

26 호흡 훈련 VII

2~3세

목표 | 발성을 위해 호흡을 길게 할 수 있다.

자료 | 반으로 자른 500ml 생수병, 헌 양말, 비눗물, 고무줄 또는 끈, 강화제

방법 ❶

- 교사가 양말에 비눗방울 액이 묻어 있는 반으로 자른 500ml 생수병(그림 5 참조)을 부는 시범을 보인다.
- 영아에게 교사를 모방하여 양말에 비눗방울 액이 묻어 있는 반으로 자른 생수병을 불어 보라고 한다.
- 수행되면 영아 스스로 양말에 비눗방울 액이 묻어 있는 반으로 자른 생수병을 불어 보라고 한다.
- 수행되면 영아의 특성에 맞는 적절한 강화제를 제공한다.

방법 ❷

- 교사가 양말에 비눗방울 액이 묻어 있는 반으로 자른 500ml 생수병(그림 5 참조)을 부는 시범을 보인다.
- 영아에게 교사를 모방하여 양말에 비눗방울 액이 묻어 있는 반으로 자른 생수병을 불어 보라고 한다.
- 모방하지 못하면 영아의 손을 교사 입 앞에 대고 입술로 영아의 손에 바람을 불어 영아가 바람을 느낄 수 있도록 한다.
- 모방하지 못하면 생수병을 영아의 입에 넣은 후 다른 교사와 함께 영아의 코를 손으로 잡아 막고 입술을 생수병에 맞게 오므려 주어 호흡을 하면 거품이 날 수 있도록 도와준다.
- 도움을 점차 줄여 간다.

• 수행되면 영아 스스로 양말에 비눗방울 액이 묻어 있는 반으로 자른 생수병을 불어 보라고 한다.
• 수행되면 영아의 특성에 맞는 적절한 강화제를 제공한다.

☞ 글리세린, 라우릴글루코사이드, 정제수를 순서대로 1 : 3 : 5 비율로 섞어 천연 비눗방울 액을 만들어 사용하면 좋다. 글리세린과 정제수는 약국에서 쉽게 구입할 수 있고, 라우릴글루코사이드와 글리세린은 천연 재료 사이트에서도 같이 구입할 수 있다.

☞ 비눗물에 다양한 물감을 섞어서 사용하면 거품이 예쁜 색깔로 만들어지기 때문에 영아들이 매우 흥미로워해서 과제를 좀 더 쉽게 수행할 수 있도록 도와줄 수 있다.

☞ 시중에서 판매되는 비눗방울 뜨개는 다양한 모양(예: 한 번 불면 다양한 곳에서 많은 비눗방울이 나오는 도구)이 많아 영아들이 흥미를 가질 수 있다. 집에서 철사로 만들어진 옷걸이나 굵은 철사를 이용해서 다양한 크기의 비눗방울 뜨개를 직접 만들어 사용할 수도 있다.

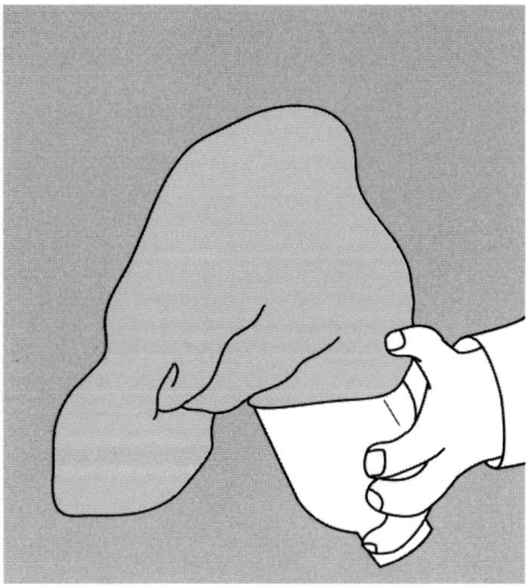

그림 1

반으로 자른 500ml 생수병에 헌 양말을 씌운다.

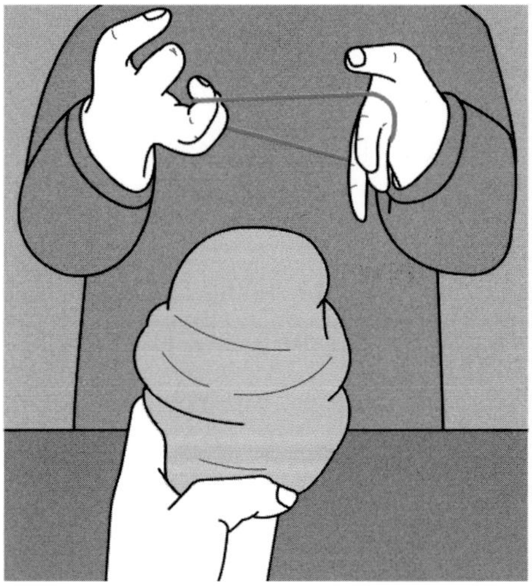

그림 2

비눗물을 묻히면 양말이 수분 때문에 무거워져 벗겨질 수 있으므로 고무줄 또는 끈으로 꼭 묶는다.

그림 3

비눗방울 액을 천연 재료를 사용해서 만들거나 시중에서 판매되는 비눗방울 액을 사용한다.

그림 4

양말 부분이 비눗물에 충분히 젖도록 양말 하단 부분을 담가 기다렸다 양말이 젖으면 꺼내 준다.

그림 5

생수병에 입을 대서 불어 주면 양말 부분에서 거품이 보글보글 일어난다.

그림 6

계속 불어 주면 거품이 그림처럼 주렁주렁 매달린다. 생수병의 크기가 크면 더 많은 거품이 생성되지만 영아가 손으로 생수병을 잡을 수 있는 크기인지 고려해야 한다.

27 자신의 이름 말하기

2~3세

목표 | 자신의 이름을 말할 수 있다.

자료 | 거울, 강화제

방법 ❶

- 교사가 영아를 가리키며 영아의 이름을 말해 준다(예: 네 이름은 ○○야).
- 영아에게 교사를 모방하여 자신의 이름을 말해 보라고 한다.
- 수행되면 영아 스스로 자신의 이름을 말해 보라고 한다.
- 수행되면 영아의 특성에 맞는 적절한 강화제를 제공한다.

방법 ❷

- 교사가 자신을 가리키며 자신의 이름을 말해 준 후 영아를 가리키며 영아의 이름을 말하는 시범(예: 네 이름은 ○○야)을 보인다.
- 영아에게 교사를 모방하여 영아의 이름을 말해 보라고 한다.
- 모방하지 못하면 영아의 이름 첫 글자만 말해 주고 나머지는 영아가 말하게 한다.
- 교사가 영아의 이름을 입 모양으로 보여 주며 천천히 영아의 이름을 반복해서 들려준 후 영아에게 이름을 말해 보라고 한다.
- 도움을 점차 줄여 간다.
- 수행되면 영아 스스로 자신의 이름을 말해 보라고 한다.
- 수행되면 영아의 특성에 맞는 적절한 강화제를 제공한다.

☞ 교사와 영아가 나란히 거울 앞에 선 후 교사가 "○○의 ♬ 이름은 무얼까? ♬ 맞춰 봐~요 ♬ 맞춰 봐~요 ♬"라고 노래 부르면서 거울 속의 영아를 손으로 가리키며 영아의 이름을 위와 같은 방법으로 지도해도 된다.

28 신체 네 부위 말하기

2~3세

목표 | 신체 네 부위를 말할 수 있다.

자료 | 인형, 거울, 스티커, 강화제

방법 ❶

- '코'와 '눈'은 앞 단계에서 수행하였으므로 확인한 후 시행한다.
- 교사가 신체 네 부위(예: 코, 눈, 입, 손)를 말하는 시범을 보인다.
- 영아에게 교사를 모방하여 신체 네 부위를 말해 보라고 한다.
- 수행되면 교사가 신체 네 부위를 가리킬 때 영아 스스로 신체 네 부위를 말해 보라고 한다.
- 수행되면 영아의 특성에 맞는 적절한 강화제를 제공한다.

방법 ❷

- '코'와 '눈'은 앞 단계에서 수행하였으므로 확인한 후 시행한다.
- 교사가 예를 들어 "입~이라고 ♬ 말해 봐~요 ♬ 말해 봐~요 ♬"라고 노래 부르면서 영아의 '입'을 가리키며 "입."이라고 말하는 시범을 보인다.
- 영아에게 교사를 모방하여 "입."이라고 말해 보라고 한다.
- 모방하지 못하면 교사가 영아의 입술을 살짝 잡아 벌린 상태에서 입술을 맞닿게 하면서 "입."이라고 말해 보라고 한다.
- 수행되면 교사가 '입'이라고 말하는 모양을 보여 주며 천천히 "입."이라고 반복해서 말해 준 후 영아에게 "입."이라고 말해 보라고 한다.
- 도움을 점차 줄여 간다.
- 수행되면 영아 스스로 자신의 '입'을 가리키며 "입."이라고 말해 보라고 한다.
- 수행되면 교사가 "손~이라고 ♬ 말해 봐~요 ♬ 말해 봐~요 ♬"라고 노래 부르

면서 영아의 '손'을 가리키며 "손."이라고 말하는 시범을 보인다.

- 영아에게 교사를 모방하여 "손."이라고 말해 보라고 한다.
- 모방하지 못하면 교사가 영아에게 '손'이라고 말하는 입 모양을 보여 주며 천천히 "손."이라고 여러 번 반복해서 들려준 후 영아에게 "손."이라고 말해 보라고 한다.
- 도움을 점차 줄여 간다.
- 수행되면 영아 스스로 자신의 '손'을 가리키며 "손."이라고 말해 보라고 한다.
- 수행되면 교사가 신체 네 부위를 가리킬 때 영아 스스로 신체 네 부위를 말해 보라고 한다.
- 수행되면 영아의 특성에 맞는 적절한 강화제를 제공한다.

방법 ❸

- '코'와 '눈'은 앞 단계에서 수행하였으므로 확인한 후 시행한다.
- 거울 앞에 서서 교사가 "입~이라고 ♬ 말해 봐~요 ♬ 말해 봐~요 ♬"라고 노래 부르면서 교사의 '입'을 가리키며 "입"이라고 말하는 시범을 보인다.
- 교사가 영아의 '입'을 가리키며 "입."이라고 말해 준다.
- 영아에게 교사를 모방하여 "입."이라고 말해 보라고 한다.
- 모방하지 못하면 교사가 "입~이라고 ♬ 말해 봐~요 ♬ 말해 봐~요 ♬"라고 노래 부르면서 영아의 손을 잡고 '입'을 가리키며 "입, 입, 입, ♬ 여~기 ♬ 있네요 ♬"라고 말해 준 후 영아에게 "입."이라고 말해 보라고 한다.
- 말하지 못하면 교사가 영아의 '입'에 스티커를 붙여 주면서 "입."이라고 말해 준 후 영아에게 "입."이라고 말해 보라고 한다.
- 영아가 '입'에 붙은 스티커를 만지거나 떼어 내려고 할 때 교사가 "입."이라고 말해 준다.
- 이와 같은 과정을 몇 번 반복한다.
- 교사가 '입'이라고 말하는 모양을 보여 주며 천천히 "입."이라고 반복해서 들려준 후 영아에게 "입."이라고 말해 보라고 한다.

- 도움을 점차 줄여 간다.
- 수행되면 영아 스스로 자신의 '입'을 가리키며 "입."이라고 말해 보라고 한다.
- 수행되면 교사가 "손~이라고 ♬ 말해 봐~요 ♬ 말해 봐~요 ♬"라고 노래 부르면서 교사의 '손'을 가리키며 "손."이라고 말하는 시범을 보인다.
- 교사가 영아의 '손'을 가리키며 "손."이라고 말해 준 후 영아에게 "손."이라고 말해 보라고 한다.
- 영아에게 교사를 모방하여 "손."이라고 말해 보라고 한다.
- 모방하지 못하면 교사가 "○○의 손~은 ♬ 어디 있나? ♬ 여~기 ♬"라고 노래 부르며 영아의 손을 잡고 "손, 손, 손, ♬ 여~기 ♬ 있네요 ♬"라고 말해 준다.
- 교사가 영아의 '손'에 스티커를 붙여 주면서 "손."이라고 말해 준다.
- 영아가 '손'에 붙은 스티커를 만지거나 떼어 내려고 할 때 교사가 "손."이라고 말해 준다.
- 이와 같은 과정을 몇 번 반복한다.
- 교사가 '손'이라는 입 모양을 보여 주며 천천히 "손."이라고 반복해서 들려준 후 영아에게 "손."이라고 말해 보라고 한다.
- 도움을 점차 줄여 간다.
- 수행되면 영아 스스로 자신의 '손'을 가리키며 "손."이라고 말해 보라고 한다.
- 수행되면 교사가 신체 네 부위를 가리킬 때 영아 스스로 신체 네 부위를 말해 보라고 한다.
- 수행되면 영아의 특성에 맞는 적절한 강화제를 제공한다.

☞ 영아의 신체에 직접 적용하기 전에 먼저 인형을 가지고 노래를 부르면서 같은 방법으로 지도하면 효과적일 수 있다.

☞ 일반적으로 신체 부위에 스티커를 붙이면 영아가 무의식적으로 스티커를 떼어 내려고 한다. 그러므로 신체 부위 지도 시 스티커를 적절하게 사용하면 효과적이다.

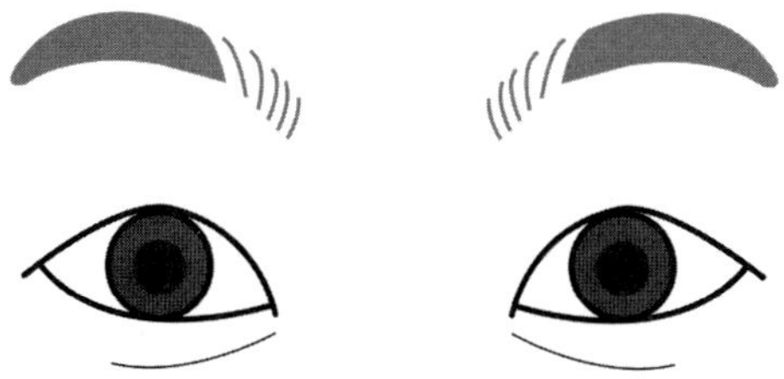
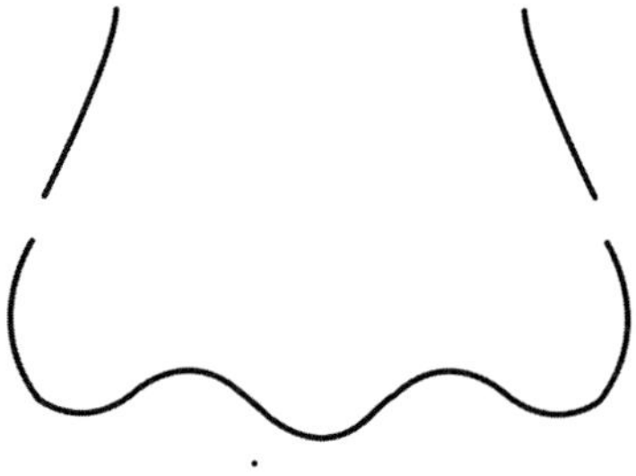

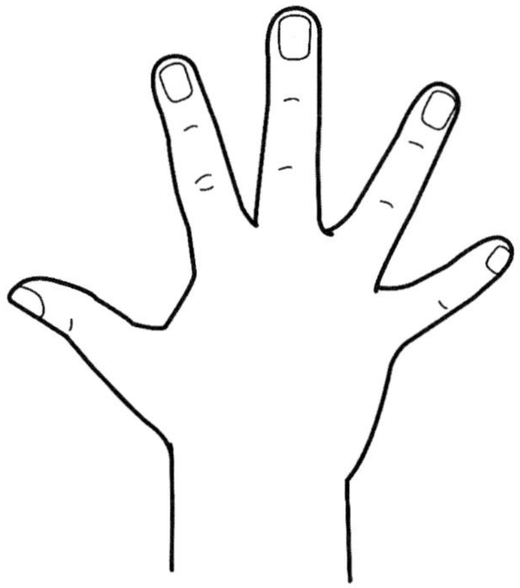

29 장난감 세 개 말하기

2~3세

목표 | 장난감 이름을 세 개 말할 수 있다.

자료 | 장난감 세 개, 강화제

방법 ❶

- 교사가 영아에게 친숙한 장난감 세 개를 놓고 각각의 이름을 말하는 시범을 보인다.
- 영아에게 교사를 모방하여 각 장난감의 이름을 말해 보라고 한다.
- 수행되면 교사가 세 개의 장난감 이름을 물어볼 때 영아 스스로 각 장난감의 이름을 말해 보라고 한다.
- 수행되면 영아의 특성에 맞는 적절한 강화제를 제공한다.

방법 ❷

- 교사가 친숙한 장난감 세 개를 놓고 각각의 이름을 말하는 시범을 보인다.
- 영아에게 교사를 모방하여 각 장난감의 이름을 말해 보라고 한다.
- 모방하지 못하면 교사가 예를 들어 자동차를 보여 주며 "자동차."라고 말하는 시범을 보인다.
- 영아에게 교사를 모방하여 "자동차."라고 말해 보라고 한다.
- 모방하지 못하면 교사가 "자."라고 말해 준 후 영아에게 교사를 모방하여 "자."라고 말해 보라고 한다.
- 수행되면 영아 스스로 "자."라고 말해 보라고 한다.
- 수행되면 교사가 "자동."이라고 말해 준 후 영아에게 교사를 모방하여 "자동."이라고 말해 보라고 한다.
- 수행되면 영아 스스로 "자동."이라고 말해 보라고 한다.
- 수행되면 교사가 "자동차."라고 말해 준 후 영아에게 교사를 모방하여 "자동차."라

고 말해 보라고 한다.

- 수행되면 교사가 "자."라고 첫 글자를 말해 준 후 영아에게 "자동차."라고 말해 보라고 한다.
- 수행되면 교사가 영아에게 '자동차'라고 말하는 입 모양을 보여 주며 천천히 "자동차."라고 반복해서 들려준 후 영아에게 "자동차."라고 말해 보라고 한다.
- 도움을 점차 줄여 간다.
- 수행되면 영아 스스로 "자동차."라고 말해 보라고 한다.
- 수행되면 교사가 예를 들어 공을 보여 주며 "공."이라고 말하는 시범을 보인다.
- 영아에게 교사를 모방하여 "공."이라고 말해 보라고 한다.
- 모방하지 못하면 '자동차'를 지도한 것과 같은 방법으로 지도한다.
- 수행되면 영아 스스로 "공." 이라고 말해 보라고 한다.
- 수행되면 교사가 '자동차'와 '공'을 놓고 각 장난감의 이름을 물어볼 때 영아 스스로 "자동차." "공."이라고 말해 보라고 한다.
- 수행되면 교사가 예를 들어 비행기를 보여 주며 "비행기."라고 말하는 시범을 보인다.
- 영아에게 교사를 모방하여 "비행기."라고 말해 보라고 한다.
- 모방하지 못하면 '자동차'를 지도한 것과 같은 방법으로 지도 한다.
- 수행되면 영아 스스로 "비행기."라고 말해 보라고 한다.
- 수행되면 교사가 '자동차' '공' '비행기'를 놓고 각 장난감의 이름을 물어볼 때 영아 스스로 각 장난감의 이름을 말해 보라고 한다.
- 수행되면 영아의 특성에 맞는 적절한 강화제를 제공한다.

KORAIL

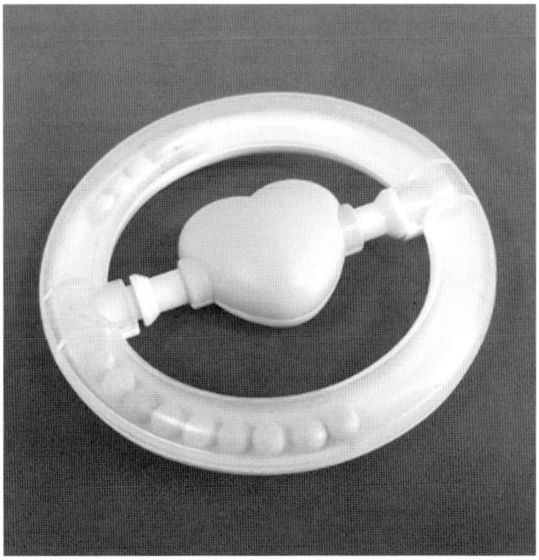

30 "있다."와 "없다." 표현하기

2~3세

목표 | "있다."와 "없다."를 표현할 수 있다.

자료 | 우유, 과자, 컵 두 개, 접시 두 개

방법 ❶

- 교사가 예를 들어 우유가 들어 있는 컵을 가리키며 "있다."라고 말하고, 빈 컵을 가리키며 "없다."라고 말하는 시범을 보인다.
- 교사가 우유가 들어 있는 컵과 빈 컵을 가리킬 때 영아에게 교사를 모방하여 "있다."와 "없다."를 말해 보라고 한다.
- 수행되면 교사가 우유가 들어 있는 컵과 빈 컵을 가리킬 때 영아 스스로 "있다."와 "없다."를 말해 보라고 한다.
- 수행되면 영아의 특성에 맞는 적절한 강화제를 제공한다.

방법 ❷

- 교사가 예를 들어 우유가 들어 있는 컵을 가리키며 "있다."라고 말하고, 빈 컵을 가리키며 "없다."라고 말하는 시범을 보인다.
- 교사가 우유가 들어 있는 컵과 빈 컵을 가리킬 때 영아에게 교사를 모방하여 "있다."와 "없다."를 말해 보라고 한다.
- 모방하지 못하면 교사가 우유가 들어 있는 컵을 가리키며 "우유는 ♬ 어디 있나? ♬ 여~기 ♬"라고 노래 부르면서 "있다."라고 말하는 시범을 보인다.
- 영아에게 교사를 모방하여 "있다."라고 말해 보라고 한다.
- 모방하지 못하면 교사가 "있."이라고 첫 음절을 말해 준 후 영아에게 "있다."라고 말해 보라고 한다.
- 수행되면 교사가 '있다'라고 말하는 입 모양을 보여 주며 천천히 "있다."라고 반복

해서 들려준 후 영아에게 “있다.”라고 말해 보라고 한다.

- 도움을 점차 줄여 간다.
- 수행되면 영아 스스로 “있다.”라고 말해 보라고 한다.
- 수행되면 교사가 빈 컵을 가리키며 “우유는 ♬ 어디 갔나? ♬ 없~네 ♬”라고 노래 부르면서 “없다.”라고 말하는 시범을 보인다.
- 영아에게 교사를 모방하여 “없다.”라고 말해 보라고 한다.
- 모방하지 못하면 교사가 “없.”이라고 첫 음절을 말해 준 후 영아에게 “없다.”라고 말해 보라고 한다.
- 수행되면 교사가 ‘없다’라고 말하는 입 모양을 보여 주며 천천히 “없다.”라고 반복해서 들려준 후 영아에게 “없다.”라고 말해 보라고 한다.
- 도움을 점차 줄여 간다.
- 수행되면 영아 스스로 “없다.”라고 말해 보라고 한다.
- 수행되면 교사가 우유가 들어 있는 컵과 빈 컵을 가리킬 때 영아 스스로 “있다.”와 “없다.”를 말해 보라고 한다.
- 수행되면 영아의 특성에 맞는 적절한 강화제를 제공한다.

☞ 빈 접시를 보여 준 후 “없다.” 라고 말해 준 후 접시에 과자를 담아 주면서 “있다.” 라고 말해 주는 등 일상생활 속에서 지도하면 습득이 빠르고 효과적이다.

31 “더 주세요.” 요구하기

2~3세

목표 | “더 주세요.”를 요구할 수 있다.

자료 | 과자, 음료수, 음식, 영아가 좋아하는 장난감, 강화제

방법 ❶

- "주세요."는 앞 단계에서 수행하였으므로 확인 후 시행한다.
- 다른 교사(유아)에게 예를 들어 과자를 한 조각 준 후 그 교사가 "더 주세요."라고 요구하면 과자를 더 주는 시범을 보인다.
- 영아에게 과자가 더 먹고 싶으면 교사를 모방하여 "더 주세요."라고 요구해 보라고 한다.
- 수행되면 영아에게 과자가 더 먹고 싶으면 스스로 "더 주세요."라고 요구해 보라고 한다.
- 수행되면 음료수나 음식, 좋아하는 블록 등 영아가 원하는 것이 있을 때 영아 스스로 "더 주세요."라고 요구해 보라고 한다.
- 수행되면 영아의 특성에 맞는 적절한 강화제를 제공한다.

방법 ❷

- "주세요."는 앞 단계에서 수행하였으므로 확인 후 시행한다.
- 다른 교사(유아)에게 예를 들어 과자를 한 조각 준 후 그 교사가 "더 주세요."라고 요구하면 과자를 더 주는 시범을 보인다.
- 영아에게 과자가 더 먹고 싶으면 교사를 모방하여 "더 주세요."라고 요구해 보라고 한다.
- 모방하지 못하면 교사가 "더."라고 말해 준 후 영아에게 교사를 모방하여 "더 주세요."라고 요구해 보라고 한다.
- 수행되면 교사가 '더'라고 말하는 입 모양을 보여 주며 영아에게 교사를 모방하여 "더 주세요."라고 요구해 보라고 한다.
- 도움을 점차 줄여 간다.
- 수행되면 영아에게 과자가 더 먹고 싶으면 스스로 "더 주세요."라고 요구해 보라고 한다.
- 수행되면 다른 음식이나 음료수 등을 제시한 후 같은 방법으로 지도한다.

• 수행되면 음식, 음료수 등 영아가 원하는 것이 있을 때 영아 스스로 "더 주세요."라고 요구해 보라고 한다.

• 수행되면 영아의 특성에 맞는 적절한 강화제를 제공한다.

☞ 일상생활 속에서 음식이나 음료수를 줄 경우 혹은 블록을 조금만 주고 '더' 달라고 요구할 수 있도록 위와 같은 방법으로 지도하여 일반화(배운 것을 다른 상황에서도 적용시킬 수 있는 것을 의미함)시키도록 한다.

☞ 영아가 좋아하는 장난감, 음료수, 음식 등을 가지고 위와 같은 방법으로 지도하면 효과적이다. 그리고 영아가 좋아하는 장난감, 음료수, 음식 등을 가지고 지도할 경우 강화제를 준비하지 않고 수행되면 좋아하는 것을 주어도 된다.

서울우유
다 100%
세균수
1A등급
체세포수
1등급

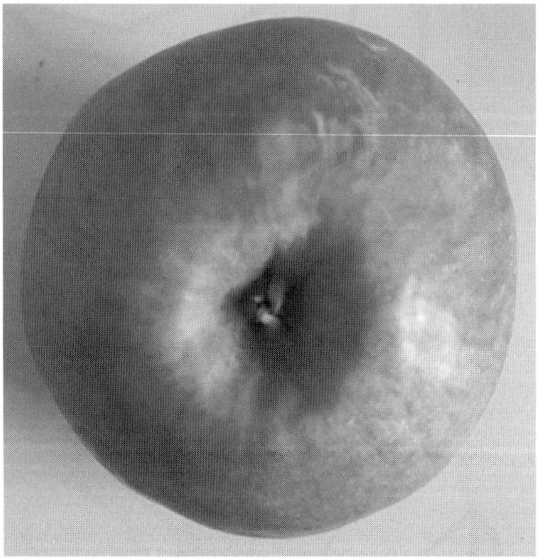

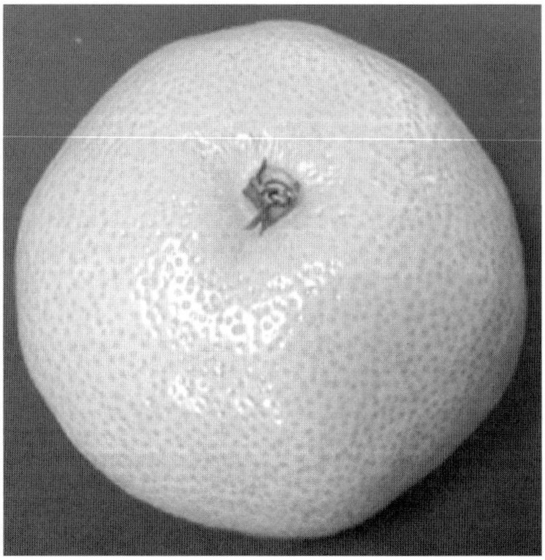

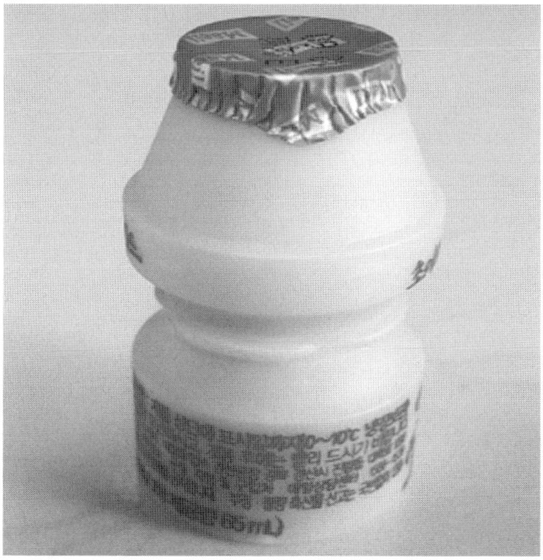

2~3
세

32 "예." "아니요."로 대답하기

2~3세

목표 | "예." 또는 "아니요."로 대답할 수 있다.

자료 | 영아에게 친숙한 물건, 강화제

방법 ❶

- 교사가 예를 들어 과자를 놓고 "과자 줄까요?"라고 말한 후 "예."라고 대답하면 과자를 주고, "아니요."라고 대답하면 주지 않는 시범을 보인다.
- 교사가 "과자 줄까요?"라고 물어볼 때 영아에게 교사를 모방하여 "예." 또는 "아니요."로 대답해 보라고 한다.
- 수행되면 교사가 "과자 줄까요?"라고 물어볼 때 영아 스스로 "예." 또는 "아니요."로 대답해 보라고 한다.
- 수행되면 영아에게 친숙한 다양한 물건을 가지고 "예." 또는 "아니요."로 대답할 수 있는지 확인한다.
- 수행되면 영아의 특성에 맞는 적절한 강화제를 제공한다.

방법 ❷

- 교사가 예를 들어 영아가 좋아하는 과자를 놓고 "과자 줄까요?"라고 말한 후 "예."라고 대답하면 과자를 주는 시범을 보인다.
- 교사가 "과자 줄까요?"라고 물어볼 때 영아에게 교사를 모방하여 "예."라고 대답해 보라고 한다.
- 모방하지 못하면 교사가 "예."라고 말해 준 후 영아에게 "예."라고 대답해 보라고 한다.
- 수행되면 교사가 '예'라고 말하는 입 모양을 보여 준 후 영아에게 "예."라고 대답해 보라고 한다.

- 도움을 점차 줄여 간다.
- 수행되면 교사가 "과자 줄까요?"라고 물어볼 때 영아 스스로 "예."라고 대답해 보라고 한다.
- 수행되면 교사가 예를 들어 영아가 싫어하는 우유를 놓고 "우유 줄까요?"라고 말한 후 "아니요."라고 대답하면 우유를 주지 않는 시범을 보인다.
- 교사가 "우유 줄까요?"라고 물어볼 때 영아에게 교사를 모방하여 "아니요."라고 대답해 보라고 한다.
- 모방하지 못하면 교사가 "아니요."라고 말해 준 후 영아에게 "아니요."라고 대답해 보라고 한다.
- 모방하지 못하면 교사가 "아."라고 첫 글자를 말해 준 후 영아에게 "아니요."라고 대답해 보라고 한다.
- 수행되면 교사가 '아니요'라고 말하는 입 모양을 보여 준 후 영아에게 "아니요."라고 대답해 보라고 한다.
- 도움을 점차 줄여 간다.
- 수행되면 교사가 "우유 줄까요?"라고 물어볼 때 영아 스스로 "아니요."라고 대답해 보라고 한다.
- 수행되면 교사가 예를 들어 딸랑이를 놓고 "딸랑이 줄까요?"라고 말한 후 "예."라고 대답하면 딸랑이를 주고, "아니요."라고 대답하면 주지 않는 시범을 보인다.
- 교사가 "딸랑이 줄까요?"라고 물어보면 영아 스스로 "예." 또는 "아니요."로 대답해 보라고 한다.
- 모방하지 못하면 '과자'나 '우유'를 지도한 것과 같은 방법으로 지도한다.
- 수행되면 영아에게 친숙한 다양한 물건을 가지고 "예." 또는 "아니요."로 대답할 수 있는지 확인한다.
- 수행되면 영아의 특성에 맞는 적절한 강화제를 제공한다.

방법 ❸

- 교사가 예를 들어 컵을 가지고 "이것은 컵이에요?"라고 물어보면 "예."라고 대답하는 시범을 보인다.
- 교사가 컵을 가지고 "이것은 컵이에요?"라고 물어보면 영아에게 교사를 모방하여 "예."라고 대답해 보라고 한다.
- 모방하지 못하면 교사가 "예."라고 말해 준 후 영아에게 "예."라고 대답해 보라고 한다.
- 수행되면 교사가 '예'라고 말하는 입 모양을 보여 준 후 영아에게 "예."라고 대답해 보라고 한다.
- 도움을 점차 줄여 간다.
- 수행되면 교사가 컵을 가지고 "이것은 컵이에요?"라고 물어볼 때 영아 스스로 "예."라고 대답해 보라고 한다.
- 수행되면 교사가 컵을 가지고 "이것은 휴지예요?"라고 물어보면 "아니요."라고 대답하는 시범을 보인다.
- 교사가 컵을 가지고 "이것은 휴지예요?"라고 물어보면 영아에게 교사를 모방하여 "아니요."라고 대답해 보라고 한다.
- 모방하지 못하면 교사가 "아니요."라고 말해 준 후 영아에게 "아니요."라고 대답해 보라고 한다.
- 모방하지 못하면 교사가 "아."라고 첫 글자를 말해 준 후 영아에게 "아니요."라고 대답해 보라고 한다.
- 수행되면 교사가 '아니요'라고 말하는 입 모양을 보여 주며 영아에게 "아니요."라고 대답해 보라고 한다.
- 도움을 점차 줄여 간다.
- 수행되면 교사가 컵을 가지고 "이것은 휴지예요?"라고 물어볼 때 영아 스스로 "아니요." 라고 대답해 보라고 한다.
- 수행되면 교사가 컵을 가지고 "이것은 컵이에요?"라고 물어볼 때 "예."라고 대답

하고, 컵을 가지고 "이것은 휴지예요?"라고 물어볼 때 "아니요."라고 대답하는 시범을 보인다.

• 교사가 컵을 가지고 "이것은 컵이에요?" 혹은 "이것은 휴지예요?"라고 물어볼 때 영아 스스로 "예." 또는 "아니요."로 대답해 보라고 한다.
• 수행되면 영아에게 친숙한 다양한 물건을 가지고 "예." 또는 "아니요."로 대답할 수 있는지 확인한다.
• 수행되면 영아의 특성에 맞는 적절한 강화제를 제공한다.

서울우유
나100%
세균수
1A등급
체세포수
1등급

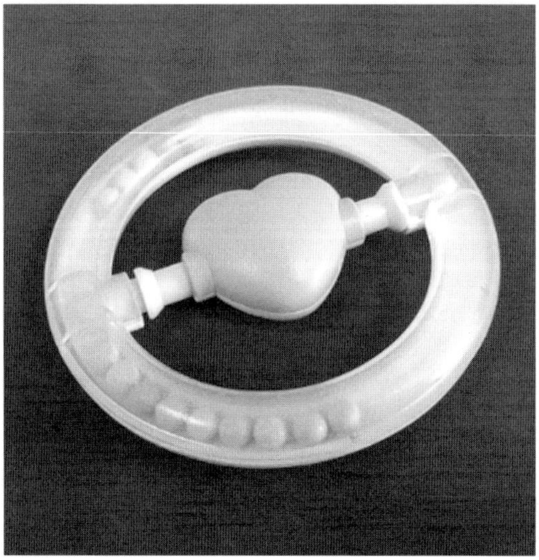

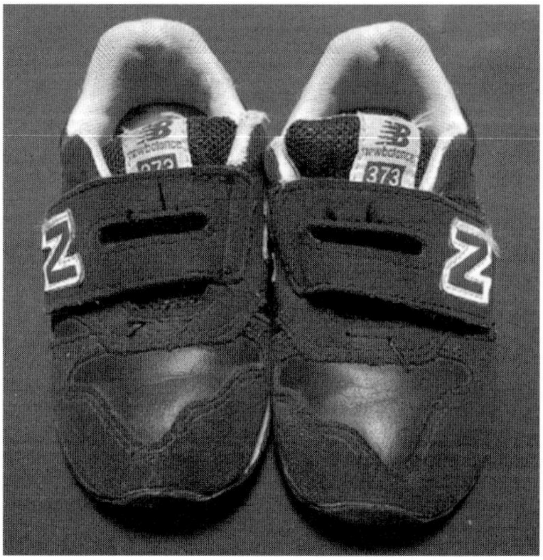
373

HELLO
KITTY
JAM

JUMP

33 '나' 또는 '내 것' 표현하기

2~3세

목표 | 이름 대신 '나' 또는 '내 것'으로 표현할 수 있다.

자료 | 영아의 소유물, 강화제

방법 ❶

- 교사가 예를 들어 자신의 가방을 보여 주며 "나." 또는 "내 것."이라고 말하는 시범을 보인다.
- 교사가 예를 들어 영아의 신발을 보여 주며 영아에게 교사를 모방하여 "나." 또는 "내 것."이라고 말해 보라고 한다.
- 수행되면 영아의 소유물을 보여 줄 때 영아 스스로 "나." 또는 "내 것."이라고 말해 보라고 한다.
- 수행되면 영아의 특성에 맞는 적절한 강화제를 제공한다.

방법 ❷

- 교사가 예를 들어 자신의 가방을 보여 주며 "나." 또는 "내 것."이라고 말하는 시범을 보인다.
- 교사가 예를 들어 영아의 신발을 보여 주며 영아에게 교사를 모방하여 "나." 또는 "내 것."이라고 말해 보라고 한다.
- 모방하지 못하면 교사가 영아의 신발을 보여 주며 "나." 또는 "내 것."이라고 말하는 시범을 보인다.
- 교사가 영아의 신발을 보여 주며 영아에게 교사를 모방하여 "나." 또는 "내 것."이라고 말해 보라고 한다.
- 수행되면 교사가 영아의 신발을 가리키며 "나." 또는 "내 것."이라고 말해 보라고 한다.

- 수행되면 교사가 '나' 또는 '내 것'이라고 말하는 입 모양을 보여 준 후 영아에게 "나." 또는 "내 것."이라고 말해 보라고 한다.
- 도움을 점차 줄여 간다.
- 수행되면 교사가 영아의 신발을 보여 줄 때 영아 스스로 "나." 또는 "내 것."이라고 말해 보라고 한다.
- 수행되면 교사가 영아의 가방을 보여 주며 "나." 또는 "내 것."이라고 말하는 시범을 보인다.
- 교사가 영아의 가방을 보여 주며 영아에게 교사를 모방하여 "나." 또는 "내 것."이라고 말해 보라고 한다.
- 수행되면 교사가 영아의 가방을 가리키며 "나."또는 "내 것."이라고 말해 보라고 한다.
- 수행되면 교사가 '나' 또는 '내 것'이라고 말하는 입 모양을 보여 준 후 영아에게 "나." 또는 "내 것."이라고 대답해 보라고 한다.
- 도움을 점차 줄여 간다.
- 수행되면 교사가 영아의 가방을 보여 줄 때 영아 스스로 "나." 또는 "내 것."이라고 말해 보라고 한다.
- 수행되면 교사가 영아의 신발과 가방을 보여 줄 때 영아 스스로 "나." 또는 "내 것."이라고 말해 보라고 한다.
- 수행되면 교사가 영아의 소유물을 보여 줄 때 영아 스스로 "나." 또는 "내 것."이라고 말해 보라고 한다.
- 수행되면 영아의 특성에 맞는 적절한 강화제를 제공한다.

Sisters Forever
FROZEN

MARVEL

373

흙이 궁금해

34 '누가'라는 질문에 대답하기

2~3세

목표 | '누가'를 묻는 질문에 대답할 수 있다.

자료 | 동작동사카드(그림), 각 식구들의 사진, 강화제

방법 ❶

- 교사가 각 동사카드를 보여 주며 '누가' 무엇을 하고 있는지 설명한 후 '누가'를 묻는 질문에 대답하는 시범을 보인다.
- 교사가 동작동사카드를 보여 주며 '누가' 무엇을 하는지 물어볼 때 영아에게 교사를 모방하여 대답해 보라고 한다.
- 수행되면 교사가 각 동작동사카드를 보여 주며 '누가' 무엇을 하는지 물어볼 때 영아 스스로 대답해 보라고 한다.
- 수행되면 영아의 특성에 맞는 적절한 강화제를 제공한다.

방법 ❷

- 교사가 각 동사카드를 보여 주며 누가 무엇을 하고 있는지 설명한다.
- 교사가 예를 들어 영아가 밥 먹는 카드를 보여 주며 "누가 밥 먹어요?"라고 질문한 후 "나."라고 대답하는 시범을 보인다.
- 교사가 "누가 밥 먹어요?"라고 물어볼 때 영아에게 교사를 모방하여 "나."라고 대답해 보라고 한다.
- 수행되면 교사가 '나'라고 말하는 입 모양을 보여 주며 영아에게 "나."라고 대답해 보라고 한다.
- 수행되면 교사가 영아를 가리키며 영아에게 "나."라고 대답해 보라고 한다.
- 교사가 영아의 밥 먹는 사진을 가리키며 영아에게 "나."라고 대답해 보라고 힌다.
- 도움을 점차 줄여 간다.

- 수행되면 교사가 "누가 밥 먹어요?"라고 물어볼 때 영아 스스로 "나."라고 대답해 보라고 한다.
- 수행되면 교사가 예를 들어 아빠가 운전하는 카드를 보여 주며 "누가 운전해요?" 라고 질문한 후 "아빠."라고 대답하는 시범을 보인다.
- 교사가 "누가 운전해요?"라고 물어볼 때 영아에게 교사를 모방하여 "아빠."라고 대답해 보라고 한다.
- 수행되면 교사가 "아빠."라고 말하는 입 모양을 보여 주며 영아에게 "아빠."라고 대답해 보라고 한다.
- 수행되면 교사가 아빠의 운전하는 사진을 가리키며 영아에게 "아빠."라고 대답해 보라고 한다.
- 도움을 점차 줄여 간다.
- 수행되면 교사가 "누가 운전해요?"라고 물어볼 때 영아 스스로 "아빠."라고 대답해 보라고 한다.
- 수행되면 유아가 밥 먹는 카드와 아빠가 운전하는 카드를 보여 주며 교사가 각각 '누가' 무엇을 하는지 물어볼 때 영아 스스로 대답해 보라고 한다.
- 수행되면 교사가 예를 들어 동생이 우유 마시는 카드를 보여 주며 "누가 우유 마셔요?"라고 질문한 후 "동생."이라고 대답하는 시범을 보인다.
- 교사가 "누가 우유 마셔요?"라고 물어볼 때 영아에게 교사를 모방하여 "동생."이라고 대답해 보라고 한다.
- 대답하지 못하면 아빠라고 대답하게 지도한 것과 같은 방법으로 지도한다.
- 수행되면 교사가 "누가 우유 마셔요?"라고 질문할 때 영아 스스로 "동생."이라고 대답해 보라고 한다.
- 수행되면 다른 동작동사카드들도 같은 방법으로 지도한다.
- 수행되면 교사가 각 동작동사카드를 보여 주며 '누가' 무엇을 하는지 물어볼 때 영아 스스로 대답해 보라고 한다.
- 수행되면 영아의 특성에 맞는 적절한 강화제를 제공한다.

☞ 다양한 동작동사카드는 유아교육 관련 교구점(예: 보육사, 교육산업 등)에서 구입이 가능하며 여러 용도로 활용할 수 있다.

☞ 다음 동작동사카드를 오려 카드의 얼굴 부분에 보슬이를 붙인 후 엄마, 아빠, 누나, 동생, 영아의 사진 등에는 까슬이를 붙여 카드 얼굴 부분에 사진을 붙였다 뗐다 할 수 있도록 만들면 사진을 쉽게 이동시킬 수 있어 효과적으로 활용할 수 있다.

우유

35 "같다."와 "다르다." 표현하기

2~3세

목표 | "같다."와 "다르다."를 표현할 수 있다.

자료 | 컵, 우유, 가방, 공, 신발, 모자 등, 강화제

방법 ❶

- 교사가 예를 들어 두 개의 컵을 보여 주며 "같다."라고 말하고, 컵과 공을 보여 주며 "다르다."라고 말하는 시범을 보인다.
- 교사가 두 개의 컵을 보여 주며 영아에게 교사를 모방하여 "같다."라고 말하고, 컵과 공을 보여 주며 교사를 모방하여 "다르다."라고 말해 보라고 한다.
- 수행되면 교사가 두 개의 컵을 보여 줄 때 영아 스스로 "같다."라고 말하고, 컵과 공을 보여 줄 때 영아 스스로 "다르다."라고 말해 보라고 한다.
- 수행되면 교사가 같은 것과 다른 것을 보여 줄 때 영아 스스로 "같다."와 "다르다."를 말해 보라고 한다.
- 수행되면 영아의 특성에 맞는 적절한 강화제를 제공한다.

방법 ❷

- 교사가 예를 들어 두 개의 컵을 보여 주며 "같다."라고 말하는 시범을 보인다.
- 영아에게 교사를 모방하여 "같다."라고 말해 보라고 한다.
- 모방하지 못하면 "컵 두 개는 같아요, 달라요?"라고 물어본다.
- 대답하지 못하면 교사가 "같."이라고 첫 글자를 말해 준 후 영아에게 "같다."라고 말해 보라고 한다.
- 수행되면 교사가 '같다'라고 말하는 입 모양을 보여 주며 영아에게 교사를 모방하여 "같다."라고 말해 보라고 한다.
- 도움을 점차 줄여 간다.

- 수행되면 영아 스스로 "같다."라고 말해 보라고 한다.
- 수행되면 교사가 예를 들어 컵과 우유를 보여 주며 "다르다."라고 말하는 시범을 보인다.
- 영아에게 교사를 모방하여 "다르다."라고 말해 보라고 한다.
- 모방하지 못하면 "같다."를 지도한 것과 같은 방법으로 지도한다.
- 수행되면 영아 스스로 "다르다."라고 말해 보라고 한다.
- 수행되면 교사가 컵과 컵, 컵과 우유를 각각 보여 줄 때 영아 스스로 "같다."와 "다르다."를 말해 보라고 한다.
- 수행되면 교사가 컵과 컵, 컵과 우유의 위치를 바꾸어 놓은 후 영아 스스로 "같다."와 "다르다."를 말해 보라고 한다.
- 수행되면 교사가 같은 것과 다른 것을 보여 줄 때 영아 스스로 "같다."와 "다르다."를 말해 보라고 한다.
- 수행되면 영아의 특성에 맞는 적절한 강화제를 제공한다.

☞ 교구로 제작하여 사용하면 편리하다. 영아에게 친숙한 사물이나 그림을 오려서 사용하거나 다음 사진을 복사하여 각 그림 뒷면에는 까슬이를 붙이고, 하드보드지에는 보슬이를 붙이면 된다. 붙였다 뗐다 할 수 있으므로 같은 것과 다른 것의 위치를 다양하게 바꾸어 지도할 수 있다. 하드보드지는 문구점에서 구입할 수 있다.

HELLO
KITTY

HELLO
KITTY

HELLO
KITTY

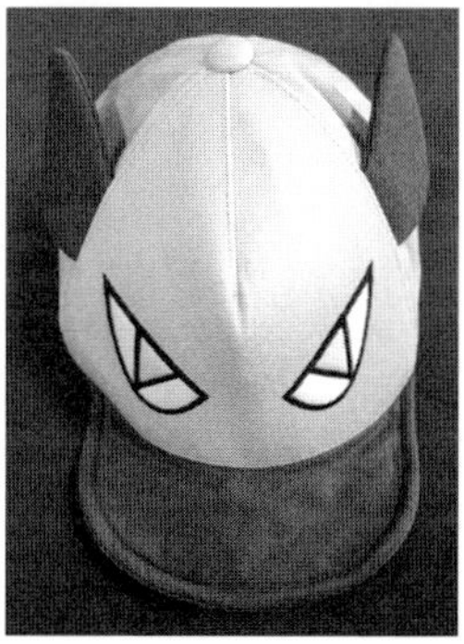
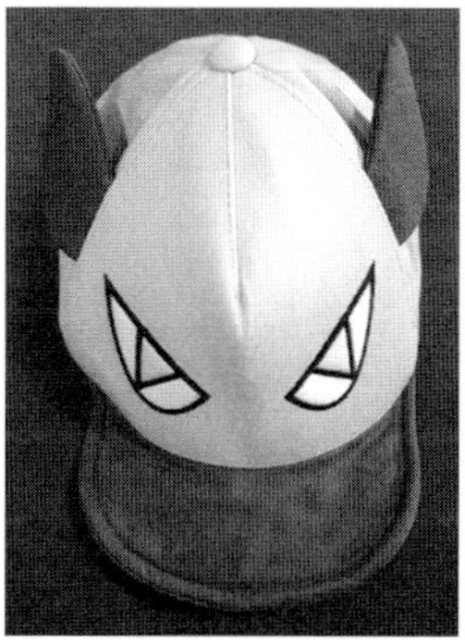
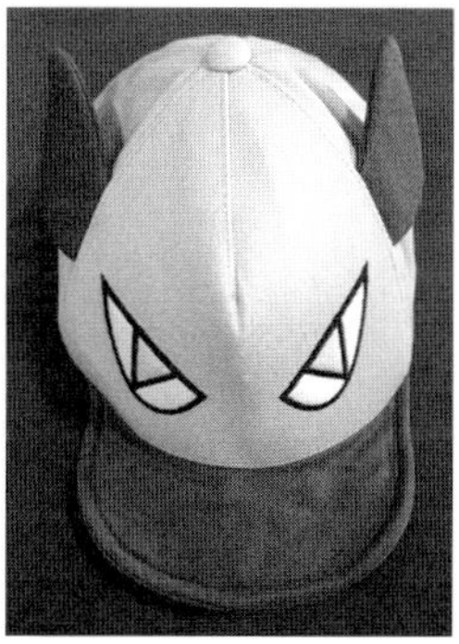

서울우유
나100%
FROZEN
FROZEN
FROZEN

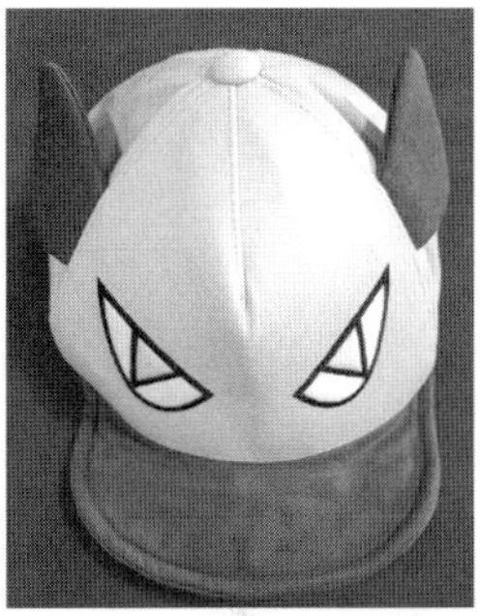

2~3
세

3~4세

36 세 가지 색 말하기

3~4세

목표 | 세 가지 색을 말할 수 있다.

자료 | 빨간색 · 노란색 · 파란색 카드 등, 크레파스, 빨간색 · 노란색 · 파란색 스티커, 강화제

방법 ❶

- 교사가 예를 들어 빨간색, 노란색, 파란색 카드를 제시한 후, 각 색의 이름을 말하는 시범을 보인다.
- 유아에게 교사를 모방하여 빨간색, 노란색, 파란색의 이름을 말해 보라고 한다.
- 수행되면 교사가 빨간색, 노란색, 파란색 카드를 제시한 후 유아 스스로 각 색의 이름을 말해 보라고 한다.
- 수행되면 교사가 빨간색, 노란색, 파란색 카드의 위치를 바꾸어 제시한 후 각 색을 물어볼 때 유아 스스로 각 색의 이름을 말해 보라고 한다.
- 수행되면 유아의 특성에 맞는 적절한 강화제를 제공한다.

방법 ❷

- 교사가 예를 들어 빨간색 카드를 제시한 후 "빨간색을 ♬ 말~해 봐요 ♬ 말~해

봐요 ♬"라고 노래를 부르며 "빨간색."이라고 말하는 시범을 보인다.

- 유아에게 교사를 모방하여 "빨간색."이라고 말해 보라고 한다.
- 모방하지 못하면 교사가 "빨."이라고 첫 글자를 말해 준 후 유아에게 "빨간색."이라고 말해 보라고 한다.
- 수행되면 교사가 '빨간색'이라고 말하는 입 모양을 보여 주며 유아에게 "빨간색."이라고 말해 보라고 한다.
- 수행되면 교사가 '사과'와 같은 색을 말해 보라고 한다.
- 도움을 점차 줄여 간다.
- 수행되면 유아 스스로 "빨간색."이라고 말해 보라고 한다.
- 수행되면 교사가 예를 들어 노란색 카드를 제시한 후 "노란색을 ♬ 말~해 봐요 ♬ 말~해 봐요 ♬"라고 노래를 부르며 "노란색."이라고 말하는 시범을 보인다.
- 유아에게 교사를 모방하여 "노란색."이라고 말해 보라고 한다.
- 모방하지 못하면 교사가 "노."라고 첫 글자를 말해 준 후 유아에게 "노란색."이라고 말해 보라고 한다.
- 수행되면 교사가 '노란색'이라고 말하는 입 모양을 보여 주며 유아에게 "노란색."이라고 말해 보라고 한다.
- 수행되면 교사가 '바나나'와 같은 색을 말해 보라고 한다.
- 도움을 점차 줄여 간다.
- 수행되면 유아 스스로 "노란색."이라고 말해 보라고 한다.
- 수행되면 교사가 빨간색과 노란색을 제시한 후 각 색을 물어볼 때 유아 스스로 "빨간색."과 "노란색."이라고 말해 보라고 한다.
- 수행되면 교사가 파란색 카드를 제시한 후 "파란색을 ♬ 말~해 봐요 ♬ 말~해 봐요 ♬"라고 노래를 부르며 "파란색."이라고 말하는 시범을 보인다.
- 유아에게 교사를 모방하여 "파란색."이라고 말해 보라고 한다.
- 모방하지 못하면 노란색을 지도한 것과 같은 방법으로 지도한다.
- 수행되면 교사가 빨간색, 노란색, 파란색 카드를 제시한 후 유아 스스로 각 색의

이름을 말해 보라고 한다.

- 수행되면 교사가 빨간색, 노란색, 파란색 카드의 위치를 바꾸어 물어볼 때 유아 스스로 각 색의 이름을 말해 보라고 한다.
- 수행되면 유아의 특성에 맞는 적절한 강화제를 제공한다.

방법 ❸

- 교사가 예를 들어 사과 그림을 제시한 후 "빨간색을 ♬ 색칠 해~요 ♬ 색칠 해~요 ♬"라고 노래를 부르며 사과에 빨간색을 색칠하면서 "빨간색."이라고 말하는 시범을 보인다.
- 유아에게 교사를 모방하여 사과에 빨간색을 색칠하면서 "빨간색."이라고 말해 보라고 한다.
- 모방하지 못하면 교사가 "빨."이라고 첫 글자를 말해 준 후 유아에게 "빨간색."이라고 말해 보라고 한다.
- 수행되면 교사가 '빨간색'이라고 말하는 입 모양을 보여 주며 유아에게 "빨간색."이라고 말해 보라고 한다.
- 수행되면 교사가 '사과'에 색칠하는 것과 같은 색을 말해 보라고 한다.
- 도움을 점차 줄여 간다.
- 수행되면 유아 스스로 "빨간색."이라고 말해 보라고 한다.
- 수행되면 교사가 예를 들어 바나나 그림을 제시한 후 "노란색을 ♬ 색칠 해~요 ♬ 색칠 해~요 ♬"라고 노래를 부르며 바나나에 노란색을 색칠하면서 "노란색."이라고 말하는 시범을 보인다.
- 유아에게 교사를 모방하여 바나나에 노란색을 색칠하면서 "노란색."이라고 말해 보라고 한다.
- 모방하지 못하면 빨간색을 지도한 것과 같은 방법으로 지도한다.
- 수행되면 유아 스스로 "노란색."이라고 말해 보라고 한다.
- 수행되면 교사가 빨간색과 노란색을 칠한 그림을 제시한 후 각 색을 물어볼 때 유

아 스스로 "빨간색."과 "노란색."이라고 말해 보라고 한다.

- 수행되면 교사가 예를 들어 도라지꽃 그림을 제시한 후 "파란색을 ♬ 색칠해~요 ♬ 색칠 해~요 ♬"라고 노래를 부르며 도라지꽃에 파란색을 색칠하면서 "파란색."이라고 말하는 시범을 보인다.
- 유아에게 교사를 모방하여 도라지꽃에 파란색을 색칠하면서 "파란색."이라고 말해 보라고 한다.
- 모방하지 못하면 빨간색을 지도한 것과 같은 방법으로 지도한다.
- 수행되면 교사가 색칠이 되어 있는 각 그림을 제시한 후 유아 스스로 각 색의 이름을 말해 보라고 한다.
- 수행되면 교사가 색칠이 되어 있는 각 그림의 위치를 바꾸어 물어볼 때 유아 스스로 각 색의 이름을 말해 보라고 한다.
- 수행되면 유아의 특성에 맞는 적절한 강화제를 제공한다.

방법 ❹

- 교사가 딸기, 바나나, 도라지꽃 그림을 제시한 후 교사가 각 그림에 '빨간색(딸기)' '노란색(바나나)' '파란색(도라지꽃)' 스티커를 붙이면서 "빨간색." "노란색." "파란색." 이라고 말하는 시범을 보인다.
- 유아에게 교사를 모방하여 각 그림에 '빨간색' '노란색' '파란색' 스티커를 붙이면서 "빨간색." "노란색." "파란색."이라고 말해 보라고 한다.
- 모방하지 못하면 교사가 예를 들어 딸기 그림을 제시한 후 "빨간색을 ♬ 붙여 봐~요 ♬ 붙여 봐~요 ♬"라고 노래를 부르며 딸기에 빨간색 스티커를 붙이면서 "빨간색."이라고 말하는 시범을 보인다.
- 유아에게 교사를 모방하여 딸기에 빨간색 스티커를 붙이면서 "빨간색."이라고 말해 보라고 한다.
- 모방하지 못하면 교사가 "빨."이라고 첫 글자를 말해 준 후 유아에게 "빨간색."이라고 말해 보라고 한다.

- 수행되면 교사가 '빨간색'이라고 말하는 입 모양을 보여 주며 유아에게 "빨간색." 이라고 말해 보라고 한다.
- 도움을 점차 줄여 간다.
- 수행되면 유아 스스로 "빨간색."이라고 말해 보라고 한다.
- '노란색'과 '파란색'도 '빨간색'과 같은 방법으로 지도한 후 유아 스스로 "노란색."과 "파란색."을 말해 보라고 한다.
- 수행되면 교사가 빨간색, 노란색, 파란색 스티커가 붙어 있는 그림을 제시한 후 유아 스스로 각 색의 이름을 말해 보라고 한다.
- 수행되면 교사가 빨간색, 노란색, 파란색 스티커가 붙어 있는 그림의 위치를 바꾸어 물어볼 때 유아 스스로 각 색의 이름을 말해 보라고 한다.
- 수행되면 유아의 특성에 맞는 적절한 강화제를 제공한다.

3～4
세

37 "크다."와 "작다." 말하기

3~4세

목표 | "크다."와 "작다."를 말할 수 있다.

자료 | 크기가 다른 자동차, 공, 신발, 상자, 블록 등의 모형 및 그림, 강화제

방법 ❶

- 교사가 예를 들어 크기가 다른 자동차를 제시한 후 큰 자동차를 가리키며 "크다." 라고 말하고, 작은 자동차를 가리키며 "작다."라고 말하는 시범을 보인다.
- 교사가 큰 자동차를 가리킬 때 유아에게 교사를 모방하여 "크다."라고 말하고, 작은 자동차를 가리킬 때 "작다."라고 말해 보라고 한다.
- 수행되면 교사가 큰 자동차를 가리킬 때 유아 스스로 "크다."라고 말하고, 작은 자동차를 가리킬 때 "작다."라고 말해 보라고 한다.
- 수행되면 크기가 다른 각 물건들도 자동차와 같은 방법으로 지도한 후 유아 스스로 각각 "크다."와 작다."를 말해 보라고 한다.
- 수행되면 유아의 특성에 맞는 적절한 강화제를 제공한다.

방법 ❷

- 교사가 예를 들어 크기가 다른 자동차를 제시한 후 큰 자동차를 가리키며 "크다." 라고 말하고, 작은 자동차를 가리키며 "작다."라고 말하는 시범을 보인다.
- 교사가 큰 자동차를 가리킬 때 유아에게 교사를 모방하여 "크다."라고 말하고, 작은 자동차를 가리킬 때 "작다."라고 말해 보라고 한다.
- 모방하지 못하면 교사가 '큰 자동차'를 제시한 후 "크다~라고 ♬ 말해 봐~요 ♬ 말해 봐~요 ♬"라고 노래를 부르며 "크다."라고 말하는 시범을 보인다.
- 유아에게 교사를 모방하여 "크다."라고 말해 보라고 한다.
- 모방하지 못하면 교사가 "크."라는 첫 글자를 말해 준 후 유아에게 "크다."라고 말

해 보라고 한다.

- 수행되면 교사가 '크다'라고 말하는 입 모양을 보여 주며 유아에게 "크다."라고 말해 보라고 한다.
- 수행되면 교사가 팔을 최대한 크게 벌려 '크다'라는 동작을 보여 주면서 유아에게 "크다."라고 말해 보라고 한다.
- 도움을 점차 줄여 간다.
- 수행되면 유아 스스로 "크다."라고 말해 보라고 한다.
- 수행되면 교사가 '작은 자동차'를 제시한 후 "작다~라고 ♬ 말해 봐~요 ♬ 말해 봐~요 ♬"라고 노래를 부르며 "작다."라고 말하는 시범을 보인다.
- 유아에게 교사를 모방하여 "작다."라고 말해 보라고 한다.
- 모방하지 못하면 교사가 "작."이라는 첫 글자를 말해 준 후 유아에게 "작다."라고 말해 보라고 한다.
- 수행되면 교사가 '작다'라고 말하는 입 모양을 보여 주며 유아에게 "작다."라고 말해 보라고 한다.
- 교사가 손을 최대한 오므리며 '작다'라는 동작을 보여 주면서 유아에게 "작다."라고 말해 보라고 한다.
- 도움을 점차 줄여 간다.
- 수행되면 유아 스스로 "작다."라고 말해 보라고 한다.
- 수행되면 교사가 큰 자동차를 가리킬 때 유아 스스로 "크다."라고 말하고, 작은 자동차를 가리킬 때 "작다."라고 말해 보라고 한다.
- 수행되면 유아의 특성에 맞는 적절한 강화제를 제공한다.

방법 ❸

- 교사가 '큰 의자'와 '작은 의자'를 배치한다.
- 유아에게 춤을 추다가 교사가 "큰 의자."라고 말하면 유아가 "크다."라고 말하면

서 큰 의자에 앉고, 교사가 "작은 의자."라고 말하면 "작다."라고 말하면서 작은 의자에 앉아야 한다는 것을 설명해 준다.

- 교사가 "크다."라고 말하면서 큰 의자에 앉고, "작다."라고 말하면서 작은 의자에 앉는 시범을 보인다.
- 유아에게 교사를 모방하여 "크다."라고 말하면서 큰 의자에 앉고, "작다."라고 말하면서 작은 의자에 앉아 보라고 한다.
- 모방하지 못하면 교사가 "즐겁게 춤을 ♬ 추다가 큰 의자에 ♬ 앉~아라 ♬"라고 노래를 부르며 "크다."라고 말하면서 큰 의자에 앉는 시범을 보인다.
- 교사가 "큰 의자."라고 말할 때 유아에게 교사를 모방하여 "크다."라고 말하면서 '큰 의자'에 앉아 보라고 한다.
- 큰 의자에 앉지 못하면 교사가 유아의 손을 잡고 '큰 의자'에 앉혀 주면서 "크다."라고 말해 보라고 한다.
- 교사가 '큰 의자'를 가리키며 "크다."라고 말한 후 유아에게 '큰 의자'에 앉으면서 "크다."라고 말해 보라고 한다.
- 모방하지 못하면 교사가 "크."라는 첫 글자를 말해 준 후 유아에게 '큰 의자'에 앉으면서 "크다."라고 말해 보라고 한다.
- 수행되면 교사가 '크다'라고 말하는 입 모양을 보여 주며 유아에게 "크다."라고 말해 보라고 한다.
- 도움을 점차 줄여 간다.
- 수행되면 교사가 "큰 의자."라고 말할 때 유아 스스로 '큰 의자'에 앉으면서 "크다."라고 말해 보라고 한다.
- 수행되면 교사가 "즐겁게 춤을 ♬ 추다가 작은 의자에 ♬ 앉~아라 ♬"라고 노래를 부르며 "작다."라고 말하면서 작은 의자에 앉는 시범을 보인다.
- 교사가 "작은 의자."라고 말할 때 유아에게 교사를 모방하여 "작다."라고 말하면서 '작은 의자'에 앉아 보라고 한다.

- 작은 의자에 앉지 못하면 교사가 유아의 손을 잡고 '작은 의자'에 앉혀 주면서 "작다."라고 말해 보라고 한다.
- 교사가 '작은 의자'를 가리키며 "작다."라고 말한 후 유아에게 '작은 의자'에 앉으면서 "작다."라고 말해 보라고 한다.
- 모방하지 못하면 교사가 "작."이라는 첫 글자를 말해 준 후 유아에게 '작은 의자'에 앉으면서 "작다."라고 말해 보라고 한다.
- 수행되면 교사가 '작다'라고 말하는 입 모양을 보여 주며 유아에게 "작다."라고 말해 보라고 한다.
- 도움을 점차 줄여 간다.
- 수행되면 교사가 "작은 의자."라고 말할 때 유아 스스로 '작은 의자'에 앉으면서 "작다."라고 말해 보라고 한다.
- 수행되면 교사가 '큰 의자'와 '작은 의자'를 번갈아 가면서 말할 때 유아 스스로 교사가 지시하는 의자에 앉으면서 "크다."와 "작다."를 말해 보라고 한다.
- 수행되면 유아의 특성에 맞는 적절한 강화제를 제공한다.

☞ "크다."와 "작다." 지도 시 물건 두 개를 가지고 지도할 경우 색을 단서로 구분하지 않도록 반드시 두 개의 물건 색이 동일해야 한다.

☞ "크다."와 "작다." 지도 시 처음에는 예를 들어 큰 공은 빨간색, 작은 공은 노란색으로 지도하면 효과적이다. 그러나 수행되면 반드시 같은 색으로 확인해야 한다.

☞ 교사가 큰 스티커와 작은 스티커를 제시한 후 유아에게 교사의 지시에 따라 큰 스티커와 작은 스티커를 붙이는 놀이를 하면서 "크다."와 "작다."를 말하게 하면 효과적으로 지도할 수 있다.

☞ 교구로 제작하여 사용하면 편리하다. 각 물건의 사진이나 그림을 오려서 사용하거나 다음 그림을 복사하여 각 물건의 그림 뒷면에는 까슬이를 붙이고, 하드보드지에는 보슬이를 붙이면 된다. 붙였다 뗐다 할 수 있으므로 위치를 다양하게 바꾸어 지도할 수 있다. 하드보드지는 문구점에서 구입이 가능하다.

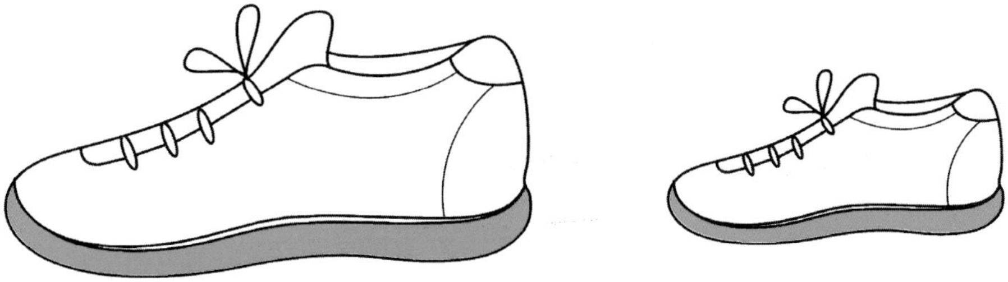

3~4 세

38 "~가(이) 아니야."라고 말하기

3~4세

목표 | "~가(이) 아니야."라고 말할 수 있다.

자료 | 유아에게 친숙한 물건, 강화제

방법 ❶

- 교사가 예를 들어 과자를 놓고 "우유예요?"라고 물어본 후 "아니야(아니에요)."라고 대답하는 시범을 보인다.
- 유아에게 교사를 모방하여 "아니야."라고 대답해 보라고 한다.
- 수행되면 교사가 과자를 놓고 "우유예요?"라고 물어볼 때 유아 스스로 "아니야."라고 대답해 보라고 한다.
- 수행되면 교사가 다른 물건이나 사물도 아닌 것을 물어볼 때 유아 스스로 "아니야."라고 대답해 보라고 한다.
- 수행되면 유아의 특성에 맞는 적절한 강화제를 제공한다.

방법 ❷

- 교사가 예를 들어 과자를 놓고 "우유예요?"라고 물어본 후 "아니야(아니에요)."라고 대답하는 시범을 보인다.
- 교사가 과자를 놓고 "우유예요?"라고 물어볼 때 유아에게 교사를 모방하여 "아니야."라고 대답해 보라고 한다.
- 모방하지 못하면 교사가 "아."라고 첫 글자를 말해 준 후 유아에게 "아니야."라고 대답해 보라고 한다.
- 수행되면 교사가 '아니야'라고 말하는 입 모양을 보여 주며 유아에게 "아니야."라고 대답해 보라고 한다.
- 도움을 점차 줄여 간다.

- 수행되면 교사가 "우유예요?"라고 물어볼 때 유아 스스로 "아니야."라고 대답해 보라고 한다.
- 수행되면 교사가 예를 들어 가방을 놓고 "신발이에요?"라고 물어본 후 "아니야." 라고 대답하는 시범을 보인다.
- 교사가 가방을 놓고 "신발이에요?"라고 물어볼 때 유아에게 교사를 모방하여 "아니야."라고 대답해 보라고 한다.
- 모방하지 못하면 교사가 "아."라고 첫 글자를 말해 준 후 유아에게 "아니야."라고 대답해 보라고 한다.
- 수행되면 교사가 '아니야' 라고 말하는 입 모양을 보여 주며 유아에게 "아니야."라고 대답해 보라고 한다.
- 도움을 점차 줄여 간다.
- 수행되면 교사가 "신발이에요?"라고 물어볼 때 유아 스스로 "아니야."라고 대답해 보라고 한다.
- 수행되면 교사가 다른 물건이나 사물도 아닌 것을 물어볼 때 유아가 "아니야."라고 대답할 수 있도록 같은 방법으로 지도한다.
- 수행되면 교사가 다른 물건이나 사물도 아닌 것을 물어볼 때 유아 스스로 "아니야."라고 대답해 보라고 한다.
- 수행되면 유아의 특성에 맞는 적절한 강화제를 제공한다.

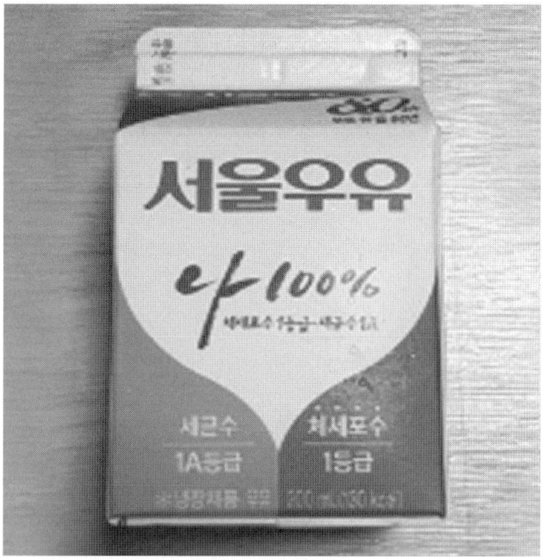
서울우유
나100%
세균수
1A등급
체세포수
1등급

3~4
세

서울우유
나100%
세균수
1A등급
체세포수
1등급

Disney
FROZEN

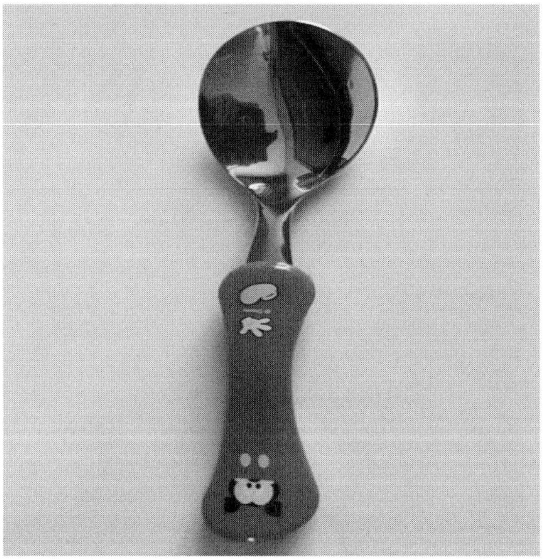

39 신체 여덟 부위 말하기

3~4세

목표 | 신체 여덟 부위를 말할 수 있다.

자료 | 인형, 스티커, 신체 부위 그림, 강화제

방법 ❶

- '눈'과 '코', '입'과 '손'은 앞 단계에서 수행하였으므로 확인한 후 시행한다.
- 교사가 신체 여덟 부위를 말하는 시범을 보인다.
- 유아에게 교사를 모방하여 신체 여덟 부위를 말해 보라고 한다.
- 수행되면 유아 스스로 신체 여덟 부위를 말해 보라고 한다.
- 수행되면 유아의 특성에 맞는 적절한 강화제를 제공한다.

방법 ❷

- '눈'과 '코', '입'과 '손'은 앞 단계에서 수행하였으므로 확인한 후 시행한다.
- 교사가 "발~이라고 ♬ 말해 봐~요 ♬ 말해 봐~요 ♬"라고 노래를 부르면서 유아의 '발'을 가리키며 "발."이라고 말하는 시범을 보인다.
- 유아에게 교사를 모방하여 "발."이라고 말해 보라고 한다.
- 수행되면 유아 스스로 자신의 '발'을 가리키며 "발."이라고 말해 보라고 한다.
- 수행되면 교사가 "배~라고 ♬ 말해 봐~요 ♬ 말해 봐~요 ♬"라고 노래를 부르면서 유아의 '배'를 가리키며 "배."라고 말하는 시범을 보인다.
- 유아에게 교사를 모방하여 "배."라고 말해 보라고 한다.
- 수행되면 유아 스스로 자신의 '배'를 가리키며 "배."라고 말해 보라고 한다.
- 수행되면 교사가 "귀~라고 ♬ 말해 봐~요 ♬ 말해 봐~요 ♬"라고 노래를 부르면서 유아의 '귀'를 가리키며 "귀."라고 말하는 시범을 보인다.
- 유아에게 교사를 모방하여 "귀."라고 말해 보라고 한다.

- 수행되면 유아 스스로 자신의 '귀'를 가리키며 "귀."라고 말해 보라고 한다.
- 수행되면 교사가 "머리~라고 ♬ 말해 봐~요 ♬ 말해 봐~요 ♬"라고 노래를 부르면서 유아의 '머리'를 가리키며 "머리."라고 말하는 시범을 보인다.
- 유아에게 교사를 모방하여 "머리."라고 말해 보라고 한다.
- 수행되면 유아 스스로 자신의 '머리'를 가리키며 "머리."라고 말해 보라고 한다.
- 수행되면 유아 스스로 신체 여덟 부위를 말해 보라고 한다.
- 수행되면 유아의 특성에 맞는 적절한 강화제를 제공한다.

방법 ❸

- '눈'과 '코', '입'과 '손'은 앞 단계에서 수행하였으므로 확인한 후 시행한다.
- 교사가 "발~이라고 ♬ 말해 봐~요 ♬ 말해 봐~요 ♬"라고 노래를 부르면서 교사의 '발'을 가리키며 "발."이라고 말하는 시범을 보인다.
- 교사가 유아의 '발'을 가리키며 "발이야."라고 말해 준 후 유아에게 교사를 모방하여 "발."이라고 말해 보라고 한다.
- 모방하지 못하면 교사가 "발~이라고 ♬ 말해 봐~요 ♬ 말해 봐~요 ♬"라고 노래 부르면서 유아의 '발'을 가리키며 "발, 발, ♬ 발, 발, 발 ♬"이라고 말해 준다.
- 교사가 유아의 '발'에 스티커를 붙여 주면서 "발."이라고 말해 준다.
- 유아가 '발'에 붙은 스티커를 만지거나 떼어 내려고 하면 교사가 "발."이라고 말해 준다.
- 이와 같은 과정을 몇 번 반복한다.
- 교사가 '발'이라고 말하는 입 모양을 보여 주며 유아에게 "발."이라고 말해 보라고 한다.
- 도움을 점차 줄여 간다.
- 수행되면 유아 스스로 "발."이라고 말해 보라고 한다.
- 수행되면 교사가 "배~라고 ♬ 말해 봐~요 ♬ 말해 봐~요 ♬"라고 노래 부르면서 교사의 '배'를 가리키며 "배."라고 말하는 시범을 보인다.

- 교사가 유아의 '배'를 가리키며 "배야."라고 말해 준 후 유아에게 교사를 모방하여 "배."라고 말해 보라고 한다.
- 모방하지 못하면 교사가 "○○의 배~는 ♬ 어디 있나? ♬ 여~기 ♬"라고 노래 부르며 유아의 '배'를 가리키면서 "배, 배, ♬ 배, 배, 배 ♬"라고 말해 준다.
- 교사가 유아의 '배'에 스티커를 붙여 주면서 "배."라고 말해 준다.
- 유아가 '배'에 붙은 스티커를 만지거나 떼어 내려고 하면 교사가 "배."라고 말해 준다.
- 이와 같은 과정을 몇 번 반복한다.
- 교사가 '배'라고 말하는 입 모양을 보여 주며 유아에게 "배."라고 말해 보라고 한다.
- 도움을 점차 줄여 간다.
- 수행되면 유아 스스로 "배."라고 말해 보라고 한다.
- 수행되면 교사가 "귀~라고 ♬ 말해 봐~요 ♬ 말해 봐~요 ♬"라고 노래 부르면서 교사의 '귀'를 가리키며 "귀."라고 말하는 시범을 보인다.
- 교사가 유아의 '귀'를 가리키며 "귀."라고 말해 준 후 유아에게 교사를 모방하여 "귀."라고 말해 보라고 한다.
- 모방하지 못하면 '배'를 지도한 것과 같은 방법으로 지도한다.
- 수행되면 유아 스스로 귀를 가리키며 "귀."라고 말해 보라고 한다.
- 수행되면 교사가 "머리~라고 ♬ 말해 봐~요 ♬ 말해 봐~요 ♬"라고 노래를 부르면서 유아의 '머리'를 가리키며 "머리."라고 말하는 시범을 보인다.
- 교사가 유아의 '머리'를 가리키며 "머리."라고 말해 준 후 유아에게 교사를 모방하여 "머리."라고 말해 보라고 한다.
- 모방하지 못하면 '배'를 지도한 것과 같은 방법으로 지도한다.
- 수행되면 유아 스스로 머리를 가리키며 "머리."라고 말해 보라고 한다.
- 수행되면 유아 스스로 신체 여덟 부위를 말해 보라고 한다.
- 수행되면 유아의 특성에 맞는 적절한 강화제를 제공한다.

☞ 유아의 신체에 직접 적용하기 전에 먼저 인형을 가지고 노래를 부르면서 같은 방법으로 지도하면 효과적일 수 있다.

☞ 일반적으로 신체 부위에 스티커를 붙이면 유아가 무의식적으로 스티커를 떼어 내려고 한다. 그러므로 신체 부위 지도 시 스티커를 적절하게 사용하면 효과적이다.

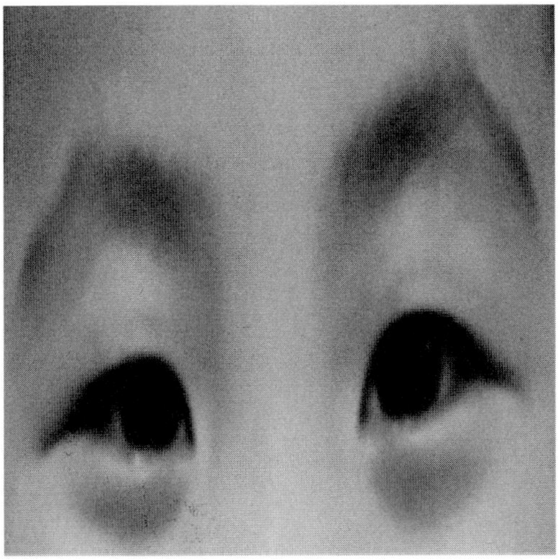

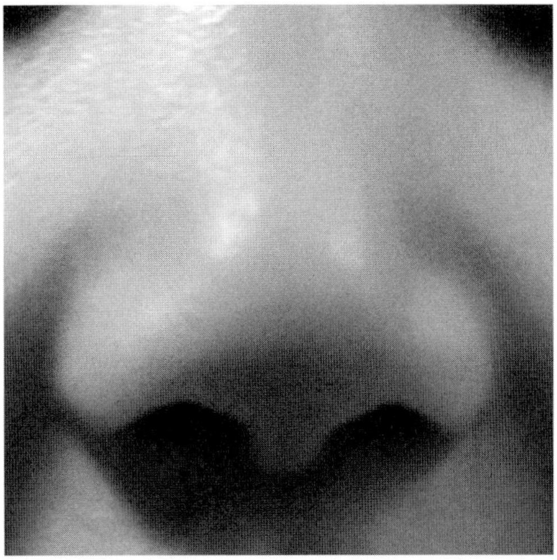

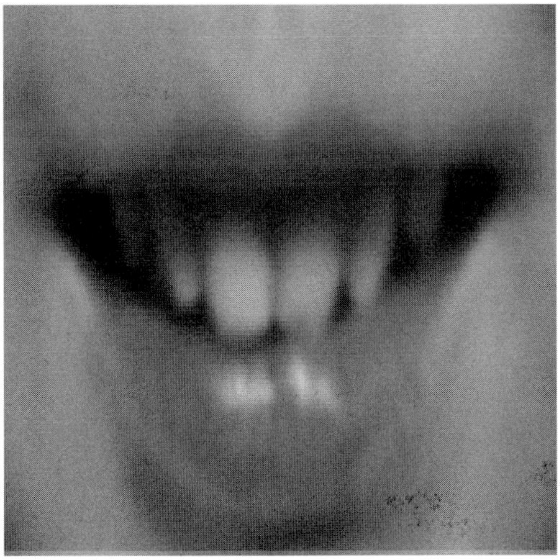

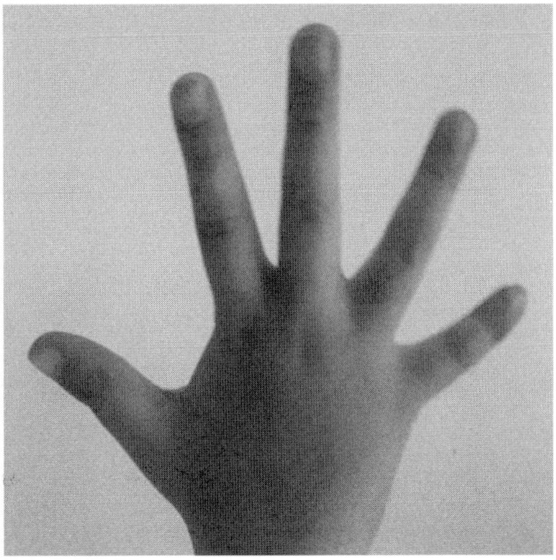

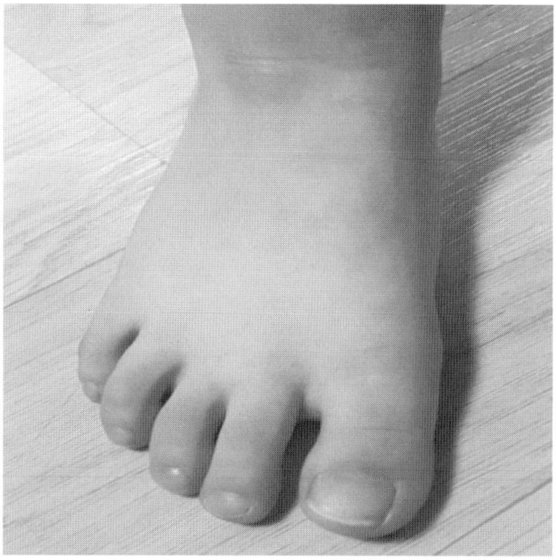

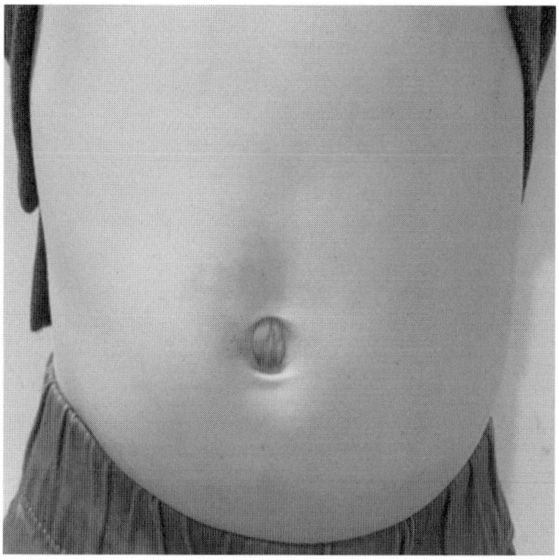

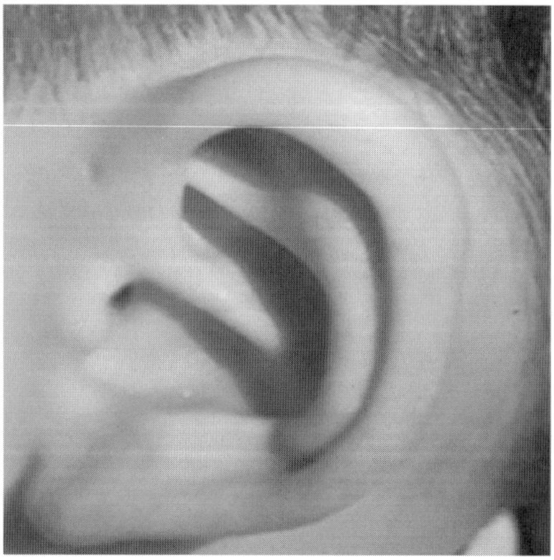

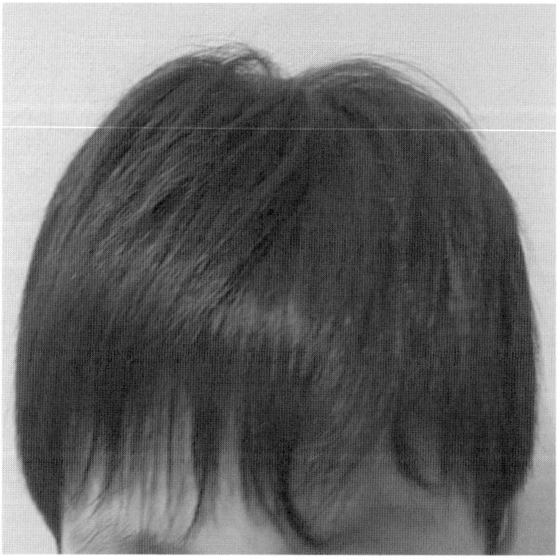

40 소유 말하기

3~4세

목표 | 누구의 소유인지를 말할 수 있다.

자료 | 유아의 소유물, 가족의 소유물, 가족의 개인 사진, 강화제

방법 ❶

- 교사가 유아의 소유물 및 가족의 소유물을 보여 주며 누구 것인지를 물어본 후 각각의 소유물(예: "엄마(엄마 것).")을 말하는 시범을 보인다.
- 교사가 유아의 소유물 및 가족의 소유물을 보여 주며 누구 것인지를 물어볼 때 유아에게 교사를 모방하여 각각의 소유물(예: "엄마(엄마 것).")을 말해 보라고 한다.
- 수행되면 교사가 유아의 소유물 및 가족의 소유물을 보여 주며 누구 것인지를 물어볼 때 유아 스스로 각각의 소유물을 말해 보라고 한다.
- 수행되면 유아의 특성에 맞는 적절한 강화제를 제공한다.

방법 ❷

- 교사가 예를 들어 엄마의 목걸이를 보여 주며 누구 것인지를 물어본 후 "엄마." 또는 "엄마 것."이라고 말하는 시범을 보인다.
- 교사가 누구의 목걸이인지를 물어볼 때 유아에게 교사를 모방하여 "엄마." 또는 "엄마 것."이라고 말해 보라고 한다.
- 모방하지 못하면 교사가 "엄."이라고 첫 글자를 말해 준 후 유아에게 "엄마." 또는 "엄마 것."이라고 말해 보라고 한다.
- 수행되면 교사가 '엄마' 또는 '엄마 것'이라고 말하는 입 모양을 보여 주며 유아에게 "엄마." 또는 "엄마 것."이라고 말해 보라고 한다.
- 수행되면 교사가 엄마의 사진을 가리키며 유아에게 "엄마." 또는 "엄마 것."이라고 말해 보라고 한다.

- 도움을 점차 줄여 간다.
- 수행되면 교사가 엄마의 물건을 보여 줄 때 유아 스스로 "엄마." 또는 "엄마 것."이라고 말해 보라고 한다.
- 수행되면 교사가 예를 들어 아빠의 넥타이를 보여 주며 누구 것인지를 물어본 후 "아빠." 또는 "아빠 것."이라고 말하는 시범을 보인다.
- 교사가 누구의 넥타이인지를 물어볼 때 유아에게 교사를 모방하여 "아빠." 또는 "아빠 것."이라고 말해 보라고 한다.
- 모방하지 못하면 교사가 "아."라고 첫 글자를 말해 준 후 유아에게 "아빠." 또는 "아빠 것."이라고 말해 보라고 한다.
- 수행되면 교사가 '아빠' 또는 '아빠 것'이라고 말하는 입 모양을 보여 주며 유아에게 "아빠." 또는 "아빠 것."이라고 말해 보라고 한다.
- 수행되면 교사가 아빠의 사진을 가리키며 유아에게 "아빠." 또는 "아빠 것."이라고 말해 보라고 한다.
- 도움을 점차 줄여 간다.
- 수행되면 교사가 아빠의 물건을 보여 줄 때 유아 스스로 "아빠." 또는 "아빠 것."이라고 말해 보라고 한다.
- 수행되면 다른 사람의 소유물도 같은 방법으로 지도한다.
- 수행되면 교사가 유아의 소유물 및 가족의 소유물을 보여 주며 누구 것인지를 물어볼 때 유아 스스로 각각의 소유물을 말해 보라고 한다.
- 수행되면 유아의 특성에 맞는 적절한 강화제를 제공한다.

방법 ❸

- 책상 위에 각각의 소유물을 분류하여 놓은 후 교사가 각 물건을 가리키며 누구 것인지를 말하는 시범을 보인다.
- 교사가 각 물건을 가리키며 누구 것인지를 물어볼 때 유아에게 교사를 모방하여 누구 것인지를 말해 보라고 한다.

- 모방하지 못하면 교사가 예를 들어 엄마 물건을 가리키며 "엄마." 또는 "엄마 것." 이라고 말하는 시범을 보인다.
- 교사가 엄마의 물건을 가리킬 때 유아에게 교사를 모방하여 "엄마." 또는 "엄마 것." 이라고 말해 보라고 한다.
- 모방하지 못하면 교사가 "엄." 이라고 첫 글자를 말해 준 후 유아에게 "엄마." 또는 "엄마 것." 이라고 말해 보라고 한다.
- 수행되면 교사가 '엄마' 또는 '엄마 것' 이라고 말하는 입 모양을 보여 주며 유아에게 "엄마." 또는 "엄마 것." 이라고 말해 보라고 한다.
- 도움을 점차 줄여 간다.
- 수행되면 교사가 엄마의 물건을 가리킬 때 유아 스스로 "엄마." 또는 "엄마 것." 이라고 말해 보라고 한다.
- 수행되면 교사가 예를 들어 아빠 물건을 가리키며 누구 것인지를 물어본 후 "아빠." 또는 "아빠 것." 이라고 말하는 시범을 보인다.
- 교사가 아빠의 물건을 가리킬 때 유아에게 교사를 모방하여 "아빠." 또는 "아빠 것." 이라고 말해 보라고 한다.
- 모방하지 못하면 엄마 물건을 지도한 것과 같은 방법으로 지도한다.
- 수행되면 다른 사람의 소유물도 같은 방법으로 지도한다.
- 수행되면 교사가 유아의 소유물 및 가족의 소유물을 가리키며 누구 것인지를 물어볼 때 유아 스스로 각각의 소유물을 말해 보라고 한다.
- 수행되면 유아의 특성에 맞는 적절한 강화제를 제공한다.

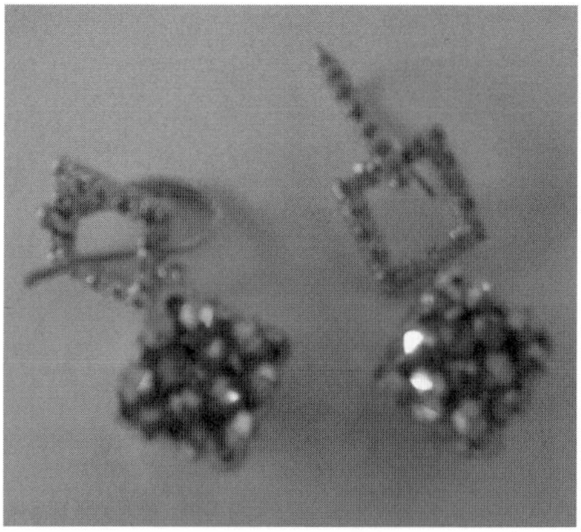

REGAL
REGAL

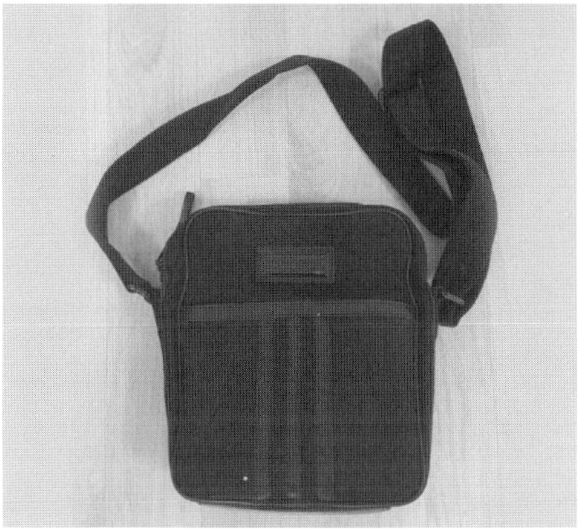

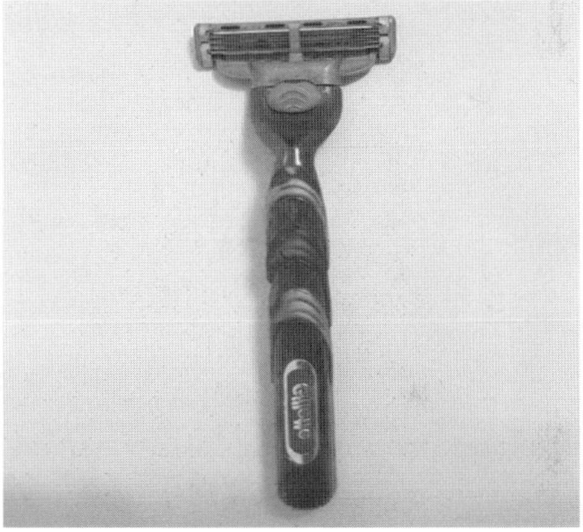

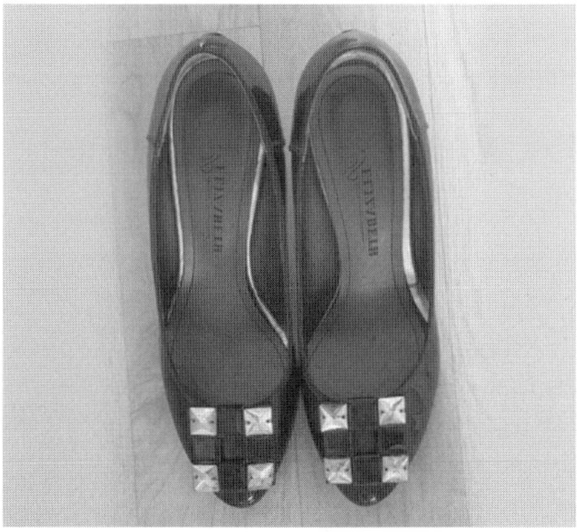

41 친숙한 과일 말하기

3~4세

목표 | 친숙한 과일을 말할 수 있다.

자료 | 친숙한 과일의 실물 및 모형, 과일 사진 및 그림카드, 강화제

방법 ❶

- 교사가 각 과일을 제시한 후 "○○라고 ♬ 말해 봐~요 ♬ 말해 봐~요 ♬"라고 노래를 부르며 과일 이름을 말하는 시범을 보인다.
- 유아에게 교사를 모방하여 각 과일의 이름을 말해 보라고 한다.
- 수행되면 교사가 각 과일을 가리킬 때 유아 스스로 과일의 이름을 말해 보라고 한다.
- 수행되면 교사가 각 과일의 위치를 다양하게 바꾸어 놓은 후 각 과일을 가리킬 때 유아 스스로 과일의 이름을 말해 보라고 한다.
- 수행되면 유아의 특성에 맞는 적절한 강화제를 제공한다.

방법 ❷

- 교사가 예를 들어 바나나를 제시한 후 "바나나~는 ♬ 달콤해~요 ♬ 달콤해~요 ♬"라고 노래를 부르며 "바나나."라고 말하는 시범을 보인다.
- 유아에게 교사를 모방하여 "바나나."라고 말해 보라고 한다.
- 모방하지 못하면 교사가 "바나."라고 말해 준 후 유아에게 "나."라고 말해 보라고 한다.
- 수행되면 교사가 "바."라고 첫 글자를 말해 준 후 유아에게 "바나나."라고 말해 보라고 한다.
- 수행되면 교사가 '바나나'라고 말하는 입 모양을 보여 주며 유아에게 "바나나."라고 말해 보라고 한다.
- 도움을 점차 줄여 간다.

- 수행되면 유아 스스로 "바나나."라고 말해 보라고 한다.
- 수행되면 교사가 예를 들어 사과를 제시한 후 "사과라고 ♬ 말해 봐~요 ♬ 말해 봐~요 ♬"라고 노래를 부르며 "사과."라고 말하는 시범을 보인다.
- 유아에게 교사를 모방하여 "사과."라고 말해 보라고 한다.
- 모방하지 못하면 교사가 "사."라고 첫 글자를 말해 준 후 유아에게 "사과."라고 말해 보라고 한다.
- 수행되면 교사가 '사과'라고 말하는 입 모양을 보여 주며 유아에게 "사과."라고 말해 보라고 한다.
- 도움을 점차 줄여 간다.
- 수행되면 유아 스스로 "사과"라고 말해 보라고 한다.
- 수행되면 교사가 '바나나'와 '사과'를 제시한 후 교사가 각 과일을 가리킬 때 유아 스스로 "바나나."와 "사과."라고 말해 보라고 한다.
- 수행되면 다른 과일도 같은 방법으로 지도한 후 각 과일의 이름을 말해 보라고 한다.
- 수행되면 교사가 각 과일의 위치를 다양하게 바꾸어 놓고 각 과일을 가리킬 때 유아 스스로 각 과일의 이름을 말해 보라고 한다.
- 수행되면 유아의 특성에 맞는 적절한 강화제를 제공한다.

☞ 교구로 제작하여 사용하면 편리하다. 유아에게 친숙한 과일의 사진이나 그림을 오려서 사용하거나 다음 사진을 복사하여 각 그림 뒷면에는 까슬이를 붙이고, 하드보드지에는 보슬이를 붙이면 된다. 붙였다 뗐다 할 수 있으므로 위치를 다양하게 바꾸어 지도할 수 있다. 하드보드지는 문구점에서 구입할 수 있다.

3~4 세

42 여러 가지 동물 말하기

3~4세

목표 | 여러 가지 동물을 말할 수 있다.

자료 | 여러 가지 동물 모형 또는 사진, 그림카드, 강화제

방법 ❶

- 강아지, 고양이, 호랑이, 코끼리는 앞 단계에서 수행하였으므로 확인한 후 시행한다.
- 교사가 각 동물의 모형(그림)을 제시한 후 "○○라고 ♬ 말해 봐~요 ♬ 말해 봐~요 ♬"라고 노래를 부르며 각 동물의 이름을 말하는 시범을 보인다.
- 유아에게 교사를 모방하여 각 동물의 이름을 말해 보라고 한다.
- 수행되면 유아 스스로 각 동물의 이름을 말해 보라고 한다.
- 수행되면 교사가 각 동물의 위치를 다양하게 바꾸어 놓은 후 유아 스스로 각 동물의 이름을 말해 보라고 한다.
- 수행되면 유아의 특성에 맞는 적절한 강화제를 제공한다.

방법 ❷

- 강아지, 고양이, 호랑이, 코끼리는 앞 단계에서 수행하였으므로 확인한 후 시행한다.
- 교사가 각 동물의 모형(그림)을 제시한 후 "○○라고 ♬ 말해 봐~요 ♬ 말해 봐~요 ♬"라고 노래를 부르며 각 동물의 이름을 말하는 시범을 보인다.
- 유아에게 교사를 모방하여 각 동물의 이름을 말해 보라고 한다.
- 모방하지 못하면 교사가 예를 들어 '돼지' 모형(그림)을 제시한 후 "돼지라고 ♬ 말해 봐~요 ♬ 말해 봐~요 ♬"라고 노래를 부르며 "돼지."라고 말하는 시범을 보인다.
- 유아에게 교사를 모방하여 "돼지."라고 말해 보라고 한다.
- 모방하지 못하면 교사가 "돼."라고 첫 글자를 말해 준 후 유아에게 "돼지."라고 말

해 보라고 한다.

- 수행되면 교사가 '돼지'라고 말하는 입 모양을 보여 주며 유아에게 "돼지."라고 말해 보라고 한다.
- 도움을 점차 줄여 간다.
- 수행되면 유아 스스로 "돼지."라고 말해 보라고 한다.
- 수행되면 교사가 예를 들어 '다람쥐' 모형(그림)을 제시한 후 "산골짝에 다람쥐 ♬ 아~기 다람쥐 ♬ 다람쥐를 말해 봐~요 ♬ 말해 봐~요 ♬"라고 노래를 부르며 "다람쥐."라고 말하는 시범을 보인다.
- 유아에게 교사를 모방하여 "다람쥐."라고 말해 보라고 한다.
- 모방하지 못하면 교사가 "다람."이라고 말해 준 후 유아에게 "쥐."라고 말해 보라고 한다.
- 수행되면 교사가 "다."라고 첫 글자를 말해 준 후 유아에게 "다람쥐."라고 말해 보라고 한다.
- 수행되면 교사가 '다람쥐'라고 말하는 입 모양을 보여 주며 유아에게 "다람쥐."라고 말해 보라고 한다.
- 도움을 점차 줄여 간다.
- 수행되면 유아 스스로 "다람쥐."라고 말해 보라고 한다.
- 수행되면 교사가 '돼지'와 '다람쥐' 모형(그림)을 제시한 후 유아 스스로 "돼지."와 "다람쥐."의 이름을 말해 보라고 한다.
- 수행되면 다른 동물들도 같은 방법으로 지도한 후 각 동물의 이름을 말해 보라고 한다.
- 수행되면 교사가 각 동물의 위치를 다양하게 바꾸어 놓은 후 유아 스스로 각 동물의 이름을 말해 보라고 한다.
- 수행되면 유아의 특성에 맞는 적절한 강화제를 제공한다.

☞ 동물 모형(완구점이나 인터넷에서 쉽게 구입 가능)으로 지도한 후 그림으로 확인해 보도록 하고 가

능하면 일상생활(예: 동물원에 갈 때) 속에서 지도하도록 한다.

☞ 지도 시 크기가 차이 나는 동물(예: 곰과 다람쥐)을 가지고 지도하면 좀 더 쉽게 수행이 가능하므로 참고하기 바란다.

☞ 유아가 어려워하면 지도 시, 예를 들어 돼지는 색칠을 해서 제시하고 다람쥐는 색칠 없이 제시하면 색이 단서가 되어 좀 더 쉽게 수행이 가능하다. 수행된 다음에는 돼지와 고양이를 색 없이 제시하여 수행 여부를 확인하면 된다.

☞ 교구로 제작하여 사용하면 편리하다. 동물의 사진이나 그림을 오려서 사용하거나 다음 그림을 복사하여 각 동물 그림 뒷면에는 까슬이를 붙이고, 하드보드지에는 보슬이를 붙이면 된다. 붙였다 뗐다 할 수 있으므로 위치를 다양하게 바꾸어 지도할 수 있다. 하드보드지는 문구점에서 구입이 가능하다.

43 열다섯 개 이상의 물건 말하기

3~4세

목표 | 열다섯 개 이상의 물건을 말할 수 있다.

자료 | 친숙한 물건이나 물건의 그림 열다섯 개 이상, 강화제

방법 ❶

- 교사가 열다섯 개 이상의 물건을 제시한 후 "○○라고 ♬ 말해 봐~요 ♬ 말해 봐~요 ♬"라고 노래를 부르며 각 물건의 이름을 말하는 시범을 보인다.
- 유아에게 교사를 모방하여 각 물건의 이름을 말해 보라고 한다.
- 수행되면 교사가 열다섯 개 이상의 물건을 보여 줄 때 유아 스스로 각 물건의 이름을 말해 보라고 한다.
- 수행되면 교사가 열다섯 개 이상의 물건 위치를 다양하게 바꾸어 놓은 후 각 물건을 가리킬 때 유아 스스로 각 물건의 이름을 말해 보라고 한다.
- 수행되면 유아의 특성에 맞는 적절한 강화제를 제공한다.

방법 ❷

- 교사가 열다섯 개 이상의 물건을 제시한 후 "○○라고 ♬ 말해 봐~요 ♬ 말해 봐~요 ♬"라고 노래를 부르며 각 물건의 이름을 말하는 시범을 보인다.
- 교사가 각 물건을 보여 줄 때 유아에게 교사를 모방하여 각 물건의 이름을 말해 보라고 한다.
- 모방하지 못하면 교사가 예를 들어 '가방'을 제시한 후 "가방이라고 ♬ 말해 봐~요 ♬ 말해 봐~요 ♬"라고 노래를 부르며 "가방."이라고 말하는 시범을 보인다.
- 유아에게 교사를 모방하여 "가방."이라고 말해 보라고 한다.
- 모방하지 못하면 교사가 "가."라고 반복하여 첫 글자를 말해 준 후 유아에게 "가방."이라고 말해 보라고 한다.

• 수행되면 교사가 가방'이라고 말하는 입 모양을 보여 주며 유아에게 "가방."이라고 말해 보라고 한다.
• 도움을 점차 줄여 간다.
• 수행되면 유아 스스로 "가방."이라고 말해 보라고 한다.
• 수행되면 교사가 예를 들어 '모자'를 제시한 후 "모자라고 ♬ 말해 봐~요 ♬ 말해 봐~요 ♬"라고 노래를 부르며 "모자."라고 말하는 시범을 보인다.
• 유아에게 교사를 모방하여 "모자."라고 말해 보라고 한다.
• 모방하지 못하면 교사가 "모."라고 첫 글자를 말해 준 후 유아에게 "모자."라고 말해 보라고 한다.
• 수행되면 교사가 '모자'라고 말하는 입 모양을 보여 주며 유아에게 "모자."라고 말해 보라고 한다.
• 도움을 점차 줄여 간다.
• 수행되면 유아 스스로 "모자."라고 말해 보라고 한다.
• 수행되면 교사가 '가방'과 '모자'를 제시한 후 유아에게 "가방."과 "모자."의 이름을 말해 보라고 한다.
• 수행되면 다른 물건들도 위와 같은 방법으로 지도한 후 각 물건의 이름을 말해 보라고 한다.
• 수행되면 교사가 열다섯 개 이상의 물건을 보여 줄 때 유아 스스로 각 물건의 이름을 말해 보라고 한다.
• 수행되면 교사가 열다섯 개 이상의 물건 위치를 다양하게 바꾸어 놓은 후 각 물건을 가리킬 때 유아 스스로 각 물건의 이름을 말해 보라고 한다.
• 수행되면 유아의 특성에 맞는 적절한 강화제를 제공한다.

☞ 교구로 제작하여 사용하면 편리하다. 각 물건의 사진이나 그림을 오려서 사용하거나 다음의 사진을 복사하여 각 물건의 그림 뒷면에는 까슬이를 붙이고, 하드보드지에는 보슬이를 붙이면 된다. 붙였다 뗐다 할 수 있으므로 위치를 다양하게 바꾸어 지도할 수 있다. 하드보드지는 문구점에서 구입이 가능하다.

HELLO
KITTY
JAM

Sisters Forever
FROZEN

373

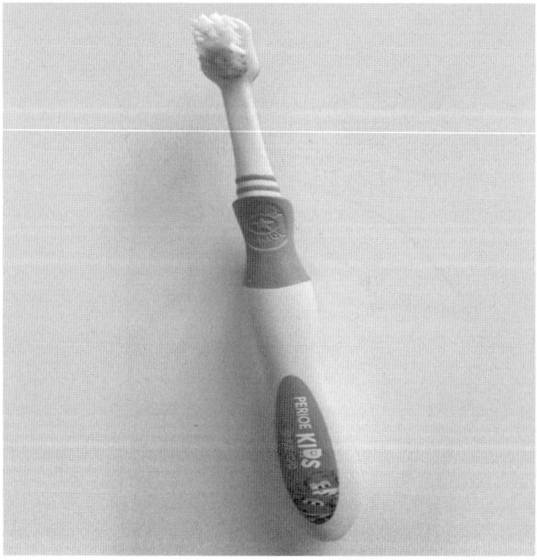
KIDS

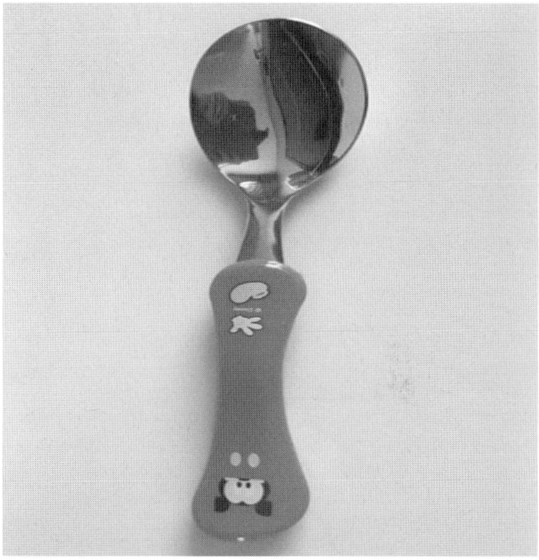

3~4
세

LARVA

44 세 가지 도형 말하기

3~4세

목표 | 세 가지 도형을 말할 수 있다.

자료 | 동그라미, 네모, 세모 도형의 모형 및 카드, 강화제

방법 ❶

- 교사가 예를 들어 동그라미, 네모, 세모 도형의 모형(카드)을 제시한 후 각 도형의 이름을 말하는 시범을 보인다.
- 유아에게 교사를 모방하여 각 도형의 이름을 말해 보라고 한다.
- 수행되면 교사가 각 도형카드를 제시한 후 유아 스스로 도형의 이름을 말해 보라고 한다.
- 수행되면 교사가 각 도형카드의 위치를 바꾸어 물어볼 때 유아 스스로 각 도형의 이름을 말해 보라고 한다.
- 수행되면 유아의 특성에 맞는 적절한 강화제를 제공한다.

3~4세

방법 ❷

- 교사가 예를 들어 동그라미 도형의 모형(카드)을 제시한 후 양손 엄지와 검지로 동그라미 모양을 만들어 움직이면서 "동그라미~라고 ♬ 말해 봐~요 ♬ 말해 봐~요 ♬"라고 노래를 부르며 "동그라미."라고 말하는 시범을 보인다.
- 유아에게 교사를 모방하여 "동그라미."라고 말해 보라고 한다.
- 수행되면 교사가 "동그."라고 반복하여 말해 준 후 유아에게 "라미."라고 말해 보라고 한다.
- 수행되면 교사가 "동."이라고 첫 글자를 말해 준 후 유아에게 "동그라미."라고 말해 보라고 한다.
- 수행되면 교사가 '동그라미'라고 말하는 입 모양을 보여 주며 유아에게 "동그라

미."라고 말해 보라고 한다.

- 수행되면 교사가 양손 엄지와 검지로 '동그라미' 모양을 만들어 보여 준 후 유아에게 "동그라미."라고 말해 보라고 한다.
- 도움을 점차 줄여 간다.
- 수행되면 유아 스스로 "동그라미."라고 말해 보라고 한다.
- 수행되면 교사가 예를 들어 네모 도형의 모형(카드)을 제시한 후 양손 엄지와 검지를 각각 맞대어 네모 모양을 만들어 움직이면서 "네모~라고 ♬ 말해 봐~요 ♬ 말해 봐~요 ♬"라고 노래를 부르며 "네모."라고 말하는 시범을 보인다.
- 유아에게 교사를 모방하여 "네모."라고 말해 보라고 한다.
- 모방하지 못하면 교사가 "네."라고 첫 글자를 말해 준 후 유아에게 "네모."라고 말해 보라고 한다.
- 수행되면 교사가 '네모'라고 말하는 입 모양을 보여 주며 유아에게 "네모."라고 말해 보라고 한다.
- 수행되면 교사가 양손 엄지와 검지를 각각 맞대어 '네모' 모양을 만들어 보여 준 후 유아에게 "네모."라고 말해 보라고 한다.
- 도움을 점차 줄여 간다.
- 수행되면 유아 스스로 "네모."라고 말해 보라고 한다.
- 수행되면 교사가 '동그라미'와 '네모' 도형을 제시한 후 도형의 이름을 물어볼 때 유아 스스로 "동그라미." "네모."라고 말해 보라고 한다.
- 수행되면 교사가 세모 도형의 모형(카드)을 제시한 후 양손 엄지와 엄지를 겹치고 검지와 검지를 맞대어 세모 모양을 만들어 움직이면서 "세모~라고 ♬ 말해 봐~요 ♬ 말해 봐~요 ♬"라고 노래를 부르며 "세모."라고 말하는 시범을 보인다.
- 유아에게 교사를 모방하여 "세모."라고 말해 보라고 한다.
- 모방하지 못하면 '네모'를 지도한 것과 같은 방법으로 지도한다.
- 수행되면 유아 스스로 "세모."라고 말해 보라고 한다.
- 수행되면 교사가 각 도형카드를 제시한 후 유아 스스로 각 도형의 이름을 말해 보

라고 한다.

• 수행되면 교사가 각 도형카드의 위치를 바꾸어 물어볼 때 유아 스스로 각 도형의 이름을 말해 보라고 한다.

• 수행되면 유아의 특성에 맞는 적절한 강화제를 제공한다.

☞ 처음에는 각각 색깔이 다른 도형, 예를 들어 동그라미는 빨간색, 네모는 노란색, 세모는 파란색으로 준비하여 지도하면 효율적으로 쉽게 지도할 수 있다. 그러나 유아가 도형의 색깔을 단서로 구분할 수 있으므로 수행되면 반드시 같은 색깔의 도형으로 확인해야 한다.

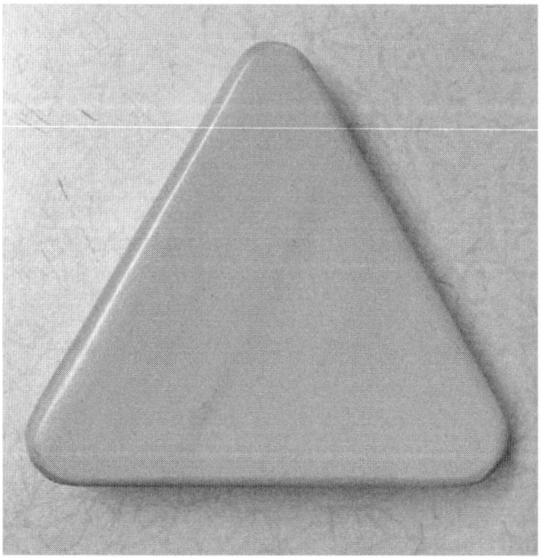

45 "많다."와 "적다." 표현하기

3~4세

목표 | "많다." 또는 "적다."라고 표현할 수 있다.

자료 | 접시(바구니) 두 개, 사탕(과자), 과일, 여러 가지 물건 등, 강화제

방법 ❶

- 교사가 예를 들어 사탕이 많이 놓인 접시(바구니)와 적게 놓인 접시를 제시한 후 사탕이 많이 놓인 접시를 가리키며 "많다."라고 말하고, 적게 놓인 접시를 가리키며 "적다." 라고 말하는 시범을 보인다.
- 교사가 사탕이 많이 놓인 접시를 가리킬 때 유아에게 교사를 모방하여 "많다."라고 말하고, 적게 놓인 접시를 가리킬 때 "적다."라고 말해 보라고 한다.
- 수행되면 교사가 사탕이 많이 놓인 접시를 가리킬 때 유아 스스로 "많다."라고 말하고, 적게 놓인 접시를 가리킬 때 "적다."라고 말해 보라고 한다.
- 수행되면 교사가 음식이나 과일, 여러 가지 물건 등을 많이 혹은 적게 제시할 때 유아 스스로 "많다." "적다."라고 말해 보라고 한다.
- 수행되면 유아의 특성에 맞는 적절한 강화제를 제공한다.

방법 ❷

- 교사가 예를 들어 사탕이 많이 놓인 접시(바구니)와 적게 놓인 접시를 제시한 후 사탕이 많이 놓인 접시를 가리키며 "많다."라고 말하고, 적게 놓인 접시를 가리키며 "적다."라고 말하는 시범을 보인다.
- 교사가 사탕이 많이 놓인 접시를 가리킬 때 유아에게 교사를 모방하여 "많다."라고 말하고, 적게 놓인 접시를 가리킬 때 "적다."라고 말해 보라고 한다.
- 모방하지 못하면 교사가 사탕이 많이 놓인 접시를 제시한 후 "많다~라고 ♬ 말해 봐~요 ♬ 말해 봐~요 ♬"라고 노래 부르며 "많다."라고 말하는 시범을 보인다.

- 유아에게 교사를 모방하여 "많다."라고 말해 보라고 한다.
- 모방하지 못하면 교사가 "많."이라고 첫 글자를 말해 준 후 유아에게 "많다."라고 말해 보라고 한다.
- 수행되면 교사가 '많다'라고 말하는 입 모양을 보여 주며 유아에게 "많다."라고 말해 보라고 한다.
- 수행되면 교사가 팔을 최대한 크게 벌려 '많다'라는 동작을 보여 주며 유아에게 "많다."라고 말해 보라고 한다.
- 도움을 점차 줄여 간다.
- 수행되면 유아 스스로 "많다."라고 말해 보라고 한다.
- 수행되면 교사가 사탕이 적게 놓인 접시를 제시한 후 "적다~라고 ♬ 말해 봐~요 ♬ 말해 봐~요 ♬"라고 노래 부르며 "적다."라고 말하는 시범을 보인다.
- 유아에게 교사를 모방하여 "적다."라고 말해 보라고 한다.
- 모방하지 못하면 교사가 "적."이라고 첫 글자를 말해 준 후 유아에게 "적다."라고 말해 보라고 한다.
- 수행되면 교사가 '적다'라는 말하는 입 모양을 보여 주며 유아에게 "적다."라고 말해 보라고 한다.
- 교사가 손을 최대한 작게 오므려 '적다'라는 동작을 보여 주며 유아에게 "적다."라고 말해 보라고 한다.
- 도움을 점차 줄여 간다.
- 수행되면 유아 스스로 "적다."라고 말해 보라고 한다.
- 수행되면 교사가 사탕이 많이 담긴 접시를 가리킬 때 유아 스스로 "많다."라고 말하고, 적게 담긴 접시를 가리킬 때 "적다."라고 말해 보라고 한다.
- 수행되면 교사가 음식이나 과일, 여러 가지 물건 등을 제시하여 사탕을 지도한 것과 같은 방법으로 지도한 후 유아에게 각각 "많다." "적다."라고 말해 보라고 한다.
- 수행되면 교사가 음식이나 과일, 여러 가지 물건 등을 많이 혹은 적게 제시할 때 유아 스스로 "많다." "적다."라고 말해 보라고 한다.

• 수행되면 유아의 특성에 맞는 적절한 강화제를 제공한다.

☞ "많다." "적다." 지도 시 처음에는, 예를 들어 많은 사탕은 빨간색 사탕, 적은 사탕은 노란색 사탕으로 지도하면 효과적이다. 그러나 유아가 사탕의 색깔을 단서로 구분할 수 있으므로 수행되면 반드시 같은 색깔의 사탕으로 확인해야 한다.

☞ 교구로 제작하여 사용하면 편리하다. 각 사물의 사진이나 그림을 오려서 사용하거나 다음의 사진을 복사하여 각 사물의 그림 뒷면에는 까슬이를 붙이고, 하드보드지에는 보슬이를 붙이면 된다. 붙였다 뗐다 할 수 있으므로 위치를 다양하게 바꾸어 지도할 수 있다. 하드보드지는 문구점에서 구입이 가능하다.

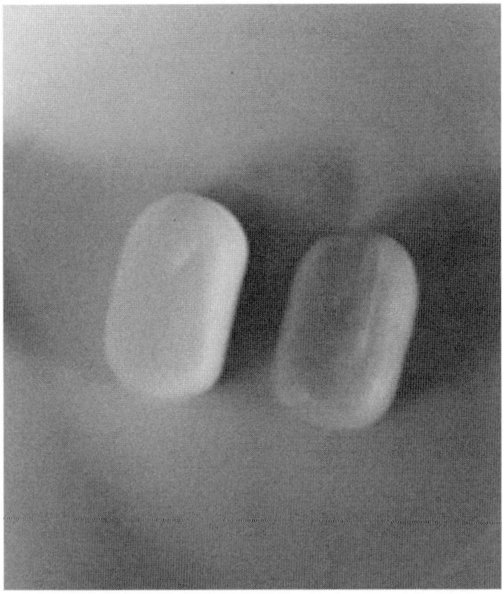

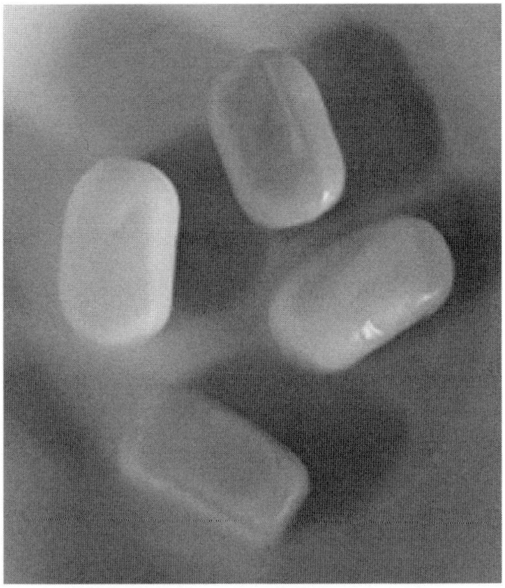

My
Sweet lady
Luby

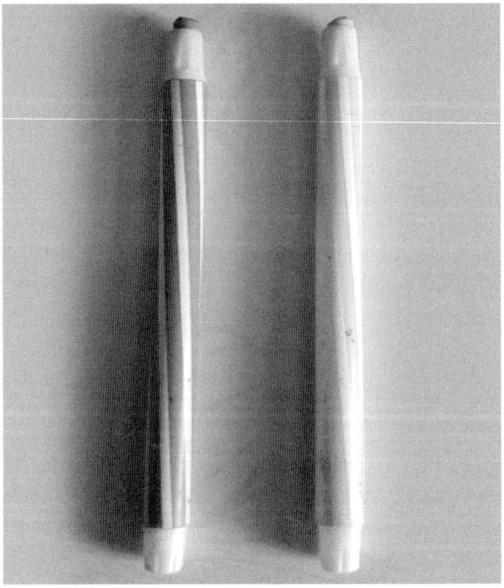

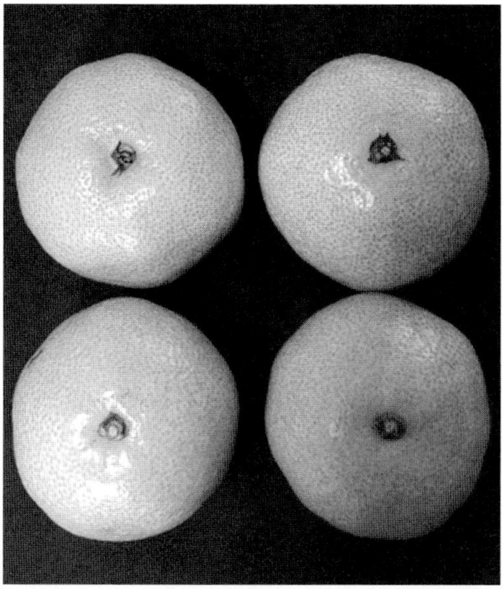

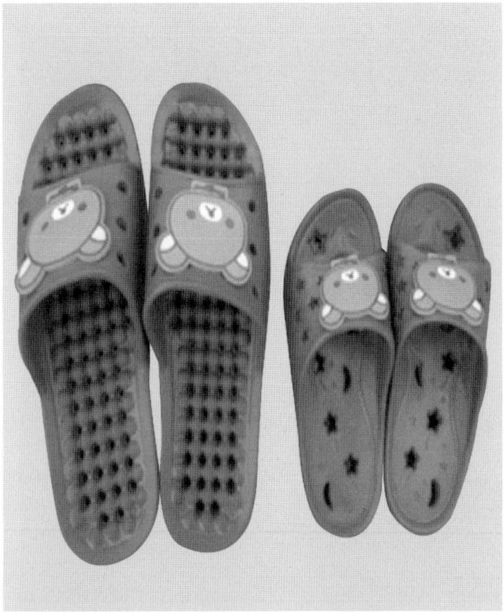

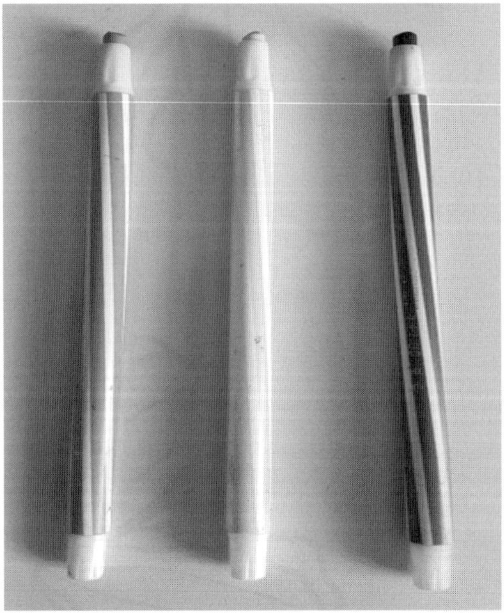
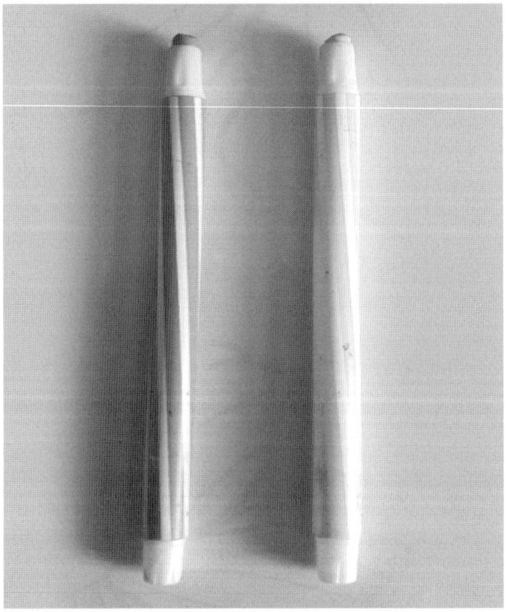

3~4
세

46 다양한 동물 울음소리 표현하기

3~4세

목표 | 다양한 동물의 울음소리를 표현할 수 있다

자료 | 다양한 동물 모형(그림) 등, 동물 울음소리가 나는 동화책 또는 카세트, 강화제

방법 ❶

- 강아지, 고양이, 돼지는 앞 단계에서 수행하였으므로 확인한 후 시행한다.
- 교사가 동물 울음소리가 나는 동화책(카세트)을 이용하여 다양한 동물의 울음소리를 들려준다.
- 교사가 각 동물의 모형(그림)을 보여 주며 "참새는 짹~짹 ♬ 참새는 짹~짹 ♬ 오리는 꽥~꽥 ♬ 오리는 꽥~꽥 ♬ 호랑이는 어~흥 ♬ 호랑이는 어~흥 ♬ 소~는 음매 ♬ 소~는 음매 ♬"라고 노래 부르며 각 동물의 울음소리를 말하는 시범을 보인다.
- 교사가 각 동물의 모형을 보여 줄 때 유아에게 교사를 모방하여 각 동물의 울음소리를 말해 보라고 한다.
- 수행되면 교사가 각 동물의 모형을 보여 줄 때 유아 스스로 각 동물의 울음소리를 말해 보라고 한다.
- 수행되면 유아의 특성에 맞는 적절한 강화제를 제공한다.

방법 ❷

- 강아지, 고양이, 돼지는 앞 단계에서 수행하였으므로 확인한 후 시행한다.
- 교사가 예를 들어 참새 모형(그림)을 제시한 후 동물 울음소리가 나는 동화책(카세트)을 이용하여 참새 울음소리를 들려준다.
- 교사가 "참새는 짹~짹 ♬ 참새는 짹~짹 ♬"이라고 노래 부르며 "짹짹."이라고 말하는 시범을 보인다.

- 유아에게 교사를 모방하여 "짹짹." 이라고 말해 보라고 한다.
- 모방하지 못하면 교사가 동물 울음소리가 나는 동화책을 이용하여 "짹짹." 소리를 반복해서 들려주거나 "참새는 짹~짹 ♬ 참새는 짹~짹 ♬" 이라고 노래를 불러 준다.
- 교사가 "짹." 이라고 첫소리를 말해 준 후 유아에게 교사를 모방하여 "짹짹." 이라고 말해 보라고 한다.
- 수행되면 교사가 '짹짹' 이라고 말하는 입 모양을 보여 주며 유아에게 "짹짹." 이라고 말해 보라고 한다.
- 도움을 점차 줄여 간다.
- 수행되면 유아 스스로 "짹짹" 이라고 말해 보라고 한다.
- 수행되면 교사가 예를 들어 오리 모형(그림)을 제시한 후 동물 울음소리가 나는 동화책(카세트)을 이용하여 오리 울음소리를 들려준다.
- 교사가 "오리는 꽥~꽥 ♬ 오리는 꽥~꽥 ♬" 이라고 노래 부르며 "꽥꽥." 이라고 말하는 시범을 보인다.
- 유아에게 교사를 모방하여 "꽥꽥." 이라고 말해 보라고 한다.
- 모방하지 못하면 교사가 동물 울음소리가 나는 동화책을 이용하여 "꽥꽥." 소리를 반복해서 들려주거나 "오리는 꽥~꽥 ♬ 오리는 꽥~꽥 ♬" 이라고 노래를 불러 준다.
- 교사가 "꽥." 이라고 첫소리를 말해 준 후 유아에게 교사를 모방하여 "꽥꽥." 이라고 말해 보라고 한다.
- 수행되면 교사가 '꽥꽥' 이라고 말하는 입 모양을 보여 주며 유아에게 "꽥꽥." 이라고 말해 보라고 한다.
- 도움을 점차 줄여 간다.
- 수행되면 유아 스스로 "꽥꽥." 이라고 말해 보라고 한다.
- 수행되면 교사가 예를 들어 호랑이 모형(그림)을 제시한 후 동물 울음소리가 나는 동화책(카세트)을 이용하여 호랑이 울음소리를 들려준다.

- 교사가 "호랑이는 어~홍 ♬ 호랑이는 어~홍 ♬" 이라고 노래를 부르며 "어~홍." 이라고 말하는 시범을 보인다.
- 유아에게 교사를 모방하여 "어~홍." 이라고 말해 보라고 한다.
- 모방하지 못하면 오리를 지도한 것과 같은 방법으로 지도한다.
- 수행되면 다른 동물들도 같은 방법으로 지도한 후 유아에게 각 동물의 울음소리를 내어 보라고 한다.
- 수행되면 교사가 각 동물의 모형을 보여 줄 때 유아 스스로 각 동물의 울음소리를 내어 보라고 한다.
- 수행되면 유아의 특성에 맞는 적절한 강화제를 제공한다.

☞ 교구로 제작하여 사용하면 편리하다. 각 동물의 사진이나 그림을 오려서 사용하거나 다음 그림을 복사하여 각 동물의 그림 뒷면에는 까슬이를 붙이고, 하드보드지에는 보슬이를 붙이면 된다. 붙였다 뗐다 할 수 있으므로 위치를 다양하게 바꾸어 지도할 수 있다. 하드보드지는 문구점에서 구입이 가능하다.

47 명사와 간단한 동사 연결하여 표현하기 3~4세

목표 | 명사와 간단한 동사를 연결하여 표현할 수 있다.

자료 | 우유, 과자, 동작동사카드, 강화제

방법 ❶

- 교사가 명사와 간단한 동사, 예를 들어 우유 마시는 카드를 보여 주며 "우유 마셔요."라고 말하는 시범을 보인다.
- 교사가 우유 마시는 카드를 보여 줄 때 유아에게 교사를 모방하여 "우유 마셔요." 라고 말해 보라고 한다.
- 수행되면 교사가 우유 마시는 카드를 보여 줄 때 유아 스스로 "우유 마셔요."라고 말해 보라고 한다.
- 수행되면 다른 동작동사카드들도 같은 방법으로 지도한 후 유아에게 명사와 간단한 동사를 연결하여 말해 보라고 한다.
- 수행되면 교사가 각 동작동사카드를 보여 줄 때 유아 스스로 명사와 간단한 동사를 연결하여 말해 보라고 한다.
- 수행되면 유아의 특성에 맞는 적절한 강화제를 제공한다.

방법 ❷

- 교사가 명사와 간단한 동사, 예를 들어 우유를 마시고 있는 카드를 보여 주며 "우유 마셔요."라고 말하는 시범을 보인다.
- 교사가 우유를 마시고 있는 카드를 보여 줄 때 유아에게 교사를 모방하여 "우유 마셔요."라고 말해 보라고 한다.
- 모방하지 못하면 교사가 실제 우유를 마시는 모습을 보여 주며 "우유 마셔요."라고 말해 준 후 유아에게 "우유 마셔요."라고 말해 보라고 한다.

• 모방하지 못하면 교사가 "우유."라고 말해 준 후 유아에게 "마셔요."라고 말해 보라고 한다.

• 수행되면 교사가 "우."라고 첫소리를 말해 준 후 유아에게 "우유 마셔요."라고 말해 보라고 한다.

• 수행되면 교사가 '우유'라고 말하는 입 모양을 보여 주며 유아에게 "우유 마셔요." 라고 말해 보라고 한다.

• 도움을 점차 줄여 간다.

• 수행되면 교사가 우유를 마시고 있는 카드를 보여 줄 때 유아 스스로 "우유 마셔요."라고 말해 보라고 한다.

• 수행되면 교사가 예를 들어 과자를 먹고 있는 카드를 보여 주며 "과자 먹어요."라고 말하는 시범을 보인다.

• 교사가 과자를 먹고 있는 카드를 보여 줄 때 유아에게 교사를 모방하여 "과자 먹어요."라고 말해 보라고 한다.

• 모방하지 못하면 교사가 실제 과자를 먹는 모습을 보여 주면서 "과자 먹어요."라고 말해 준 후 유아에게 "과자 먹어요."라고 말해 보라고 한다.

• 모방하지 못하면 교사가 "과자."라고 말해 준 후 유아에게 "먹어요."라고 말해 보라고 한다.

• 수행되면 교사가 "과."라고 첫소리를 말해 준 후 유아에게 "과자 먹어요."라고 말해 보라고 한다.

• 수행되면 교사가 '과자'라고 말하는 입 모양을 보여 주며 유아에게 "과자 먹어요." 라고 말해 보라고 한다.

• 도움을 점차 줄여 간다.

• 수행되면 교사가 과자를 먹고 있는 카드를 보여 줄 때 유아 스스로 "과자 먹어요." 라고 말해 보라고 한다.

• 수행되면 다른 동작동사카드들도 같은 방법으로 지도한 후 유아에게 명사와 간단한 동사를 연결하여 말해 보라고 한다.

• 수행되면 교사가 각 동작동사카드를 보여 줄 때 유아 스스로 명사와 간단한 동사를 연결하여 말해 보라고 한다.

• 수행되면 유아의 특성에 맞는 적절한 강화제를 제공한다.

☞ 같은 문장이 반복되는 것, 예를 들어 '과자 먹어요, 밥 먹어요, 사탕 먹어요, 우유 마셔요, 주스 마셔요' 등을 묶어서 지도하면 "먹어요(마셔요)."를 지도한 후 앞에 명사를 바꾸어 주기만 하면 되므로 효과적으로 쉽게 지도할 수 있다. 따라서 유아도 좀 더 쉽게 습득할 수 있으므로 모든 언어 표현을 지도할 때는 반드시 활용하도록 한다.

☞ 동작동사카드는 집에서 가족을 대상으로 다양한 장면(예: 밥 먹는 것, 우유 마시는 것 등)을 찍어서 사용하거나 동화책, 잡지 등에서 오려서 사용하면 된다. 그리고 동작동사카드는 유아교육 교구점(예: 보육사, 교육산업 등)에서 다양하게 시판되고 있으므로 쉽게 구입할 수 있다.

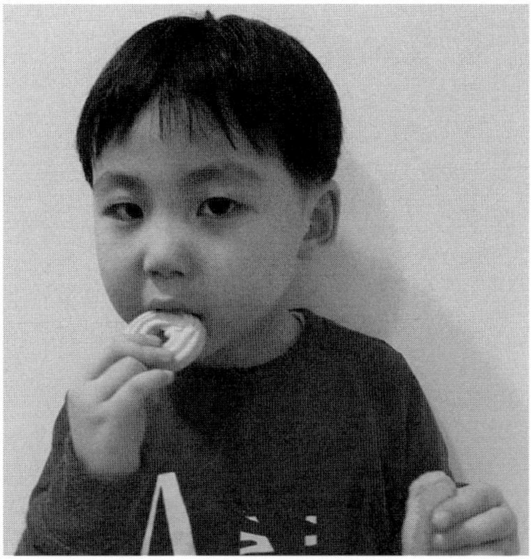

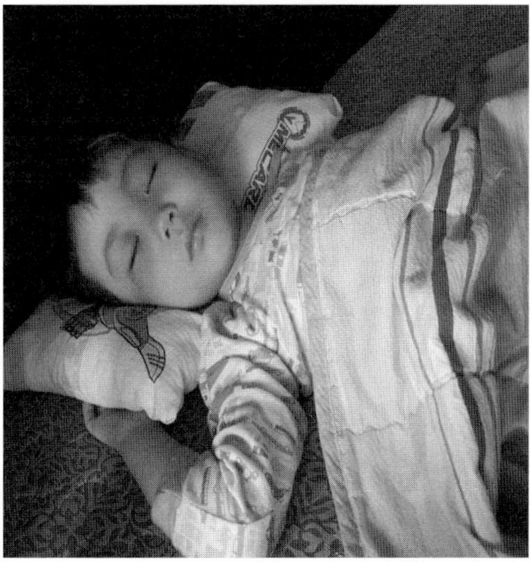

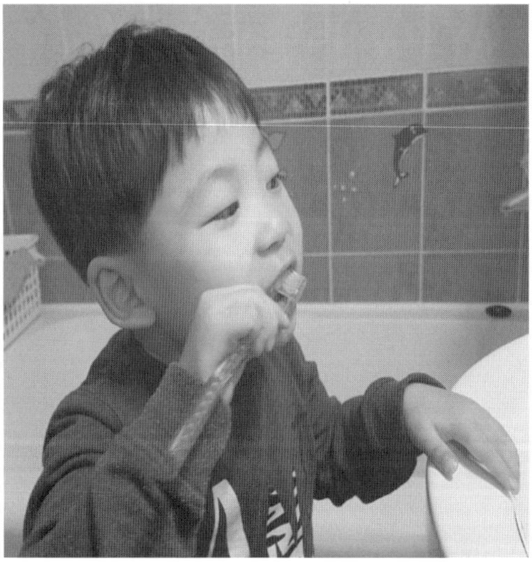

48 "열렸다."와 "닫혔다." 표현하기 2~3세

목표 | "열렸다."와 "닫혔다."를 표현할 수 있다.

자료 | 장난감 서랍장, 인형의 집, 강화제

방법 ❶

- 교사가 "동동 ♬ 동대문을 ♬ 열어라 ♬ 남남 ♬ 남대문을 ♬ 열어라 ♬"라고 노래를 부르며, 예를 들어 문을 열면서 문이 "열렸다."라고 말하는 시범을 보인다.
- 유아에게 교사를 모방하여 문이 "열렸다."라고 말해 보라고 한다.
- 수행되면 유아 스스로 문이 "열렸다."라고 말해 보라고 한다.
- 수행되면 교사가 "동동 ♬ 동대문을 ♬ 닫아라 ♬ 남남 ♬ 남대문을 ♬ 닫아라 ♬"라고 노래를 부르며, 예를 들어 문을 닫으면서 문이 "닫혔다."라고 말하는 시범을 보인다.
- 유아에게 교사를 모방하여 문이 "닫혔다."라고 말해 보라고 한다.
- 수행되면 유아 스스로 문이 "닫혔다."라고 말해 보라고 한다.
- 수행되면 열리고 닫히는 다양한 물건을 열고 닫으면서 유아에게 "열렸다." 또는 "닫혔다."라고 말해 보라고 한다.
- 수행되면 유아의 특성에 맞는 적절한 강화제를 제공한다.

방법 ❷

- 교사가 "동동 ♬ 동대문을 ♬ 열어라 ♬ 남남 ♬ 남대문을 ♬ 열어라 ♬"라고 노래를 부르며, 예를 들어 문을 열면서 문이 "열렸다."라고 말하는 시범을 보인다.
- 유아에게 교사를 모방하여 문이 "열렸다."라고 말해 보라고 한다.
- 모방하지 못하면 교사가 유아의 손을 잡고 문을 열면서 "열렸다."라고 말한 후 유아에게 교사를 모방하여 "열렸다."라고 말해 보라고 한다.

- 모방하지 못하면 교사가 "열."이라고 첫 음절을 말해 준 후 유아에게 "열렸다."라고 말해 보라고 한다.
- 수행되면 교사가 '열렸다'라고 말하는 입 모양을 보여 주며 유아에게 "열렸다."라고 말해 보라고 한다.
- 도움을 점차 줄여 간다.
- 수행되면 교사가 문을 열어줄 때 유아 스스로 "열렸다."라고 말해 보라고 한다.
- 수행되면 교사가 "동동 ♬ 동대문을 ♬ 닫아라 ♬ 남남 ♬ 남대문을 ♬ 닫아라 ♬" 라고 노래를 부르며, 예를 들어 문을 닫으면서 문이 "닫혔다."라고 말하는 시범을 보인다.
- 유아에게 교사를 모방하여 문이 "닫혔다."라고 말해 보라고 한다.
- 모방하지 못하면 교사가 유아의 손을 잡고 문을 닫으면서 "닫혔다."라고 말한 후 유아에게 교사를 모방하여 "닫혔다."라고 말해 보라고 한다.
- 수행되면 교사가 "닫."이라고 첫 음절을 말해 준 후 유아에게 "닫혔다."라고 말해 보라고 한다.
- 수행되면 교사가 '닫혔다'라고 말하는 입 모양을 보여 주며 유아에게 "닫혔다."라고 말해 보라고 한다.
- 도움을 점차 줄여 간다.
- 수행되면 교사가 문을 닫을 때 유아 스스로 "닫혔다."라고 말해 보라고 한다.
- 수행되면 열리고 닫히는 다양한 물건을 열고 닫으면서 유아에게 "열렸다." 또는 "닫혔다."라고 말해 보라고 한다.
- 수행되면 유아의 특성에 맞는 적절한 강화제를 제공한다.

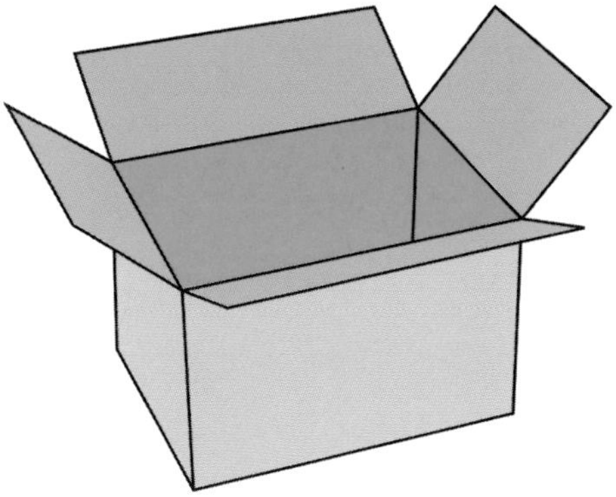

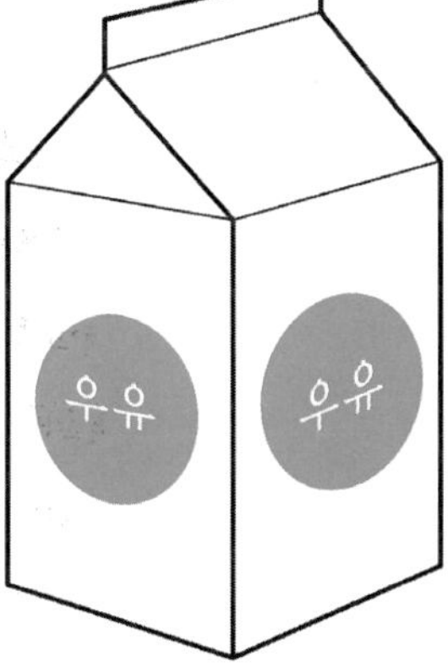

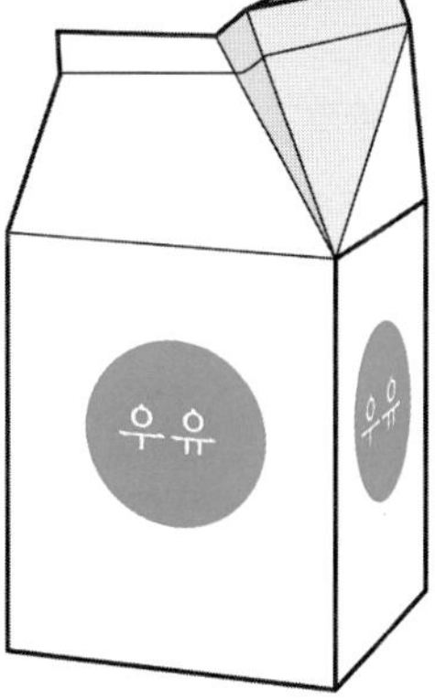

3~4
세

49 자신의 성별 말하기

3~4세

목표 | 자신의 성별을 말할 수 있다.

자료 | 여자와 남자 인형 및 그림, 강화제

방법 ❶

- 교사가 여자와 남자 그림을 제시한 후 유아가 여자일 경우에는 "여자.", 남자일 경우에는 "남자."라고 말하는 시범을 보인다.
- 유아에게 교사를 모방하여 자신의 성별을 말해 보라고 한다.
- 수행되면 유아 스스로 자신의 성별을 말해 보라고 한다.
- 수행되면 유아의 특성에 맞는 적절한 강화제를 제공한다.

방법 ❷

- 교사가 여자와 남자 그림을 제시한 후 유아가 여자일 경우에는 "여자.", 남자일 경우에는 "남자."라고 말하는 시범을 보인다.
- 유아에게 교사를 모방하여 자신의 성별을 말해 보라고 한다.
- 말하지 못하면 교사가 예를 들어 유아가 여자일 경우 "여자라고 ♬ 말해 봐~요 ♬ 말해 봐~요 ♬"라고 노래를 부르며 "여자."라고 말하는 시범을 보인다.
- 유아에게 교사를 모방하여 "여자."라고 말해 보라고 한다.
- 모방하지 못하면 교사가 "여."라고 첫 글자를 말해 준 후 유아에게 "여자."라고 말해 보라고 한다.
- 수행되면 교사가 '여자'라고 말하는 입 모양을 보여 주며 유아에게 "여자."라고 말해 보라고 한다.
- 교사가 유아를 가리키며 유아에게 "여자."라고 말해 보라고 한다.
- 도움을 점차 줄여 간다.

• 수행되면 유아 스스로 "여자."라고 말해 보라고 한다.
• 수행되면 유아의 특성에 맞는 적절한 강화제를 제공한다.

☞ 자신의 성별과 같은 그림에 스티커를 붙이게 해도 재미있어하므로 스티커를 활용하여 놀이 형태로 지도해도 효과적이다.

50 ‘어디에’를 묻는 질문에 대답하기 3~4세

목표 | ‘어디에’를 묻는 질문에 대답할 수 있다.

자료 | 바구니, 상자, 컵, 가방 등, 장난감, 사탕, 강화제

방법 ❶

- 교사가 예를 들어 사탕이 담겨 있는 바구니를 제시하고 유아에게 “사탕이 어디에 있어요?”라고 물어본 후 “바구니.”라고 말하는 시범을 보인다.
- 교사가 “사탕이 어디에 있어요?”라고 물어볼 때 유아에게 교사를 모방하여 “바구니.”라고 말해 보라고 한다.
- 수행되면 교사가 “사탕이 어디에 있어요?”라고 물어볼 때 유아 스스로 “바구니.”라고 말해 보라고 한다.
- 수행되면 교사가 각 물건을 가리키며 “어디에 있어요?”라고 물어볼 때 유아 스스로 각 물건이 어디에 있는지 말해 보라고 한다.
- 수행되면 유아의 특성에 맞는 적절한 강화제를 제공한다.

방법 ❷

- 교사가 예를 들어 사탕이 담겨 있는 바구니를 제시하고 유아에게 “사탕이 어디에 있어요?”라고 물어본 후 “바구니.”라고 말하는 시범을 보인다.
- 교사가 “사탕이 어디에 있어요?”라고 물어볼 때 유아에게 교사를 모방하여 “바구니.”라고 말해 보라고 한다.
- 모방하지 못하면 교사가 “바.”라고 첫소리를 말해 준 후 유아에게 “바구니.”라고 말해 보라고 한다.
- 수행되면 교사가 ‘바구니’라고 말하는 입 모양을 보여 주며 유아에게 “바구니.”라고 말해 보라고 한다.

- 수행되면 교사가 바구니를 가리키며 유아에게 “바구니.”라고 말해 보라고 한다.
- 도움을 점차 줄여 간다.
- 수행되면 교사가 “사탕이 어디에 있어요?”라고 물어볼 때 유아 스스로 “바구니.”라고 말해 보라고 한다.
- 수행되면 교사가 예를 들어 상자에 장난감이 담겨 있는 것을 제시하고 “장난감이 어디에 있어요?”라고 물어본 후 “상자.”라고 말하는 시범을 보인다.
- 교사가 “장난감이 어디에 있어요?”라고 물어볼 때 유아에게 교사를 모방하여 “상자.”라고 말해 보라고 한다.
- 모방하지 못하면 교사가 “상.”이라고 첫 글자를 말해 준 후 유아에게 “상자.”라고 말해 보라고 한다.
- 수행되면 교사가 ‘상자’라고 말하는 입 모양을 보여 주며 유아에게 “상자.”라고 말해 보라고 한다.
- 수행되면 교사가 상자를 가리키며 유아에게 “상자.”라고 말해 보라고 한다.
- 도움을 점차 줄여 간다.
- 수행되면 교사가 “상자가 어디에 있어요?”라고 물어볼 때 유아 스스로 “상자.”라고 말해 보라고 한다.
- 수행되면 교사가 사탕과 장난감이 어디에 있는지 물어볼 때 유아 스스로 “바구니.” “상자.”라고 말해 보라고 한다.
- 수행되면 교사가 각 물건을 가리키며 “어디에 있어요?”라고 물어볼 때 유아 스스로 각 물건이 어디에 있는지 말해 보라고 한다.
- 수행되면 유아의 특성에 맞는 적절한 강화제를 제공한다.

51 표정 보고 감정 말하기

3~4세

목표 | 표정을 보고 감정을 말할 수 있다.

자료 | 웃는 얼굴, 우는 얼굴, 화난 얼굴의 사진이나 카드, 강화제

방법 ❶

- 교사가 웃는 얼굴, 우는 얼굴, 화난 얼굴 표정의 사진이나 카드를 제시한 후 각 표정을 보여 주며 "웃어요." "울어요." "화나요."라고 말하는 시범을 보인다.
- 교사가 각 표정 사진이나 카드를 보여 줄 때 유아에게 교사를 모방하여 각 표정을 말해 보라고 한다.
- 수행되면 교사가 각 표정 사진이나 카드를 보여 줄 때 유아 스스로 각 표정을 말해 보라고 한다.
- 수행되면 유아의 특성에 맞는 적절한 강화제를 제공한다.

방법 ❶

- 교사가 예를 들어 웃는 얼굴 표정의 사진이나 카드를 제시한 후 "사과 같은 ♬ 내 얼굴 ♬ 잘 웃기도 ♬ 하지요 ♬"라고 노래를 부르며 "웃어요."라고 말하는 시범을 보인다.
- 유아에게 교사를 모방하여 "웃어요."라고 말해 보라고 한다.
- 모방하지 못하면 교사가 "웃."이라고 첫소리를 말해 준 후 유아에게 "웃어요."라고 말해 보라고 한다.
- 수행되면 교사가 '웃어요'라고 말하는 입 모양을 보여 주며 유아에게 "웃어요."라고 말해 보라고 한다.
- 도움을 점차 줄여 간다.
- 수행되면 교사가 웃는 얼굴 표정의 사진이나 카드를 보여 줄 때 유아 스스로 "웃

어요."라고 말해 보라고 한다.

- 수행되면 교사가 예를 들어 우는 얼굴 표정의 사진이나 카드를 제시한 후 "수박 같은 ♬ 내 얼굴 ♬ 잘 울기도 ♬ 하지요 ♬"라고 노래를 부르며 "울어요."라고 말하는 시범을 보인다.
- 유아에게 교사를 모방하여 "울어요."라고 말해 보라고 한다.
- 모방하지 못하면 '웃어요'를 지도한 것과 같은 방법으로 지도한다.
- 수행되면 교사가 '웃는 얼굴'과 '우는 얼굴' 표정의 사진이나 카드를 제시한 후 유아 스스로 각 표정을 보고 "웃어요." "울어요."라고 말해 보라고 한다.
- 수행되면 교사가 화난 얼굴 표정의 사진이나 카드를 제시한 후 "화나요."라고 말하는 시범을 보인다.
- 유아에게 교사를 모방하여 "화나요."라고 말해 보라고 한다.
- 모방하지 못하면 '웃어요'를 지도한 것과 같은 방법으로 지도한다.
- 수행되면 교사가 화난 얼굴 표정의 사진이나 카드를 보여 줄 때 유아 스스로 "화나요."라고 말해 보라고 한다.
- 수행되면 교사가 각 표정 사진이나 카드를 보여 줄 때 유아 스스로 각 표정을 말해 보라고 한다.
- 수행되면 유아의 특성에 맞는 적절한 강화제를 제공한다.

3~4
세

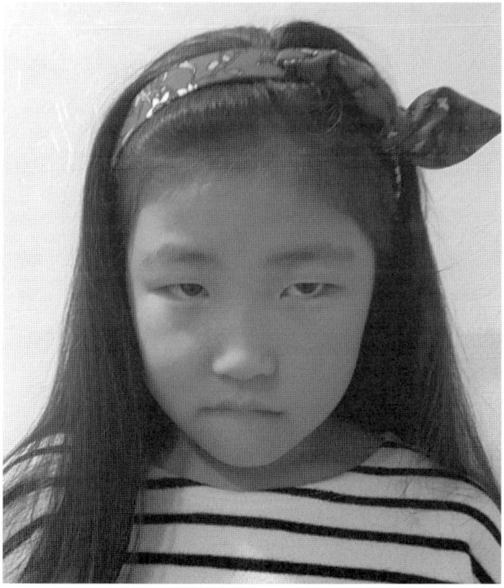
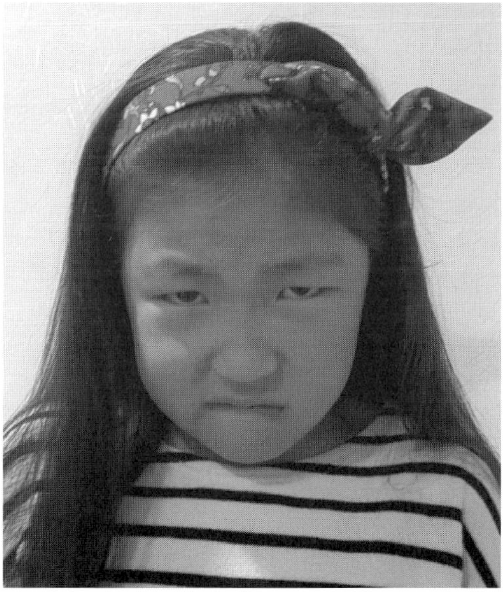

52 친숙한 옷 명칭 말하기

3~4세

목표 | 친숙한 옷의 명칭을 말할 수 있다.

자료 | 바지, 치마, 양말, 장갑 등의 실물 및 그림, 강화제

방법 ❶

- 교사가 유아에게 친숙한 옷을 각각 가리키며 옷의 명칭을 말하는 시범을 보인다.
- 교사가 각 옷을 제시할 때 유아에게 교사를 모방하여 각 옷의 이름을 말해 보라고 한다.
- 수행되면 교사가 각 옷을 보여 줄 때 유아 스스로 각 옷의 이름을 말해 보라고 한다.
- 수행되면 유아의 특성에 맞는 적절한 강화제를 제공한다.

방법 ❷

- 교사가 예를 들어 '바지'를 가리키며 "바지라고 ♬ 말해 봐~요 ♬ 말해 봐~요 ♬"라고 노래를 부르며 "바지."라고 말하는 시범을 보인다.
- 유아에게 교사를 모방하여 "바지."라고 말해 보라고 한다.
- 말하지 못하면 교사가 "바."라고 첫소리를 말해 준 후 유아에게 "바지."라고 말해 보라고 한다.
- 수행되면 교사가 '바지'라고 말하는 입 모양을 보여 주며 유아에게 "바지."라고 말해 보라고 한다.
- 수행되면 교사가 '바지'를 가리키며 유아에게 "바지."라고 말해 보라고 한다.
- 도움을 점차 줄여 간다.
- 수행되면 유아 스스로 "바지."라고 말해 보라고 한다.
- 수행되면 교사가 예를 들어 '양말'을 가리키며 "양말."이라고 말하는 시범을 보인다.

• 유아에게 교사를 모방하여 "양말."이라고 말해 보라고 한다.
• 말하지 못하면 '바지'를 가리킨 것과 같은 방법으로 지도한다.
• 수행되면 유아에게 친숙한 다른 옷들도 같은 방법으로 지도한 후 각 옷의 이름을 말해 보라고 한다.
• 수행되면 교사가 각 옷을 보여 줄 때 유아 스스로 각 옷의 이름을 말해 보라고 한다.
• 수행되면 유아의 특성에 맞는 적절한 강화제를 제공한다.

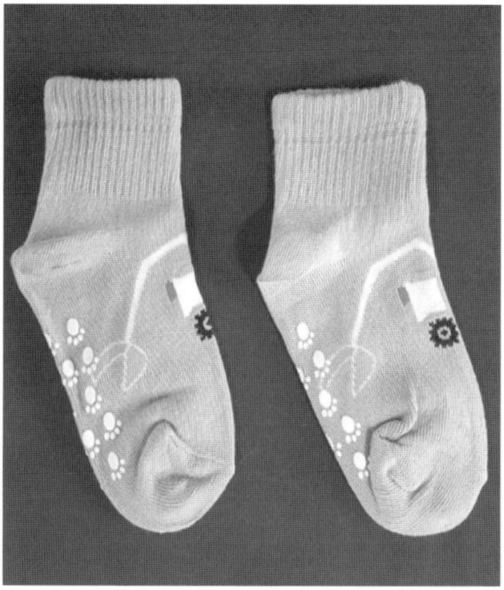

WING SPORTS
WING SPORTS

BE
HAPPY!

A & F

53 '무엇'을 묻는 질문에 대답하기

3~4세

목표 | '무엇(뭐)'을 묻는 질문에 대답할 수 있다.

자료 | 음료수, 과자 등, '무엇'을 하고 있는 그림자료, 강화제

방법 ❶

- 교사가 유아에게 각 사진이나 그림을 보여 주며 '무엇'을 하고 있는지 설명해 준다.
- 교사가 예를 들어 우유(주스)를 마시고 있는 사진이나 그림을 제시하고 "무엇을 마시고 있어요?"라고 물어본 후 "우유(주스)."라고 대답하는 시범을 보인다.
- 교사가 "무엇을 마시고 있어요?"라고 물어볼 때 유아에게 교사를 모방하여 "우유."라고 대답해 보라고 한다.
- 수행되면 교사가 "무엇을 마시고 있어요?"라고 물어볼 때 유아 스스로 "우유."라고 대답해 보라고 한다.
- 수행되면 교사가 '무엇'을 하고 있는 각 사진이나 그림을 제시한 후 무엇을 하고 있는지 물어볼 때 유아 스스로 대답해 보라고 한다.
- 수행되면 유아의 특성에 맞는 적절한 강화제를 제공한다.

방법 ❷

- 교사가 예를 들어 우유를 마시면서 "무엇을 마시고 있어요?"라고 물어본 후 "우유."라고 대답하는 시범을 보인다.
- 교사가 "무엇을 마시고 있어요?"라고 물어볼 때 유아에게 교사를 모방하여 "우유."라고 대답해 보라고 한다.
- 대답하지 못하면 교사가 "우."라고 첫소리를 말해 준 후 유아에게 "우유."라고 말해 보라고 한다.

- 수행되면 교사가 '우유'라고 말하는 입 모양을 보여 주며 유아에게 "우유."라고 말해 보라고 한다.
- 수행되면 교사가 '우유'를 가리키며 유아에게 "우유."라고 말해 보라고 한다.
- 도움을 점차 줄여 간다.
- 수행되면 유아 스스로 "우유."라고 말해 보라고 한다.
- 수행되면 교사가 예를 들어 '모자'를 쓰면서 "무엇을 쓰고 있어요?"라고 물어본 후 "모자."라고 대답하는 시범을 보인다.
- 교사가 "무엇을 쓰고 있어요?"라고 물어볼 때 유아에게 교사를 모방하여 "모자."라고 대답해 보라고 한다.
- 수행되면 교사가 "모."라고 첫소리를 말해 준 후 유아에게 "모자."라고 대답해 보라고 한다.
- 수행되면 교사가 '모자'라고 말하는 입 모양을 보여 주며 유아에게 "모자."라고 대답해 보라고 한다.
- 수행되면 교사가 '모자'를 가리키며 유아에게 "모자."라고 대답해 보라고 한다.
- 도움을 점차 줄여 간다.
- 수행되면 유아 스스로 "모자."라고 대답해 보라고 한다.
- 수행되면 교사가 예를 들어 '양말(신발)'을 신으면서 "무엇을 신고 있어요?"라고 물어본 후 "양말(신발)."이라고 대답하는 시범을 보인다.
- 교사가 "무엇을 신고 있어요."라고 물어볼 때 유아에게 교사를 모방하여 "양말."이라고 대답해 보라고 한다.
- 대답하지 못하면 '모자'를 지도한 것과 같은 방법으로 지도한다.
- 수행되면 교사가 '무엇'을 하고 있는 각 사진이나 그림을 제시한 후 무엇을 하고 있는지 물어볼 때 유아 스스로 대답해 보라고 한다.
- 수행되면 유아의 특성에 맞는 적절한 강화제를 제공한다.

☞ 인형에게 옷을 입히거나 음식을 먹이거나 신발 및 양말을 신기거나 모자 등을 씌우면서 다양하게 '무엇' 을 하고 있는지 설명한 후 유아에게 '무엇' 을 하고 있는지 앞과 같은 방법으로 질문하면 좀 더 쉽게 수행이 가능한 경우도 있다.

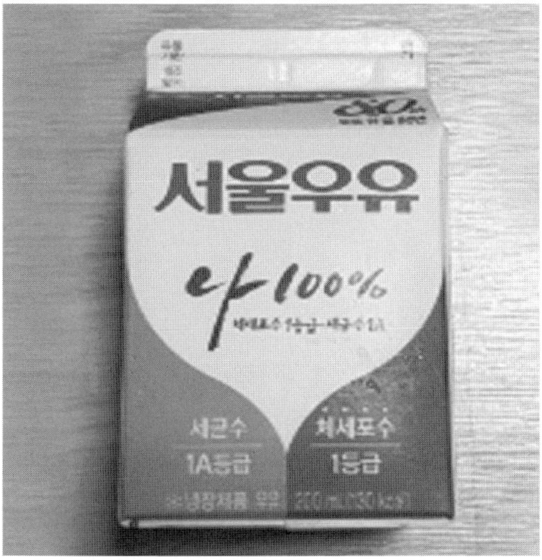

3~4
세

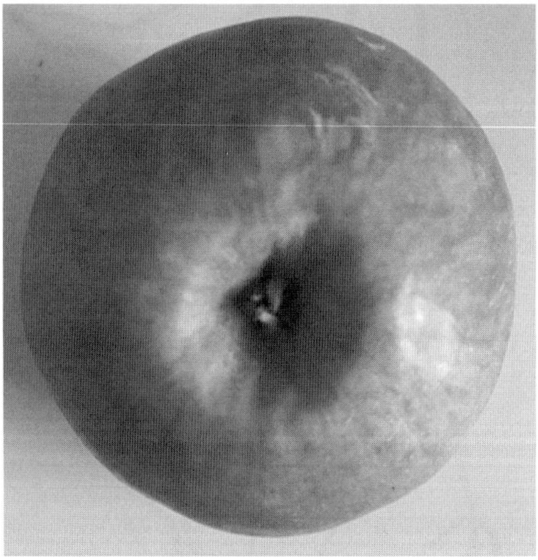

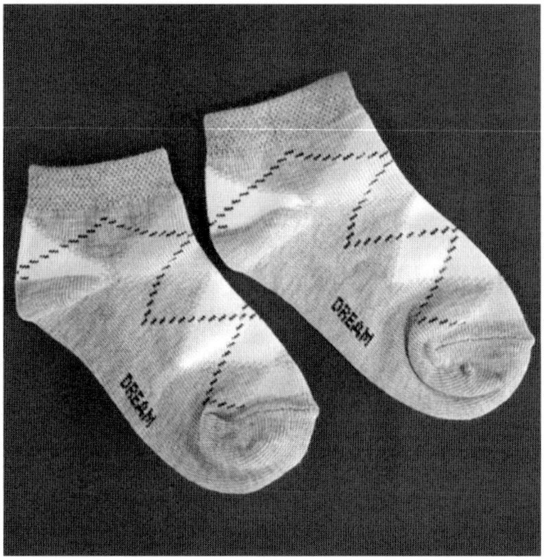
DREAM
DREAM

3~4
세

54 '무엇으로'를 묻는 질문에 대답하기 I

3~4세

목표 | '무엇으로'를 묻는 질문에 대답할 수 있다.

자료 | 각 사물, '무엇으로'와 관련된 그림자료, 강화제

방법 ❶

- 교사가 유아에게 각 사물이나 '무엇으로'와 관련된 그림을 보여 주며 '무엇으로' 하는지를 말하는 시범을 보인다.
- 교사가 예를 들어 가위를 제시한 후 "무엇으로 종이 잘라요?"라고 물어본 후 "가위."라고 대답하는 시범을 보인다.
- 교사가 "무엇으로 종이 잘라요?"라고 물어볼 때 유아에게 교사를 모방하여 "가위."라고 대답해 보라고 한다.
- 수행되면 유아 스스로 "가위."라고 대답해 보라고 한다.
- 수행되면 교사가 '무엇으로'와 관련된 각 사진이나 그림을 보여 줄 때 유아 스스로 무엇으로 하는지 대답해 보라고 한다.
- 수행되면 유아의 특성에 맞는 적절한 강화제를 제공한다.

방법 ❷

- 교사가 예를 들어 가위로 종이를 자르면서 "무엇으로 종이 잘라요?"라고 물어본 후 "가위."라고 대답하는 시범을 보인다.
- 교사가 "무엇으로 종이 잘라요?"라고 물어볼 때 유아에게 교사를 모방하여 "가위."라고 대답해 보라고 한다.
- 대답하지 못하면 교사가 "가."라고 첫소리를 말해 준 후 유아에게 "가위."라고 대답해 보라고 한다.
- 수행되면 교사가 '가위'라고 말하는 입 모양을 보여 주며 유아에게 "가위."라고

대답해 보라고 한다.

- 수행되면 교사가 '가위'를 가리키며 유아에게 "가위."라고 대답해 보라고 한다.
- 도움을 점차 줄여 간다.
- 수행되면 유아 스스로 "가위."라고 대답해 보라고 한다.
- 수행되면 교사가 예를 들어 크레파스로 색칠을 하면서 "무엇으로 색칠해요?"라고 물어본 후 "크레파스."라고 대답하는 시범을 보인다.
- 교사가 "무엇으로 색칠해요?"라고 물어볼 때 유아에게 교사를 모방하여 "크레파스."라고 대답해 보라고 한다.
- 대답하지 못하면 교사가 "크레."라고 말해 준 후 유아에게 "파스."라고 대답해 보라고 한다.
- 수행되면 교사가 "크."라고 첫소리를 말해 준 후 유아에게 "크레파스."라고 대답해 보라고 한다.
- 수행되면 교사가 '크레파스'라고 말하는 입 모양을 보여 주며 유아에게 "크레파스."라고 대답해 보라고 한다.
- 수행되면 교사가 '크레파스'를 가리키며 유아에게 "크레파스."라고 대답해 보라고 한다.
- 도움을 점차 줄여 간다.
- 수행되면 유아 스스로 "크레파스."라고 대답해 보라고 한다.
- 수행되면 교사가 예를 들어 컵으로 물을 마시면서 "무엇으로 물 마셔요?"라고 물어본 후 "컵."이라고 대답하는 시범을 보인다.
- 교사가 "무엇으로 물 마셔요?"라고 물어볼 때 유아에게 교사를 모방하여 "컵."이라고 대답해 보라고 한다.
- 대답하지 못하면 '크레파스'를 지도한 것과 같은 방법으로 지도한다.
- 수행되면 교사가 '무엇으로'와 관련된 각 사진이나 그림을 제시한 후 무엇으로 하는지 물어볼 때 유아 스스로 대답해 보라고 한다.
- 수행되면 유아의 특성에 맞는 적절한 강화제를 제공한다.

HELLO
KITTY
JAM

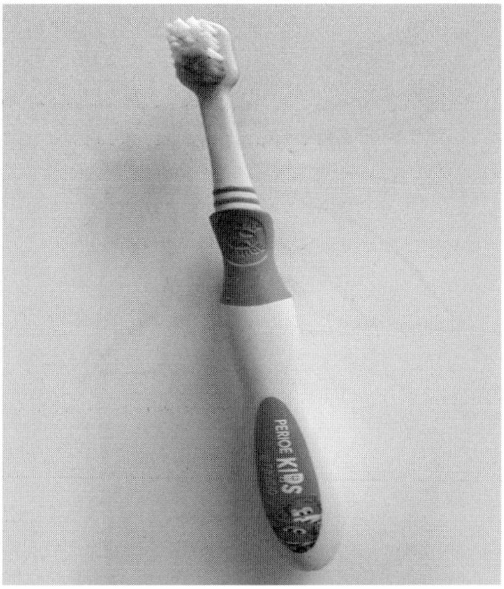
PERIOE KIDS

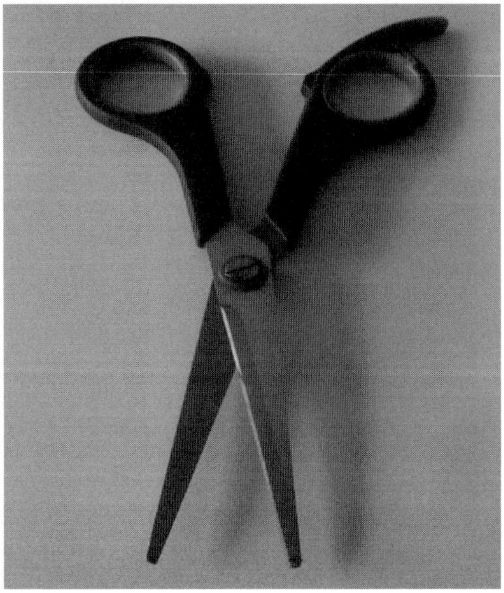

벨라지오

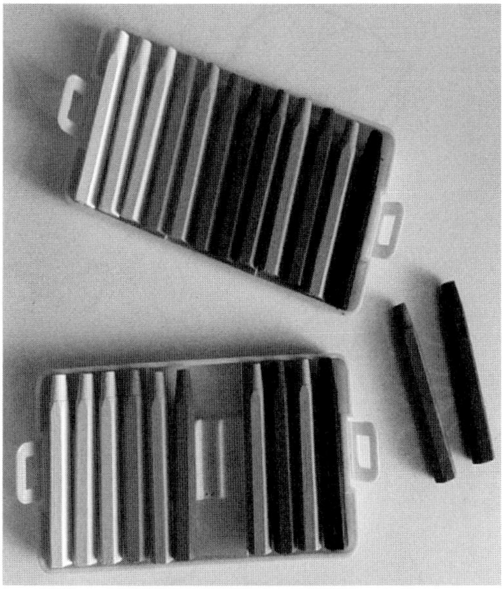

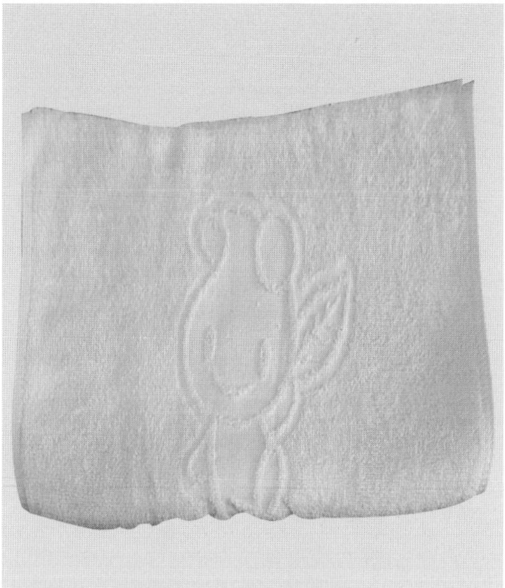

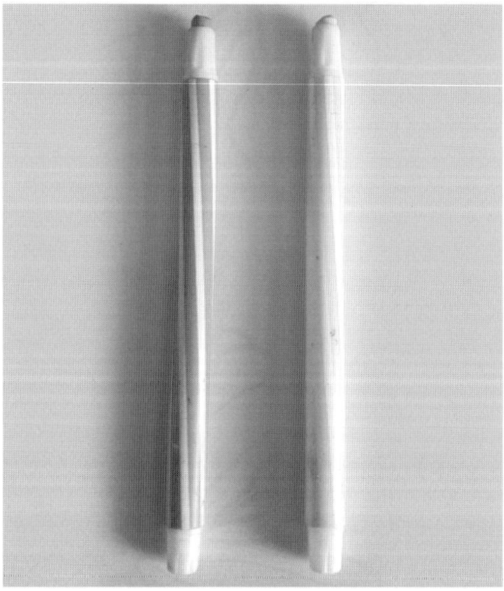

55 '어디서'를 묻는 질문에 대답하기

3~4세

목표 | '어디서'를 묻는 질문에 대답할 수 있다.

자료 | 장소와 관련된 그림카드나 사진, 강화제

방법 ❶

- 교사가 유아에게 '어디서'와 관련된 그림카드나 사진을 보여 주며 각 장소를 말하는 시범을 보인다.
- 교사가 예를 들어 미끄럼틀을 타고 있는 사진이나 그림을 제시하고 유아에게 "어디서 미끄럼틀 타요?"라고 물어본 후 "놀이터."라고 대답하는 시범을 보인다.
- 교사가 "어디서 미끄럼틀 타요?"라고 물어볼 때 유아에게 교사를 모방하여 "놀이터."라고 대답해 보라고 한다.
- 수행되면 유아 스스로 "놀이터."라고 대답해 보라고 한다.
- 수행되면 교사가 각 장소와 관련된 사진이나 그림을 제시한 후 '어디서'를 물어볼 때 유아 스스로 각 장소를 말해 보라고 한다.
- 수행되면 유아의 특성에 맞는 적절한 강화제를 제공한다.

방법 ❷

- 교사가 예를 들어 화장실에서 양치질을 하고 있는 사진이나 그림을 제시하고 유아에게 "어디서 이 닦아요?"라고 물어본 후 "화장실."이라고 말하는 시범을 보인다.
- 교사가 "어디서 이 닦아요?"라고 물어볼 때 유아에게 교사를 모방하여 "화장실."이라고 대답해 보라고 한다.
- 대답하지 못하면 교사가 "화."라고 첫소리를 말해 준 후 유아에게 "화장실."이라고 대답해 보라고 한다.
- 수행되면 교사가 '화장실'이라고 말하는 입 모양을 보여 주며 유아에게 "화장실."

이라고 대답해 보라고 한다.

- 수행되면 교사가 ‘화장실’ 사진이나 그림을 가리키며 유아에게 “화장실.” 이라고 대답해 보라고 한다.
- 도움을 점차 줄여 간다.
- 수행되면 교사가 “어디서 이 닦아요?” 라고 물어볼 때 유아 스스로 “화장실.” 이라고 대답해 보라고 한다.
- 수행되면 교사가 방에서 잠자는 사진이나 그림을 제시하고 “어디서 잠자요?” 라고 물어본 후 “침대(방).” 라고 대답하는 시범을 보인다.
- 교사가 “어디서 잠자요?” 라고 물어볼 때 유아에게 교사를 모방하여 “침대(방).” 라고 대답해 보라고 한다.
- 대답하지 못하면 화장실을 지도한 것과 같은 방법으로 지도한다.
- 수행되면 교사가 각 장소와 관련된 사진이나 그림을 제시한 후 ‘어디서’를 물어볼 때 유아 스스로 각 장소를 말해 보라고 한다.
- 수행되면 유아의 특성에 맞는 적절한 강화제를 제공한다.

☞ 위와 같은 방법으로 ‘어디서’ 음식을 하는지, 밥을 먹는지 등을 일상생활 속에서 다양하게 물어보도록 한다.

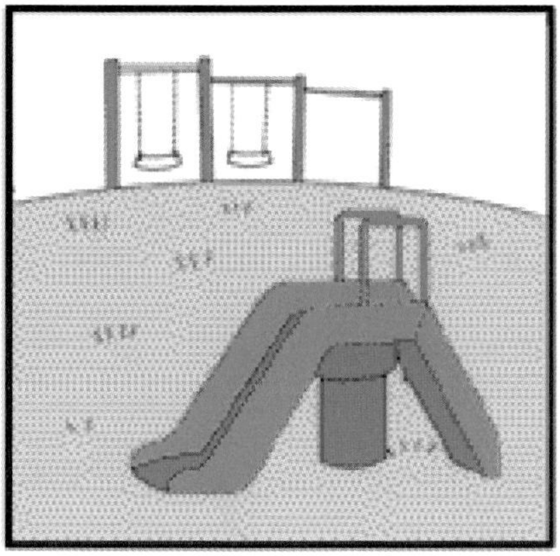

56 ‘이것’과 ‘저것’ 말하기

3~4세

목표 | ‘이것’과 ‘저것’을 말할 수 있다.

자료 | 여러 가지 물건, 여러 가지 음식물, 강화제

방법 ❶

- 교사가 여러 가지 물건이나 음식물을 가까이와 멀리 배치한다.
- 교사가 예를 들어 가까이 있는 사과를 가리키며 “이것은 사과예요.”라고 말하고, 멀리 있는 과자를 가리키며 “저것은 과자예요.”라고 말하는 시범을 보인다.
- 유아에게 교사를 모방하여 가까이 있는 사과를 가리키며 “이것은 사과예요.”라고 말하고, 멀리 있는 과자를 가리키며 “저것은 과자예요.”라고 말해 보라고 한다.
- 수행되면 유아 스스로 가까이 있는 사과를 가리키며 “이것은 사과예요.”라고 말하고, 멀리 있는 과자를 가리키며 “저것은 과자예요.”라고 말해 보라고 한다.
- 수행되면 다른 물건이나 음식들도 같은 방법으로 지도한 후 유아 스스로 이것’과 ‘저것’을 말해 보라고 한다.
- 수행되면 유아의 특성에 맞는 적절한 강화제를 제공한다.

방법 ❷

- 교사가 여러 가지 물건이나 음식물을 가까이와 멀리 배치한다.
- 교사가 예를 들어 가까이 있는 사과를 가리키며 “이것은 사과예요.”라고 말하고, 멀리 있는 과자를 가리키며 “저것은 과자예요.”라고 말하는 시범을 보인다.
- 유아에게 교사를 모방하여 가까이 있는 사과를 가리키며 “이것은 사과예요.”라고 말하고, 멀리 있는 과자를 가리키며 “저것은 과자예요.”라고 말해 보라고 한다.

- 모방하지 못하면 교사가 예를 들어 가까이 있는 사과를 가리키며 “이것은 사과예요.”라고 말하는 시범을 보인다.
- 유아에게 교사를 모방하여 가까이 있는 사과를 가리키며 “이것은 사과예요.”라고 말해 보라고 한다.
- 모방하지 못하면 교사가 “이것.”이라고 말해 준 후 유아에게 “이것.”이라고 말해 보라고 한다.
- 수행되면 교사가 “이.”라고 첫소리를 말해 준 후 유아에게 “이것.”이라고 말해 보라고 한다.
- 수행되면 교사가 ‘이것’이라고 말하는 입 모양을 보여 주며 유아에게 “이것.”이라고 말해 보라고 한다.
- 도움을 점차 줄여 간다.
- 수행되면 유아 스스로 가까이 있는 사과를 가리키며 “이것.”이라고 말해 보라고 한다.
- 수행되면 교사가 예를 들어 멀리 있는 과자를 가리키며 “저것은 과자예요.”라고 말하는 시범을 보인다.
- 유아에게 교사를 모방하여 멀리 있는 과자를 가리키며 “저것은 과자예요.”라고 말해 보라고 한다.
- 모방하지 못하면 교사가 “저것.”이라고 말해 준 후 유아에게 “저것.”이라고 말해 보라고 한다.
- 수행되면 교사가 “저.”라고 첫소리를 말해 준 후 유아에게 “저것.”이라고 말해 보라고 한다.
- 수행되면 교사가 ‘저것’이라고 말하는 입 모양을 보여 주며 유아에게 “저것.”이라고 말해 보라고 한다.
- 도움을 점차 줄여 간다.
- 수행되면 유아 스스로 멀리 있는 과자를 가리키며 “저것.”이라고 말해 보라고 한다.

- 수행되면 다른 물건들도 같은 방법으로 지도한다.
- 수행되면 유아의 특성에 맞는 적절한 강화제를 제공한다.

57 '나'와 '너' 대명사 사용하기 3~4세

목표 | '나'와 '너' 대명사를 사용할 수 있다.

자료 | 유아 소유 물건과 교사 소유 물건 등, 바구니 두 개, 강화제

방법 ❶

- 교사가 자신을 가리키며 "나."라고 말하고, 유아를 가리키며 "너."라고 말하는 시범을 보인다.
- 유아에게 교사를 모방하여 교사를 가리키며 "너."라고 말하고, 자신을 가리키며 "나."라고 말해 보라고 한다.
- 수행되면 유아 스스로 자신을 가리키며 "나."라고 말하고, 교사를 가리키며 "너."라고 말해 보라고 한다.
- 수행되면 유아의 특성에 맞는 적절한 강화제를 제공한다.

방법 ❷

- 교사가 자신을 가리키며 "나."라고 말하는 시범을 보인다.
- 유아에게 교사를 모방하여 자신을 가리키며 "나."라고 말해 보라고 한다.
- 모방하지 못하면 교사가 유아의 손을 잡고 유아의 가슴을 가리키며 "나."라고 말해 준 후 유아에게 "나."라고 말해 보라고 한다.
- 수행되면 교사가 '나'라고 말하는 입 모양을 보여 주며 유아에게 "나."라고 말해 보라고 한다.
- 도움을 점차 줄여 간다.

- 수행되면 유아 스스로 자신을 가리키며 "나."라고 말해 보라고 한다.
- 수행되면 교사가 유아를 가리키며 "너."라고 말하는 시범을 보인다.
- 유아에게 교사를 모방하여 교사를 가리키며 "너."라고 말해 보라고 한다.
- 모방하지 못하면 교사가 유아의 손을 잡고 교사의 가슴을 가리키며 "너."라고 말해 준 후 "너."라고 말해 보라고 한다.
- 수행되면 교사가 '너'라고 말하는 입 모양을 보여 주며 유아에게 "너."라고 말해 보라고 한다.
- 도움을 점차 줄여 간다.
- 수행되면 유아 스스로 교사를 가리키며 "너."라고 말해 보라고 한다.
- 수행되면 유아 스스로 자신을 가리키며 "나."라고 말하고 교사를 가리키며 "너."라고 말해 보라고 한다.
- 수행되면 유아의 특성에 맞는 적절한 강화제를 제공한다.

58 두 가지 맛 표현하기

3~4세

목표 | 두 가지 맛을 표현할 수 있다.

자료 | 꿀 또는 사탕, 소금 또는 짠 음식, 접시 두 개, 강화제

방법 ❶

- 교사가 꿀(사탕)을 먹고 난 후 "달다."라고 말하고, 소금 또는 짠 음식을 먹고 난 후 "짜다."라고 말하는 시범을 보인다.
- 유아에게 꿀(사탕)을 먹게 한 후 교사를 모방하여 "달다."라고 말하고, 소금 또는 짠 음식을 먹게 한 후 "짜다."라고 말해 보라고 한다.
- 수행되면 유아에게 꿀(사탕)을 먹게 한 후 유아 스스로 "달다."라고 말하고, 소금 또는 짠 음식을 먹은 후 "짜다."라고 말해 보라고 한다.

- 수행되면 유아의 특성에 맞는 적절한 강화제를 제공한다.

방법 ❷

- 교사가 꿀(사탕)을 먹고 난 후 "달다."라고 말하고, 소금 또는 짠 음식을 먹고 난 후 "짜다."라고 말하는 시범을 보인다.
- 유아에게 꿀(사탕)을 먹게 한 후 교사를 모방하여 "달다."라고 말하고, 소금 또는 짠 음식을 먹게 한 후 "짜다."라고 말해 보라고 한다.
- 모방하지 못하면 교사가 예를 들어 꿀(사탕)을 먹고 난 후 "달다."라고 말하는 시범을 보인다.
- 유아에게 꿀(사탕)을 먹게 한 후 교사를 모방하여 "달다."라고 말해 보라고 한다.
- 말하지 못하면 교사가 "달."이라고 첫소리를 말해 준 후 유아에게 "달다."라고 말해 보라고 한다.
- 수행되면 교사가 '달다'라고 말하는 입 모양을 보여 주며 유아에게 "달다."라고 말해 보라고 한다.
- 도움을 점차 줄여 간다.
- 수행되면 유아 스스로 "달다."라고 말해 보라고 한다.
- 수행되면 교사가 소금 또는 짠 음식을 먹고 난 후 "짜다."라고 말하는 시범을 보인다.
- 유아에게 소금 또는 짠 음식을 먹게 한 후 교사를 모방하여 "짜다."라고 말해 보라고 한다.
- 말하지 못하면 교사가 "짜."라고 첫소리를 말해 준 후 유아에게 "짜다."라고 말해 보라고 한다.
- 수행되면 교사가 '짜다'라고 말하는 입 모양을 보여 주며 유아에게 "짜다."라고 말해 보라고 한다.
- 도움을 점차 줄여 간다.
- 수행되면 유아 스스로 "짜다."라고 말해 보라고 한다.
- 수행되면 유아에게 꿀(사탕)을 먹게 한 후 유아 스스로 "달다."라고 말하고, 소금 또

는 짠 음식을 먹은 후 “짜다.” 라고 말해 보라고 한다.

- 수행되면 유아의 특성에 맞는 적절한 강화제를 제공한다.

59 나이 말하기

3~4세

목표 | 나이를 말할 수 있다.

자료 | 강화제

방법 ❶

- 교사가 유아의 나이를 말하는 시범을 보인다.
- 유아에게 교사를 모방하여 나이를 말해 보라고 한다.
- 수행되면 유아 스스로 나이를 말해 보라고 한다.
- 수행되면 유아의 특성에 맞는 적절한 강화제를 제공한다.

방법 ❷

- 교사가 예를 들어 유아의 나이가 네 살일 경우 “네 살.” 이라고 말하는 시범을 보인다.
- 유아에게 교사를 모방하여 “네 살.” 이라고 말해 보라고 한다.
- 모방하지 못하면 교사가 손가락을 네 개 보여 주면서 “네 살.” 이라고 말해 준 후 유아에게 “네 살.” 이라고 말해 보라고 한다.
- 수행되면 교사가 “네.” 라고 첫소리를 말해 준 후 유아에게 “네 살.” 이라고 말해 보라고 한다.
- 수행되면 교사가 ‘네 살’ 이라고 말하는 입 모양을 보여 주며 유아에게 “네 살.” 이라고 말해 보라고 한다.
- 도움을 점차 줄여 간다.

- 수행되면 유아 스스로 "네 살." 이라고 말해 보라고 한다.
- 수행되면 유아의 특성에 맞는 적절한 강화제를 제공한다.

4~5세

60 여러 가지 음식 이름 말하기 4~5세

목표 | 여러 가지 음식 명칭을 말할 수 있다.

자료 | 여러 가지 음식의 실물 및 그림, 강화제

방법 ❶

- 밥, 과자, 우유, 빵, 라면은 앞 단계에서 수행하였으므로 확인한 후 시행한다.
- 교사가 유아에게 여러 가지 음식의 실물이나 그림을 제시한 후 "○○라고 ♬ 말해 봐~요 ♬ 말해 봐~요 ♬"라고 노래를 부르며 각 음식의 이름을 말하는 시범을 보인다.
- 유아에게 교사를 모방하여 각 음식의 이름을 말해 보라고 한다.
- 수행되면 유아 스스로 각 음식의 이름을 말해 보라고 한다.
- 수행되면 교사가 각 음식의 위치를 다양하게 바꾸어 놓은 후 유아 스스로 각 음식의 이름을 말해 보라고 한다.
- 수행되면 유아의 특성에 맞는 적절한 강화제를 제공한다.

방법 ❷

- 밥, 과자, 우유, 빵, 라면은 앞 단계에서 수행하였으므로 확인한 후 시행한다.

- 교사가 유아에게 각 음식의 실물이나 그림을 제시한 후 "○○라고~ ♬ 말해 봐~요 ♬ 말해 봐~요 ♬"라고 노래를 부르며 각 음식의 이름을 말하는 시범을 보인다.
- 유아에게 교사를 모방하여 각 음식의 이름을 말해 보라고 한다.
- 모방하지 못하면 교사가 예를 들어 "김밥이라고~ ♬ 말해 봐~요 ♬ 말해 봐~요 ♬"라고 노래를 부르며 "김밥."이라고 말하는 시범을 보인다.
- 유아에게 교사를 모방하여 "김밥."이라고 말해 보라고 한다.
- 모방하지 못하면 교사가 "김."이라고 첫 음절을 말해 준 후 유아에게 "김밥."이라고 말해 보라고 한다.
- 수행되면 교사가 '김밥'이라고 말하는 입 모양을 보여 주며 유아에게 "김밥."이라고 말해 보라고 한다.
- 수행되면 교사가 '김밥'을 가리키며 유아에게 "김밥."이라고 말해 보라고 한다.
- 도움을 점차 줄여 간다.
- 수행되면 유아 스스로 "김밥."이라고 말해 보라고 한다.
- 수행되면 교사가 예를 들어 "만두라고~ ♬ 말해 봐~요 ♬ 말해 봐~요 ♬"라고 노래를 부르며 "만두."라고 말하는 시범을 보인다.
- 유아에게 교사를 모방하여 "만두."라고 말해 보라고 한다.
- 모방하지 못하면 교사가 "만."이라고 첫 음절을 말해 준 후 유아에게 "만두."라고 말해 보라고 한다.
- 수행되면 교사가 '만두'라고 말하는 입 모양을 보여 주며 유아에게 "만두."라고 말해 보라고 한다.
- 수행되면 교사가 '만두'를 가리키며 유아에게 "만두."라고 말해 보라고 한다.
- 도움을 점차 줄여 간다.
- 수행되면 유아 스스로 "만두."라고 말해 보라고 한다.
- 수행되면 교사가 '김밥'과 '만두'를 제시한 후 각 음식의 이름을 물어볼 때 유아 스스로 "김밥."과 "만두."라고 말해 보라고 한다.

• 수행되면 교사가 예를 들어 "김치라고~ ♬ 말해 봐~요 ♬ 말해 봐~요 ♬" 라고 노래를 부르며 "김치." 라고 말하는 시범을 보인다.
• 유아에게 교사를 모방하여 "김치." 라고 말해 보라고 한다.
• 모방하지 못하면 '만두'를 지도한 것과 같은 방법으로 지도한다.
• 수행되면 유아 스스로 "김치." 라고 말해 보라고 한다.
• 수행되면 교사가 '김밥' '만두' 김치를 제시한 후 각 음식의 이름을 물어볼 때 유아 스스로 "김밥." "만두." "김치." 라고 말해 보라고 한다.
• 수행되면 다른 음식들도 같은 방법으로 지도한다.
• 수행되면 교사가 각 음식의 이름을 물어볼 때 유아 스스로 각 음식의 이름을 말해 보라고 한다.
• 수행되면 교사가 각 음식의 위치를 다양하게 바꾸어 놓은 후 음식의 이름을 물어볼 때 유아 스스로 각 음식의 이름을 말해 보라고 한다.
• 수행되면 유아의 특성에 맞는 적절한 강화제를 제공한다.

☞ 일상생활 속에서 음식을 먹을 때마다 지도하면 습득이 빠르고 효과적이다.

☞ 실제 음식으로 지도한 후 그림으로 확인하는 것이 효과적이다.

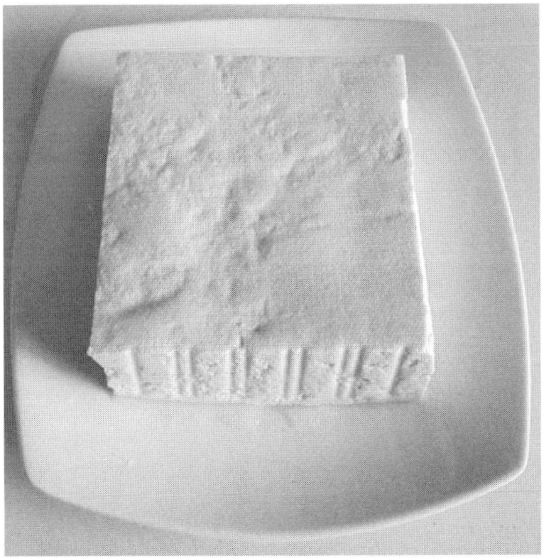
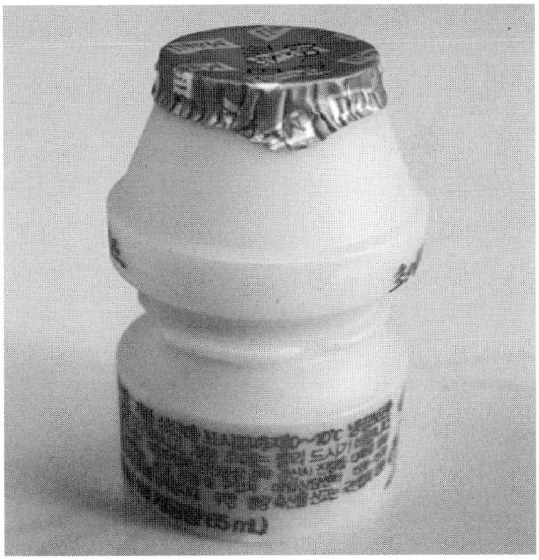

61 "길다."와 "짧다." 말하기 4~5세

목표 | "길다." 와 "짧다." 를 말할 수 있다.

자료 | 긴 기차와 자동차, 긴 연필과 짧은 연필 등, 강화제

방법 ❶

- 교사가 긴 물건(예: 긴 연필)과 짧은 물건(예: 짧은 연필)을 제시한 후 긴 물건을 가리키며 "길다." 라고 말하고, 짧은 물건을 가리키며 "짧다." 라고 말하는 시범을 보인다.
- 유아에게 교사를 모방하여 교사가 긴 물건을 가리킬 때 "길다." 라고 말하고, 짧은 물건을 가리킬 때 "짧다." 라고 말해 보라고 한다.
- 수행되면 교사가 긴 물건을 가리킬 때 유아 스스로 "길다." 라고 말하고 짧은 물건을 가리킬 때 "짧다." 라고 말해 보라고 한다.
- 수행되면 길이가 다른 각 물건들도 같은 방법으로 지도한다.
- 수행되면 길이가 다른 각 물건들을 가리킬 때 유아 스스로 "길다." 또는 "짧다." 라고 말해 보라고 한다.
- 수행되면 유아의 특성에 맞는 적절한 강화제를 제공한다.

방법 ❷

- 교사가 예를 들어 긴 기차와 짧은 자동차를 제시한 후 긴 기차를 가리키며 "길다." 라고 말하고, 짧은 자동차를 가리키며 "짧다." 라고 말하는 시범을 보인다.
- 유아에게 교사를 모방하여 교사가 긴 기차를 가리킬 때 "길다." 라고 말하고, 짧은 자동차를 가리킬 때 "짧다." 라고 말해 보라고 한다.
- 모방하지 못하면 교사가 '긴 기차'를 제시한 후 "길다라고 말해 봐~요 ♬ 말해 봐~요 ♬" 라고 노래를 부르며 "길다." 라고 말하는 시범을 보인다.
- 유아에게 교사를 모방하여 "길다." 라고 말해 보라고 한다.

- 모방하지 못하면 교사가 "길." 이라고 첫소리를 말해 준 후 유아에게 "길다." 라고 말해 보라고 한다.
- 수행되면 교사가 '길다'라고 말하는 입 모양을 보여 주며 유아에게 "길다." 라고 말해 보라고 한다.
- 도움을 점차 줄여 간다.
- 수행되면 유아 스스로 "길다." 라고 말해 보라고 한다.
- 수행되면 교사가 '짧은 자동차'를 제시한 후 "짧다라고 ♬ 말해 봐~요 ♬ 말해 봐~요 ♬" 라고 노래를 부르며 "짧다." 라고 말하는 시범을 보인다.
- 유아에게 교사를 모방하여 "짧다." 라고 말해 보라고 한다.
- 모방하지 못하면 교사가 "짧." 이라고 첫소리를 말해 준 후 유아에게 "짧다." 라고 말해 보라고 한다.
- 수행되면 교사가 '짧다'라고 말하는 입 모양을 보여 주며 유아에게 "짧다." 라고 말해 보라고 한다.
- 도움을 점차 줄여 간다.
- 수행되면 유아 스스로 "짧다." 라고 말해 보라고 한다.
- 수행되면 교사가 긴 기차를 가리킬 때 유아 스스로 "길다." 라고 말하고, 짧은 자동차를 가리킬 때 "짧다." 라고 말해 보라고 한다.
- 수행되면 길이가 다른 각 물건들도 같은 방법으로 지도한다.
- 수행되면 교사가 길이가 다른 각 물건들을 가리킬 때 유아 스스로 "길다." 또는 "짧다." 라고 말해 보라고 한다.
- 수행되면 교사가 길이가 다른 각 물건의 위치를 다양하게 바꾸어 놓은 후 각 물건을 가리킬 때 유아 스스로 "길다." 또는 "짧다." 라고 말해 보라고 한다.
- 수행되면 유아의 특성에 맞는 적절한 강화제를 제공한다.

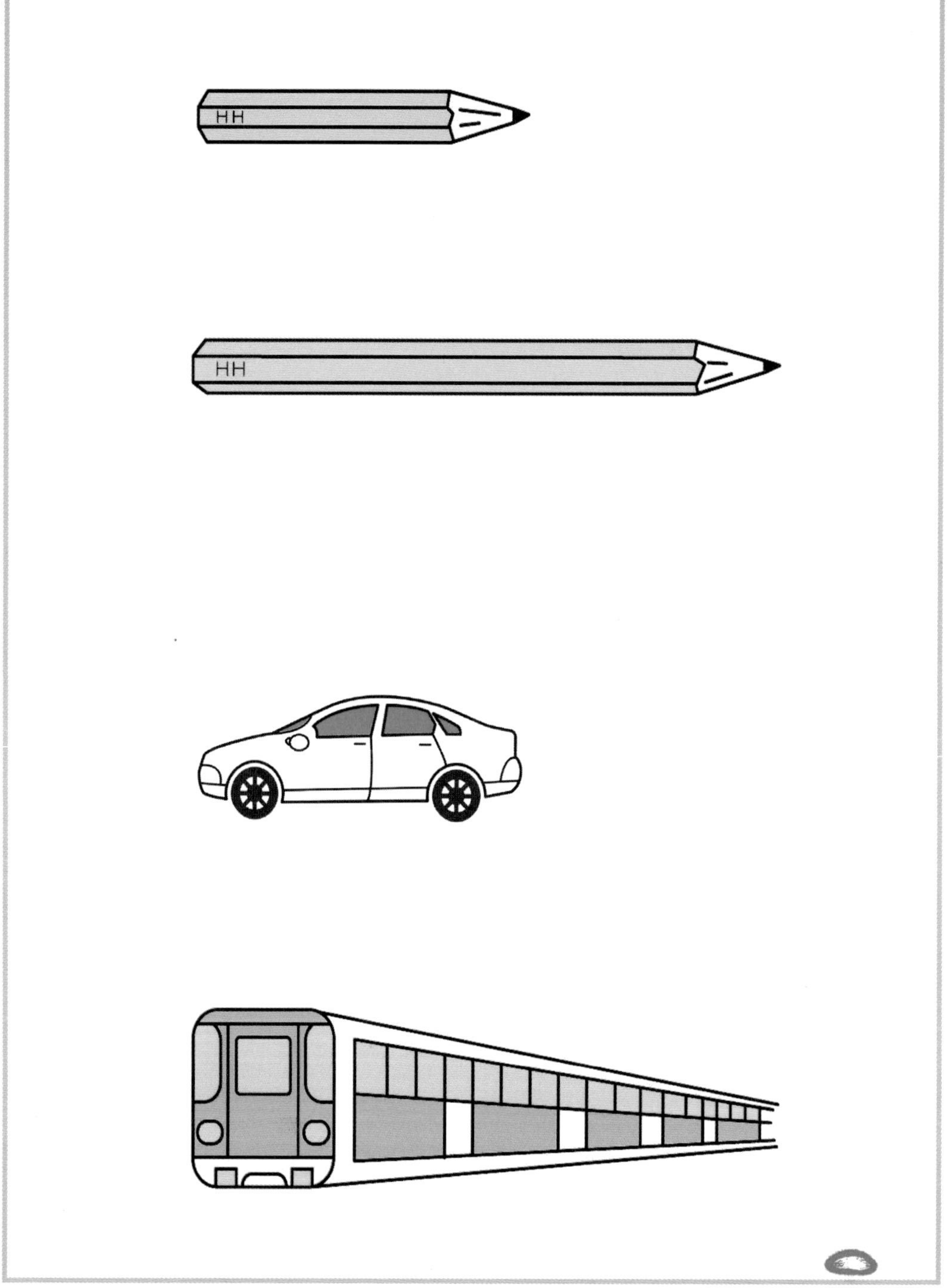
HH
HH

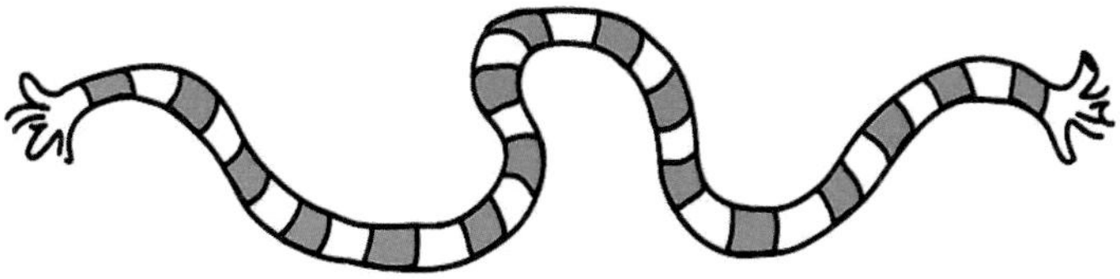

62 교통수단 말하기

4~5세

목표 | 교통수단을 말할 수 있다.

자료 | 다양한 교통수단의 모형 및 그림, 강화제

방법 ❶

- 교사가 다양한 교통수단을 제시한 후 각 교통수단의 이름을 말하는 시범을 보인다.
- 유아에게 교사를 모방하여 각 교통수단의 이름을 말해 보라고 한다.
- 수행되면 교사가 각 교통수단을 제시할 때 유아 스스로 각 교통수단의 이름을 말해 보라고 한다.
- 수행되면 유아의 특성에 맞는 적절한 강화제를 제공한다.

방법 ❷

- 교사가 다양한 교통수단을 설명한 후 각 교통수단의 이름을 말하는 시범을 보인다.
- 유아에게 교사를 모방하여 각 교통수단의 이름을 말해 보라고 한다.
- 말하지 못하면 교사가 예를 들어 '자동차'를 제시한 후 "자동차라고 말해 봐~요 ♬ 말해 봐~요 ♬"라고 노래를 부르며 "자동차."라고 말하는 시범을 보인다.
- 유아에게 교사를 모방하여 "자동차."라고 말해 보라고 한다.
- 모방하지 못하면 교사가 "자."라고 첫소리를 말해 준 후 유아에게 "자동차."라고 말해 보라고 한다.
- 수행되면 교사가 '자동차'라고 말하는 입 모양을 보여 주며 유아에게 "자동차."라고 말해 보라고 한다.
- 수행되면 교사가 '자동차'를 가리키며 유아에게 "자동차."라고 말해 보라고 한다.
- 도움을 점차 줄여 간다.
- 수행되면 유아 스스로 "자동차."라고 말해 보라고 한다.

- 수행되면 교사가 예를 들어 '기차'를 제시한 후 "기차라고 말해 봐~요 ♬ 말해 봐~요 ♬"라고 노래를 부르며 "기차."라고 말하는 시범을 보인다.
- 유아에게 교사를 모방하여 "기차."라고 말해 보라고 한다.
- 모방하지 못하면 교사가 "기."라고 첫소리를 말해 준 후 유아에게 "기차."라고 말해 보라고 한다.
- 수행되면 교사가 '기차'라고 말하는 입 모양을 보여 주며 유아에게 "기차."라고 말해 보라고 한다.
- 수행되면 교사가 '기차'를 가리키며 유아에게 "기차."라고 말해 보라고 한다.
- 도움을 점차 줄여 간다.
- 수행되면 유아 스스로 "기차."라고 말해 보라고 한다.
- 수행되면 교사가 다른 교통수단도 같은 방법으로 지도한 후 각 교통수단을 제시할 때 유아 스스로 각 교통수단의 이름을 말해 보라고 한다.
- 수행되면 유아의 특성에 맞는 적절한 강화제를 제공한다.

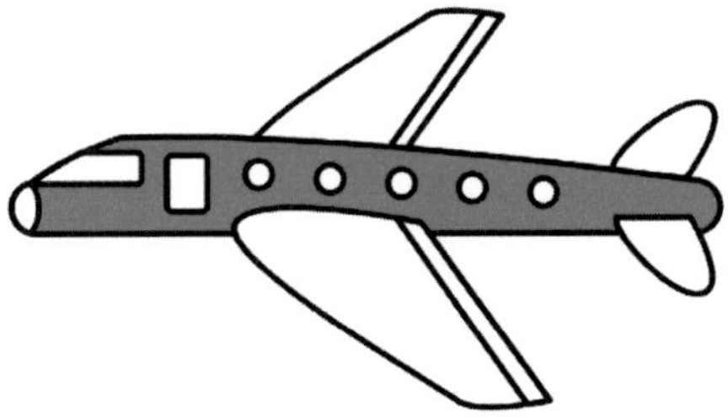

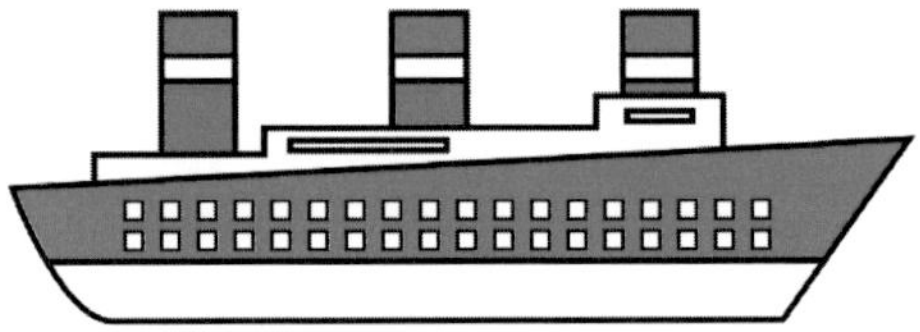

63 세 개의 물건 중 없어진 물건 말하기

4~5세

목표 | 세 개의 물건 중에서 없어진 물건을 말할 수 있다.

자료 | 장난감 및 다양한 물건 등, 강화제

방법 ❶

- 교사가 장난감 세 개를 놓고 각 이름을 말해 준 후 유아의 눈을 감게 하고 한 개의 장난감을 감춘다.
- 유아에게 눈을 뜨게 한 후 교사가 없어진 장난감의 이름을 말해 주는 시범을 보인다.
- 유아에게 눈을 감게 하고 교사가 한 개의 장난감을 감춘다.
- 유아에게 눈을 뜨게 한 후 교사를 모방하여 없어진 장난감의 이름을 말해 보라고 한다.
- 수행되면 유아 스스로 없어진 장난감의 이름을 말해 보라고 한다.
- 수행되면 다른 물건들도 세 개를 제시한 후 유아에게 확인시키고 눈을 감게 한다.
- 교사가 물건 하나를 감추고 다시 유아의 눈을 뜨게 한 후 유아 스스로 없어진 물건의 이름을 말해 보라고 한다.
- 수행되면 유아의 특성에 맞는 적절한 강화제를 제공한다.

방법 ❷

- 교사가 예를 들어 장난감 자동차와 기차를 제시한 후 각 장난감의 이름을 말해 준다.
- 교사가 예를 들어 장난감 자동차를 뒤로 감춘 후 없어진 장난감을 "자동차."라고 말하는 시범을 보인다.
- 유아에게 교사를 모방하여 없어진 장난감의 이름을 말해 보라고 한다.
- 모방하지 못하면 교사가 '자동차'를 보여 주며 "자동차."라고 말해 준 후 유아에게 "자동차."라고 말해 보라고 한다.

- 말하지 못하면 교사가 "자."라고 첫소리를 말해 준 후 유아에게 "자동차."라고 말해 보라고 한다.
- 수행되면 교사가 '자동차'라고 말하는 입 모양을 보여 주며 유아에게 "자동차."라고 말해 보라고 한다.
- 수행되면 교사가 '자동차'를 가리키며 유아에게 "자동차."라고 말해 보라고 한다.
- 도움을 점차 줄여 간다.
- 수행되면 유아 스스로 "자동차."라고 말해 보라고 한다.
- 수행되면 교사가 다시 장난감 '자동차'와 '기차'를 유아에게 제시한 후 유아의 눈을 감게 하고 '자동차'를 감춘다.
- 교사가 유아에게 눈을 뜨게 한 후 유아에게 없어진 장난감의 이름을 말해 보라고 한다.
- 말하지 못하면 교사가 "자."라고 첫소리를 말해 준 후 유아에게 "자동차."라고 말해 보라고 한다.
- 수행되면 유아 스스로 "자동차."라고 말해 보라고 한다.
- 수행되면 교사가 예를 들어 장난감 자동차와 기차, 비행기를 제시한 후 교사가 장난감 비행기를 뒤로 감추고 "비행기."라고 말하는 시범을 보인다.
- 교사가 세 개의 장난감을 유아에게 보여 준 후 유아의 눈을 감게 하고, 예를 들어 '기차'를 감춘다.
- 유아에게 눈을 뜨게 한 후 교사가 유아에게 없어진 장난감의 이름을 말해 보라고 한다.
- 말하지 못하면 교사가 '기차'를 보여 주며 "기차."라고 말해 준 후 유아에게 "기차."라고 말해 보라고 한다.
- 말하지 못하면 교사가 "기."라고 첫소리를 말해 준 후 유아에게 "기차."라고 말해 보라고 한다.
- 수행되면 교사가 '기차'라고 말하는 입 모양을 보여 주며 유아에게 "기차."라고 말해 보라고 한다.

- 수행되면 교사가 '기차'를 가리키며 유아에게 "기차."라고 말해 보라고 한다.
- 도움을 점차 줄여 간다.
- 수행되면 유아 스스로 "기차."라고 말해 보라고 한다.
- 수행되면 교사가 다시 장난감 자동차와 기차, 비행기를 제시하고 유아에게 눈을 감게 한 후 장난감 기차를 뒤로 감춘다.
- 유아에게 눈을 뜨게 한 후 없어진 장난감의 이름을 말해 보라고 한다.
- 말하지 못하면 교사가 "기."라고 첫소리를 말해 준 후 유아에게 "기차."라고 말해 보라고 한다.
- 수행되면 유아 스스로 "기차."라고 말해 보라고 한다.
- 수행되면 다른 물건들도 세 개를 제시하고 유아의 눈을 감게 한 후 하나를 감추고 다시 유아의 눈을 뜨게 한 후 유아 스스로 없어진 물건의 이름을 말해 보라고 한다.
- 수행되면 유아의 특성에 맞는 적절한 강화제를 제공한다.

KORAIL

HELLO
KITTY
JAM

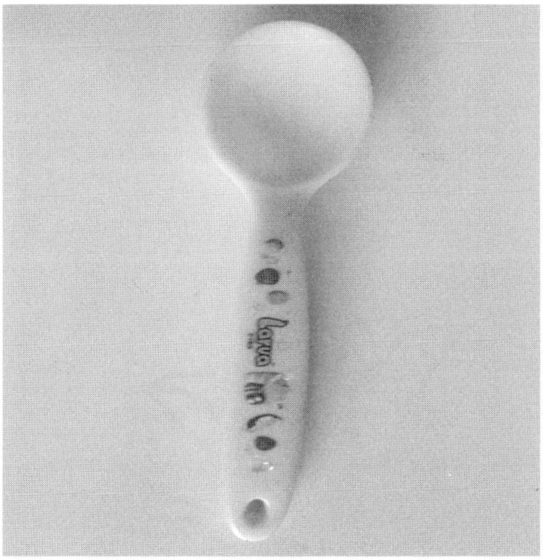
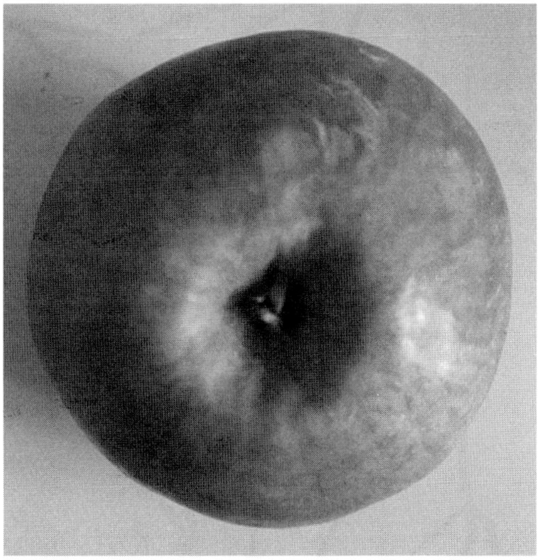

64 "뜨겁다."와 "차갑다." 말하기

4~5세

목표 | "뜨겁다."와 "차갑다."를 말할 수 있다.

자료 | 뜨거운 우유와 차가운 우유 두 잔, 뜨겁고 차가운 여러 개의 물건 및 그림, 강화제

방법 ❶

- 교사가 뜨겁고 차가운 여러 개의 물건을 유아에게 제시한 후 교사가 뜨거운 것을 살짝 만지며 "뜨겁다."라고 말하고, 차가운 것을 만지며 "차갑다."라고 말하는 시범을 보인다.
- 유아에게 교사를 모방하여 뜨거운 것을 살짝 만지며 "뜨겁다."라고 말하고, 차가운 것을 만지며 "차갑다."라고 말해 보라고 한다.
- 수행되면 유아 스스로 뜨거운 것을 살짝 만지며 "뜨겁다."라고 말하고, 차가운 것을 만지며 "차갑다."라고 말해 보라고 한다.
- 수행되면 교사가 뜨겁고 차가운 다양한 물건을 제시한 후 유아 스스로 뜨거운 것을 만지며 "뜨겁다."라고 말하고, 차가운 것을 만지며 "차갑다."라고 말해 보라고 한다.
- 수행되면 유아의 특성에 맞는 적절한 강화제를 제공한다.

방법 ❷

- 교사가 예를 들어 뜨거운 우유와 차가운 우유를 담은 컵을 유아 앞에 제시한 후 각 우유를 만지며 "뜨겁다."와 "차갑다."를 말하는 시범을 보인다.
- 유아에게 교사를 모방하여 뜨거운 우유를 살짝 만지며 "뜨겁다."라고 말하고, 차가운 우유를 만지며 "차갑다."라고 말해 보라고 한다.
- 모방하지 못하면 교사가 '뜨거운' 우유를 제시한 후 뜨거운 우유를 살짝 만지면서

"뜨겁다라고 ♬ 말~해 봐요 ♬ 말~해 봐요 ♬"라고 노래를 부르며 "뜨겁다."라고 말하는 시범을 보인다.

- 유아에게 교사를 모방하여 뜨거운 것을 살짝 만지며 "뜨겁다."라고 말해 보라고 한다.
- 모방하지 못하면 교사가 "뜨."라고 첫소리를 말해 준 후 유아에게 "뜨겁다."라고 말해 보라고 한다.
- 수행되면 교사가 '뜨겁다'라고 말하는 입 모양을 보여 주며 유아에게 "뜨겁다."라고 말해 보라고 한다.
- 수행되면 교사가 '뜨겁다'라는 동작을 보여 주며 유아에게 "뜨겁다."라고 말해 보라고 한다.
- 도움을 점차 줄여 간다.
- 수행되면 유아에게 뜨거운 우유를 살짝 만지며 유아 스스로 "뜨겁다."라고 말해 보라고 한다.
- 수행되면 교사가 '차가운' 우유를 제시한 후 차가운 우유를 만지면서 "차갑다라고 ♬ 말~해 봐요 ♬ 말~해 봐요 ♬"라고 노래를 부르며 "차갑다."라고 말하는 시범을 보인다.
- 유아에게 교사를 모방하여 차가운 우유를 만지며 "차갑다."라고 말해 보라고 한다.
- 모방하지 못하면 교사가 "차."라고 첫소리를 말해 준 후 유아에게 "차갑다."라고 말해 보라고 한다.
- 수행되면 교사가 '차갑다'라고 말하는 입 모양을 보여 주며 유아에게 "차갑다."라고 말해 보라고 한다.
- 수행되면 교사가 차가운 우유를 가리키며 유아에게 "차갑다."라고 말해 보라고 한다.
- 도움을 점차 줄여 간다.
- 수행되면 유아 스스로 차가운 우유를 만지며 "차갑다."라고 말해 보라고 한다.
- 수행되면 교사가 뜨거운 우유와 차가운 우유를 담은 컵을 유아 앞에 제시한 후 유

아에게 각 우유를 만지며 "뜨겁다."와 "차갑다."를 말해 보라고 한다.

- 수행되면 뜨겁고 차가운 다른 각 물건들도 같은 방법으로 지도한다.
- 수행되면 교사가 뜨겁고 차가운 다양한 물건을 제시한 후 유아 스스로 뜨거운 것을 만지며 "뜨겁다."라고 말하고, 차가운 것을 만지며 "차갑다."라고 말해 보라고 한다.
- 수행되면 유아의 특성에 맞는 적절한 강화제를 제공한다.

☞ 차가운 우유는 냉장고에 얼려 두었다가 사용하고, 뜨거운 우유는 뜨겁게 덥혀서 사용하도록 한다. 그리고 뜨거운 것을 사용할 때는 반드시 유아의 안전을 고려하도록 유의한다.

☞ 일상생활 속에서 뜨거운 것과 차가운 것을 마시거나 사용할 때 지속적으로 지도하면 효과적이다.

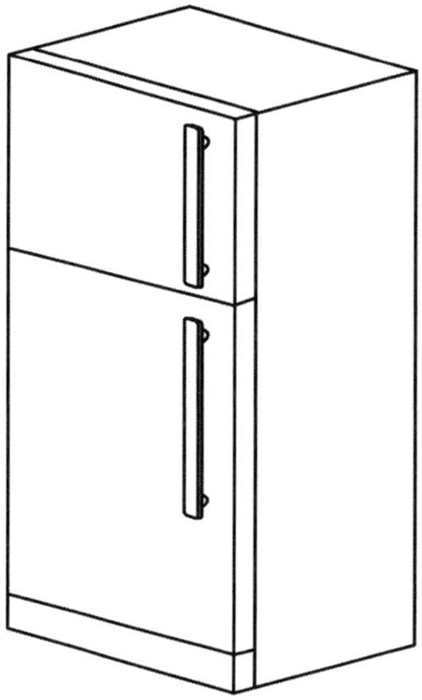

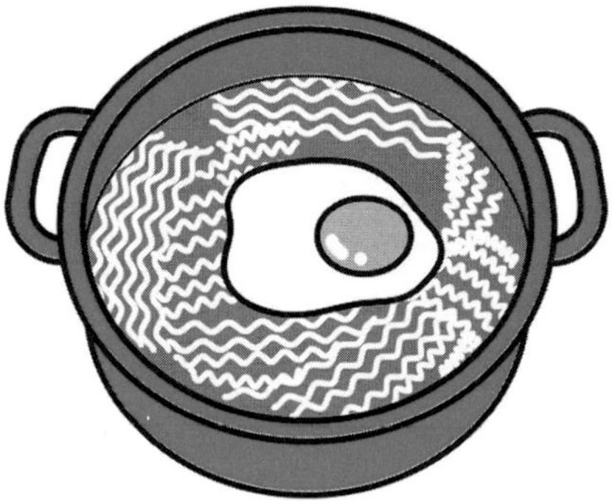

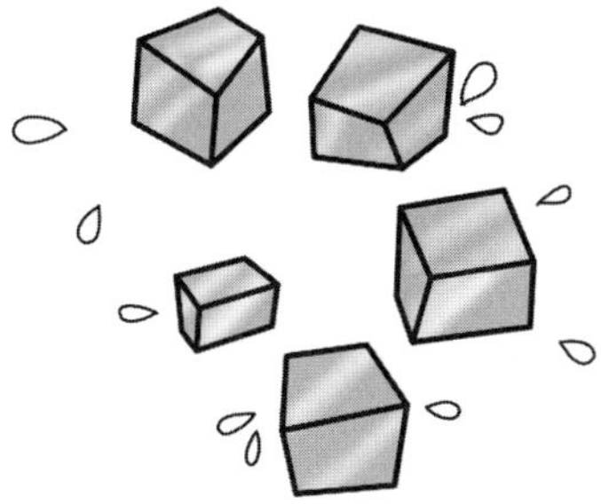

4~5
세

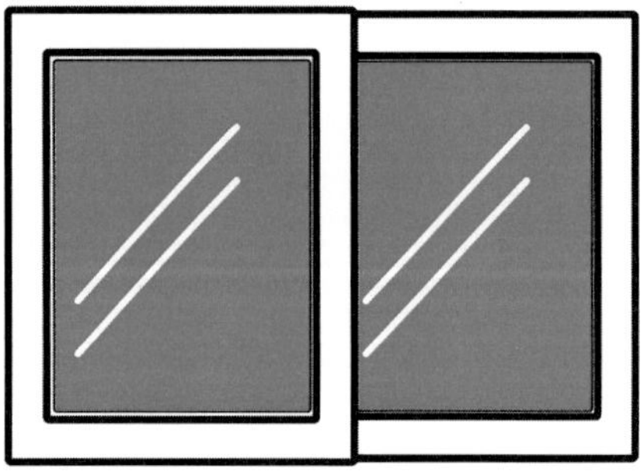

65 다섯 가지 색 말하기

4~5세

목표 | 다섯 가지 색을 말할 수 있다.

자료 | 빨간색 · 노란색 · 파란색 · 흰색 · 검은색 등의 다섯 가지 색 카드, 다섯 가지 색깔의 크레파스, 다섯 가지 색깔의 스티커, 그림자료, 강화제

방법 ❶

- 빨간색, 노란색, 파란색은 앞 단계에서 수행하였으므로 확인한 후 시행하도록 한다.
- 교사가 예를 들어 빨간색, 노란색, 파란색, 흰색, 검은색 카드를 제시한 후, 각 색의 이름을 말하는 시범을 보인다.
- 유아에게 교사를 모방하여 각 색의 이름을 말해 보라고 한다.
- 수행되면 교사가 다섯 가지 색 카드를 제시한 후 유아 스스로 각 색의 이름을 말해 보라고 한다.
- 수행되면 교사가 색 카드의 위치를 바꾸어 물어볼 때 유아 스스로 각 색의 이름을 말해 보라고 한다.
- 수행되면 유아의 특성에 맞는 적절한 강화제를 제공한다.

방법 ❷

- 빨간색, 노란색, 파란색은 앞 단계에서 수행하였으므로 확인한 후 시행하도록 한다.
- 교사가 예를 들어 하얀색 카드를 제시한 후 "하얀색을 ♬ 말~해 봐요 ♬ 말~해 봐요 ♬"라고 노래를 부르며 "하얀색."이라고 말하는 시범을 보인다.
- 유아에게 교사를 모방하여 "하얀색."이라고 말해 보라고 한다.
- 모방하지 못하면 교사가 "하."라고 첫소리를 말해 준 후 유아에게 "하얀색."이라고 말해 보라고 한다.

- 수행되면 교사가 '하얀색'이라고 말하는 입 모양을 보여 주며 유아에게 "하얀색." 이라고 말해 보라고 한다.
- 수행되면 교사가 유아에게 '눈' 또는 '눈사람'과 같은 색을 말해 보라고 한다.
- 수행되면 교사가 하얀색 카드를 가리키며 유아에게 "하얀색." 이라고 말해 보라고 한다.
- 도움을 점차 줄여 간다.
- 수행되면 유아 스스로 "하얀색." 이라고 말해 보라고 한다.
- 수행되면 교사가 예를 들어 검은색 카드를 제시한 후 "검은색을 ♬ 말~해 봐요 ♬ 말~해 봐요 ♬" 라고 노래를 부르며 "검은색." 이라고 말하는 시범을 보인다.
- 유아에게 교사를 모방하여 "검은색." 이라고 말해 보라고 한다.
- 모방하지 못하면 교사가 "검." 이라고 첫소리를 말해 준 후 유아에게 "검은색." 이라고 말해 보라고 한다.
- 수행되면 교사가 '검은색'이라고 말하는 입 모양을 보여 주며 유아에게 "검은색." 이라고 말해 보라고 한다.
- 도움을 점차 줄여 간다.
- 수행되면 유아 스스로 "검은색." 이라고 말해 보라고 한다.
- 수행되면 교사가 흰색과 검은색을 제시한 후 각 색을 물어볼 때 유아 스스로 "흰색." 과 "검은색." 이라고 말해 보라고 한다.
- 수행되면 교사가 다섯 가지 색 카드를 제시한 후 유아 스스로 각 색의 이름을 말해 보라고 한다.
- 수행되면 교사가 색 카드의 위치를 다양하게 바꾸어 물어볼 때 유아 스스로 각 색의 이름을 말해 보라고 한다.
- 수행되면 유아의 특성에 맞는 적절한 강화제를 제공한다.

방법 ❸

- 빨간색, 노란색, 파란색은 앞 단계에서 수행하였으므로 확인한 후 시행하도록 한다.
- 교사가 예를 들어 눈사람 그림을 제시한 후 "하얀색을 ♬ 색칠해~요 ♬ 색칠해~요 ♬"라고 노래를 부르며 하얀색을 색칠하면서 "하얀색."이라고 말하는 시범을 보인다.
- 유아에게 교사를 모방하여 눈사람 그림에 하얀색을 색칠하면서 "하얀색."이라고 말해 보라고 한다.
- 모방하지 못하면 교사가 "하."라고 첫소리를 말해 준 후 유아에게 "하얀색."이라고 말해 보라고 한다.
- 수행되면 교사가 '하얀색'이라고 말하는 입 모양을 보여 주며 유아에게 "하얀색."이라고 말해 보라고 한다.
- 도움을 점차 줄여 간다.
- 수행되면 유아 스스로 "하얀색."이라고 말해 보라고 한다.
- 수행되면 교사가 예를 들어 자동차 그림을 제시한 후 "검은색을 ♬ 색칠해~요 ♬ 색칠해~요 ♬"라고 노래를 부르며 자동차 그림에 검은색을 색칠하면서 "검은색."이라고 말하는 시범을 보인다.
- 유아에게 교사를 모방하여 자동차 그림에 검은색을 색칠하면서 "검은색."이라고 말해 보라고 한다.
- 모방하지 못하면 하얀색을 지도한 것과 같은 방법으로 지도한다.
- 수행되면 유아 스스로 "검은색."이라고 말해 보라고 한다.
- 수행되면 교사가 다섯 가지 색 카드를 제시한 후 유아 스스로 각 색의 이름을 말해 보라고 한다.
- 수행되면 교사가 색 카드의 위치를 다양하게 바꾸어 물어볼 때 유아 스스로 각 색의 이름을 말해 보라고 한다.
- 수행되면 유아의 특성에 맞는 적절한 강화제를 제공한다.

방법 ❹

- 빨간색, 노란색, 파란색은 앞 단계에서 수행하였으므로 확인한 후 시행하도록 한다.
- 교사가 사과(딸기), 바나나, 도라지꽃, 눈사람, 자동차 그림을 제시한 후 교사가 각 그림에 '빨간색(사과)' '노란색(바나나)' '파란색(도라지 꽃)' '하얀색(눈사람)' '검은색(자동차)' 스티커를 붙이면서 "빨간색." "노란색." "파란색." "하얀색." "검은색." 이라고 말하는 시범을 보인다.
- 유아에게 교사를 모방하여 각 그림에 '빨간색' '노란색' '파란색' '하얀색' '검은색' 스티커를 붙이면서 "빨간색." "노란색." "파란색." "하얀색." "검은색." 이라고 말해 보라고 한다.
- 모방하지 못하면 교사가 예를 들어 눈사람 그림을 제시한 후 "하얀색을 ♬ 붙여 봐~요 ♬ 붙여 봐~요 ♬" 라고 노래를 부르며 눈사람 그림에 하얀색 스티커를 붙이면서 "하얀색." 이라고 말하는 시범을 보인다.
- 유아에게 교사를 모방하여 눈사람 그림에 하얀색 스티커를 붙이면서 "하얀색." 이라고 말해 보라고 한다.
- 모방하지 못하면 교사가 "하." 라고 첫 글자를 말해 준 후 유아에게 "하얀색." 이라고 말해 보라고 한다.
- 도움을 점차 줄여 간다.
- 수행되면 유아 스스로 "하얀색." 이라고 말해 보라고 한다.
- 수행되면 하얀색을 지도한 것과 같은 방법으로 '검은색'을 지도한다.
- 수행되면 유아의 특성에 맞는 적절한 강화제를 제공한다.

66 '앞'과 '뒤' 말하기

4~5세

목표 | '앞'과 '뒤'를 말할 수 있다.

자료 | 티셔츠, 상자, 인형, 앞, 뒤와 관련된 그림자료, 강화제

방법 ❶

- 교사가 '앞' 및 '뒤'와 관련된 여러 개의 물건을 유아에게 제시한 후 교사가 '앞' 면을 가리키며 "앞."이라고 말하고, '뒤' 면을 가리키며 "뒤."라고 말하는 시범을 보인다.
- 유아에게 교사를 모방하여 교사가 '앞' 면을 가리킬 때 "앞."이라고 말하고, '뒤' 면을 가리킬 때 "뒤."라고 말해 보라고 한다.
- 수행되면 교사가 '앞' 면을 가리킬 때 유아 스스로 "앞."이라고 말하고, '뒤' 면을 가리킬 때 "뒤."라고 말해 보라고 한다.
- 수행되면 유아의 특성에 맞는 적절한 강화제를 제공한다.

방법 ❷

- 교사가 예를 들어 티셔츠를 유아 앞에 제시한 후 그림이 있는 '앞' 면을 가리키며 "앞."이라고 말하고, '뒤' 면을 가리키며 "뒤."라고 말하는 시범을 보인다.
- 유아에게 교사를 모방하여 교사가 '앞' 면을 가리킬 때 "앞."이라고 말하고, '뒤' 면을 가리킬 때 "뒤."라고 말해 보라고 한다.
- 모방하지 못하면 교사가 티셔츠의 '앞' 면을 제시한 후 "앞이라고 ♬ 말~해 봐요 ♬ 말~해 봐요 ♬"라고 노래를 부르며 "앞."이라고 말하는 시범을 보인다.
- 유아에게 교사를 모방하여 "앞."이라고 말해 보라고 한다.
- 모방하지 못하면 교사가 "아."라고 말해 준 후 유아에게 "앞."이라고 말해 보라고 한다.

- 수행되면 교사가 '앞'이라고 말하는 입 모양을 보여 주며 유아에게 "앞."이라고 말해 보라고 한다.
- 도움을 점차 줄여 간다.
- 수행되면 유아 스스로 티셔츠의 '앞' 면을 가리키며 "앞."이라고 말해 보라고 한다.
- 수행되면 교사가 티셔츠의 '뒤' 면을 제시한 후 "뒤라고 ♬ 말~해 봐요 ♬ 말~해 봐요 ♬"라고 노래를 부르며 "뒤."라고 말하는 시범을 보인다.
- 유아에게 교사를 모방하여 "뒤."라고 말해 보라고 한다.
- 모방하지 못하면 교사가 "뒤."라고 반복하여 말해 준 후 유아에게 "뒤."라고 말해 보라고 한다.
- 수행되면 교사가 '뒤'라고 말하는 입 모양을 보여 주며 유아에게 "뒤."라고 말해 보라고 한다.
- 도움을 점차 줄여 간다.
- 수행되면 유아 스스로 티셔츠의 '뒤' 면을 가리키며 "뒤."라고 말해 보라고 한다.
- 수행되면 교사가 티셔츠의 '앞' 면을 가리킬 때 유아 스스로 "앞."이라고 말하고, '뒤' 면을 가리킬 때 "뒤."라고 말해 보라고 한다.
- 수행되면 다른 물건들도 같은 방법으로 지도한 후 유아에게 각 물건의 '앞'과 '뒤'를 말해 보라고 한다.
- 수행되면 유아의 특성에 맞는 적절한 강화제를 제공한다.

방법 ❸

- 교사가 예를 들어 상자와 인형을 제시한 후 상자 앞에 인형을 놓으면서 "앞."이라고 말하고, 상자 뒤에 인형을 놓으면서 "뒤."라고 말하는 시범을 보인다.
- 교사가 상자 앞에 인형을 놓으면 유아가 교사를 모방하여 "앞."이라고 말하고, 상자 뒤에 인형을 놓으면서 "뒤."라고 말해 보라고 한다.
- 모방하지 못하면 교사가 상자 앞에 인형을 놓으면서 "앞~에 ♬ 앞~에 앞~에 ♬ 앞, 앞, 앞, ♬ 앞이라고 말~해 봐요 ♬ 말~해 봐요 ♬"라고 노래를 부르며 "앞."

이라고 말하는 시범을 보인다.

- 유아에게 교사를 모방하여 "앞." 이라고 말해 보라고 한다.
- 모방하지 못하면 교사가 "앞." 이라고 반복하여 말해 준 후 유아에게 "앞." 이라고 말해 보라고 한다.
- 수행되면 교사가 "아." 라고 말해 준 후 유아에게 "앞." 이라고 말해 보라고 한다.
- 수행되면 교사가 '앞' 이라고 말하는 입 모양을 보여 주며 유아에게 "앞." 이라고 말해 보라고 한다.
- 도움을 점차 줄여 간다.
- 수행되면 유아 스스로 "앞." 이라고 말해 보라고 한다.
- 수행되면 교사가 상자 뒤에 인형을 놓으면서 "뒤~에 ♬ 뒤~에 뒤~에 ♬ 뒤, 뒤, 뒤, ♬ 뒤라고 말~해 봐요 ♬ 말~해 봐요 ♬" 라고 노래를 부르며 "뒤." 라고 말하는 시범을 보인다.
- 유아에게 교사를 모방하여 "뒤." 라고 말해 보라고 한다.
- 모방하지 못하면 교사가 "뒤." 라고 반복하여 말해 준 후 유아에게 "뒤." 라고 말해 보라고 한다.
- 수행되면 교사가 '뒤' 라고 말하는 입 모양을 보여 주며 유아에게 "뒤." 라고 말해 보라고 한다.
- 도움을 점차 줄여 간다.
- 수행되면 유아 스스로 "뒤." 라고 말해 보라고 한다.
- 수행되면 교사가 상자 '앞' 에 인형을 놓을 때 유아 스스로 "앞." 이라고 말하고, 상자 '뒤' 에 인형을 놓을 때 "뒤." 라고 말해 보라고 한다.
- 수행되면 다른 물건들도 같은 방법으로 지도한 후 유아에게 각 물건의 '앞' 과 '뒤' 를 말해 보라고 한다.
- 수행되면 유아의 특성에 맞는 적절한 강화제를 제공한다.

☞ 위 방법 외에도, 예를 들어 티셔츠의 앞면 혹은 뒷면에 스티커를 붙이게 하거나 각 그림의 앞면

혹은 뒷면에 동그라미를 그리도록 지도하는 방법도 있다.

☞ 교구로 제작하여 사용하면 편리하다. 예를 들어, 상자(소파)와 인형(블록, 강아지) 그림을 오려서 사용하거나 복사하여 상자(소파)와 인형(블록, 강아지) 그림 뒷면에는 까슬이를 붙이고, 하드보드지에는 보슬이를 붙이면 된다. 붙였다 뗐다 할 수 있으므로 '앞'과 '뒤'의 위치를 다양하게 바꾸어 지도할 수 있다. 하드보드지는 문구점에서 구입이 가능하다.

67 화장실에 있는 물건 말하기

4~5세

목표 | 화장실에 있는 물건의 이름을 말할 수 있다.

자료 | 휴지, 비누, 칫솔, 치약 수건 등의 실물 및 그림자료, 강화제

방법 ❶

- 교사가 휴지, 비누, 칫솔, 치약 등을 제시한 후 각 물건의 이름을 말하는 시범을 보인다.
- 유아에게 교사를 모방하여 각 물건의 이름을 말해 보라고 한다.
- 수행되면 유아 스스로 각 물건의 이름을 말해 보라고 한다.
- 수행되면 교사가 각 물건의 위치를 바꾸어 놓은 후 유아에게 각 물건의 이름을 말해 보라고 한다.
- 수행되면 유아의 특성에 맞는 적절한 강화제를 제공한다.

방법 ❷

- 교사가 예를 들어 휴지를 제시한 후 "휴지라고 ♬ 말해 봐~요 ♬ 말해 봐~요 ♬" 라고 노래를 부르며 "휴지."라고 말하는 시범을 보인다.
- 유아에게 교사를 모방하여 "휴지."라고 말해 보라고 한다.
- 모방하지 못하면 교사가 "휴."라고 말하는 시범을 보인다.
- 유아에게 교사를 모방하여 "휴."라고 말해 보라고 한다.
- 모방하지 못하면 교사가 '휴'라고 말하는 입 모양을 보여 주며 유아에게 "휴."라고 말해 보라고 한다.
- 수행되면 유아 스스로 "휴."라고 말해 보라고 한다.
- 수행되면 교사가 "지."라고 말하는 시범을 보인다.
- 유아에게 교사를 모방하여 "지."라고 말해 보라고 한다.

- 모방하지 못하면 교사가 '지'라고 말하는 입 모양을 보여 주며 유아에게 "지."라고 말해 보라고 한다.
- 도움을 점차 줄여 간다.
- 수행되면 유아 스스로 "지."라고 말해 보라고 한다.
- 수행되면 교사가 "휴지."라고 말하는 시범을 보인 후 유아에게 교사를 모방하여 "휴지."라고 말해 보라고 한다.
- 수행되면 유아 스스로 "휴지."라고 말해 보라고 한다.
- 수행되면 교사가 "비~누라고 ♬ 말해 봐~요 ♬ 말해 봐~요 ♬"라고 노래 부르며 "비누."라고 말하는 시범을 보인다.
- 유아에게 교사를 모방하여 "비누."라고 말해 보라고 한다.
- 모방하지 못하면 '휴지'를 지도한 것과 같은 방법으로 지도한다.
- 수행되면 유아 스스로 "비누."라고 말해 보라고 한다.
- 수행되면 교사가 '휴지'와 '비누'를 제시한 후 유아에게 각 물건의 이름을 말해 보라고 한다.
- 수행되면 교사가 '휴지'와 '비누'의 위치를 바꾸어 놓은 후 각 물건의 이름을 물어볼 때 유아 스스로 "휴지."와 "비누."라고 말해 보라고 한다.
- 수행하면 다른 물건들도 같은 방법으로 지도한 후 각 물건들의 위치를 다양하게 바꾸어 놓고 유아에게 각 물건의 이름을 말해 보라고 한다.
- 수행되면 유아의 특성에 맞는 적절한 강화제를 제공한다.

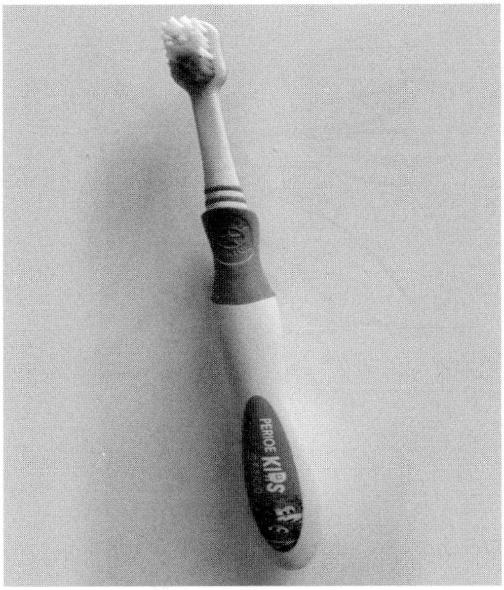
PERIOE KIDS

죽염

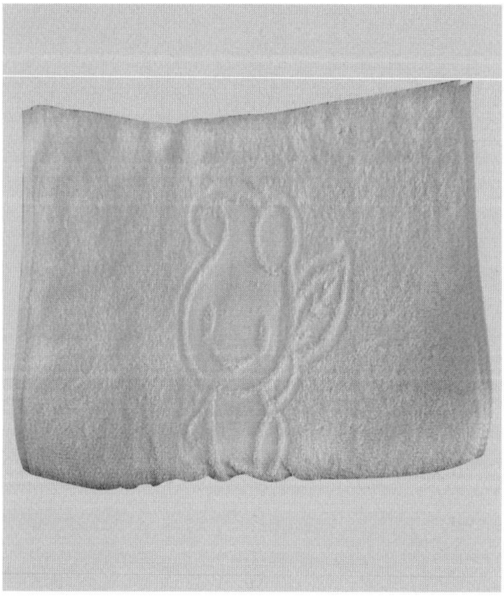

68 "가볍다."와 "무겁다." 말하기

4~5세

목표 | "가볍다."와 "무겁다."를 말할 수 있다

자료 | 우유 팩 두 개, 상자 두 개, 컵 두 개, 강화제

방법 ①

- 교사가 예를 들어 '빈 우유 팩'과 '모래를 담은 우유 팩'을 제시한 후 빈 우유 팩을 들고 "가볍다."라고 말하고, 모래를 담은 우유 팩을 들고 "무겁다."라고 말하는 시범을 보인다.
- 유아에게 교사를 모방하여 빈 우유 팩을 들고 "가볍다."라고 말하고, 모래를 담은 우유 팩을 들고 "무겁다."라고 말해 보라고 한다.
- 수행되면 유아 스스로 빈 우유 팩을 들고 "가볍다."라고 말하고, 모래를 담은 우유 팩을 들고 "무겁다."라고 말해 보라고 한다.
- 수행되면 가볍고 무거운 다른 물건들도 유아 스스로 각각 "가볍다."와 "무겁다"를 말할 수 있는지 확인한다.
- 수행되면 유아의 특성에 맞는 적절한 강화제를 제공한다.

방법 ②

- 교사가 예를 들어 빈 우유 팩과 모래를 담은 우유 팩을 제시한 후 빈 우유 팩을 들고 "가볍다."라고 말하고, 모래를 담은 우유 팩을 들고 "무겁다."라고 말하는 시범을 보인다.
- 유아에게 교사를 모방하여 빈 우유 팩을 들고 "가볍다."라고 말하고, 모래를 담은 우유 팩을 들고 "무겁다."라고 말해 보라고 한다.
- 모방하지 못하면 교사가 빈 우유 팩을 들고 "가~볍다 ♬ 가~볍다 ♬ 말~해 봐요 ♬ 말~해 봐요 ♬"라고 노래를 부르며 "가볍다."라고 말하는 시범을 보인다.

- 유아에게 교사를 모방하여 빈 우유 팩을 들고 "가볍다."라고 말해 보라고 한다.
- 모방하지 못하면 교사가 "가."라고 첫소리를 말해 준 후 유아에게 "가볍다."라고 말해 보라고 한다.
- 수행되면 교사가 '가볍다'라고 말하는 입 모양을 보여 주며 유아에게 "가볍다."라고 말해 보라고 한다.
- 도움을 점차 줄여 간다.
- 수행되면 유아 스스로 빈 우유 팩을 들고 "가볍다."라고 말해 보라고 한다.
- 수행되면 교사가 모래를 담은 우유 팩을 들고"무~겁다 ♬ 무~겁다 ♬ 말~해 봐요 ♬ 말~해 봐요 ♬"라고 노래를 부르며 "무겁다."라고 말하는 시범을 보인다.
- 유아에게 교사를 모방하여 모래를 담은 우유 팩을 들고 "무겁다."라고 말해 보라고 한다.
- 모방하지 못하면 교사가 "무."라고 첫소리를 말해 준 후 유아에게 "무겁다."라고 말해 보라고 한다.
- 수행되면 교사가 '무겁다'라고 말하는 입 모양을 보여 주며 유아에게 "무겁다."라고 말해 보라고 한다.
- 도움을 점차 줄여 간다.
- 수행되면 유아 스스로 모래를 담은 우유 팩을 들고 "무겁다."라고 말해 보라고 한다.
- 수행되면 유아 스스로 빈 우유 팩을 들고 "가볍다."라고 말하고, 모래를 담은 우유 팩을 들고 "무겁다."라고 말해 보라고 한다.
- 수행되면 가볍고 무거운 다른 물건들도 유아 스스로 각각 "가볍다."와 "무겁다."를 말할 수 있는지 확인한다.
- 수행되면 유아의 특성에 맞는 적절한 강화제를 제공한다.

☞ 수행되면 가벼운 그림이나 혹은 무거운 그림 중 교사의 지시에 따라 스티커를 붙이게 하거나 동그라미를 그리게 해서 확인해 보도록 한다.

☞ 교구로 제작하여 사용하면 편리하다. 다음 그림을 오리거나 복사하여 시소가 기울어진 곳에는 무거운 동물을, 올라간 곳에는 가벼운 동물을 붙이도록 하면 된다. 각 그림 뒷면에는 까슬이를 붙이고, 하드보드지에는 보슬이를 붙이면 된다. 붙였다 뗐다 할 수 있으므로 가벼운 것과 무거운 것의 위치를 다양하게 바꾸어 지도할 수 있다. 하드보드지는 문구점에서 구입이 가능하다.

69 "높다."와 "낮다." 표현하기

4~5세

목표 | "높다."와 "낮다."를 말할 수 있다.

자료 | 1000ml · 500ml · 200ml 우유 팩, 장난감 집, 강화제

방법 ❶

- 교사가 높고 낮은 여러 개의 물건을 유아에게 제시한 후 '높은 것'을 가리키며 "높다."라고 말하고, '낮은 것'을 가리키며 "낮다."라고 말하는 시범을 보인다.
- 유아에게 교사를 모방하여 교사가 높은 것을 가리킬 때 "높다."라고 말하고, '낮은 것'을 가리킬 때 "낮다."라고 말해 보라고 한다.
- 수행되면 교사가 높은 것을 가리킬 때 유아 스스로 "높다."라고 말하고, '낮은 것'을 가리킬 때 "낮다."라고 말해 보라고 한다.
- 수행되면 유아의 특성에 맞는 적절한 강화제를 제공한다.

방법 ❷

- 교사가 예를 들어 1000ml와 200ml 우유 팩을 제시한 후 1000ml 우유 팩을 가리키며 "높다."라고 말하고, 200ml 우유 팩을 가리키며 "낮다."라고 말하는 시범을 보인다.
- 유아에게 교사를 모방하여 교사가 1000ml 우유 팩을 가리킬 때 "높다."라고 말하고, 200ml 우유 팩을 가리킬 때 "낮다."라고 말해 보라고 한다.
- 말하지 못하면 교사가 1000ml 우유 팩을 가리키며 "높다라고 ♬ 말~해 봐요 ♬ 말~해 봐요 ♬"라고 노래를 부르며 "높다."라고 말하는 시범을 보인다.
- 유아에게 교사를 모방하여 "높다."라고 말해 보라고 한다.
- 모방하지 못하면 교사가 "높."이라고 첫소리를 말해 준 후 유아에게 "높다."라고 말해 보라고 한다.

- 수행되면 교사가 '높다'라고 말하는 입 모양을 보여 주며 유아에게 "높다."라고 말해 보라고 한다.
- 수행되면 교사가 팔을 위로 높이 올리면서 '높다'라는 몸짓을 보여 주며 유아에게 "높다."라고 말해 보라고 한다.
- 도움을 점차 줄여 간다.
- 수행되면 유아 스스로 1000ml 우유 팩을 가리키며 "높다."라고 말해 보라고 한다.
- 수행되면 교사가 예를 들어 200ml 우유 팩을 가리키며 "낮다라고 ♬ 말~해 봐요 ♬ 말~해 봐요 ♬"라고 노래를 부르며 "낮다."라고 말하는 시범을 보인다.
- 유아에게 교사를 모방하여 "낮다."라고 말해 보라고 한다.
- 모방하지 못하면 교사가 "낮."이라고 첫소리를 말해 준 후 유아에게 "낮다."라고 말해 보라고 한다.
- 수행되면 교사가 '낮다'라고 말하는 입 모양을 보여 주며 유아에게 "낮다."라고 말해 보라고 한다.
- 수행되면 교사가 팔을 위에서 아래로 쭉 내리면서 '낮다'라는 몸짓을 보여 주며 유아에게 "낮다."라고 말해 보라고 한다.
- 도움을 점차 줄여 간다.
- 수행되면 유아 스스로 200ml 우유 팩을 가리키며 "낮다."라고 말해 보라고 한다.
- 수행되면 교사가 1000ml 우유 팩을 가리킬 때 유아 스스로 "높다."라고 말하고, 200ml 우유 팩을 가리킬 때 "낮다."라고 말해 보라고 한다.
- 수행되면 다른 높고 낮은 물건들도 우유 팩을 지도한 것과 같은 방법으로 지도한다.
- 수행되면 교사가 다른 물건들도 높은 것을 가리킬 때 유아 스스로 "높다."라고 말하고, '낮은 것'을 가리킬 때 "낮다."라고 말해 보라고 한다.
- 수행되면 유아의 특성에 맞는 적절한 강화제를 제공한다.

☞ 수행되면 예를 들어 1000ml 우유 팩과 500ml 우유 팩, 500ml 우유 팩과 200ml 우유 팩으로도 높고 낮은 것을 말할 수 있는지 확인하도록 한다.

☞ 수행되면 근소하게 높낮이가 차이 나는 물건을 가지고 높고 낮은 것을 말할 수 있는지 확인하도록 한다.

☞ 높은 그림이나 또는 낮은 그림에 스티커를 붙이게 하거나 동그라미를 그리게 하는 방법으로 지도해도 효과적이다.

☞ 교구로 제작하여 사용하면 편리하다. 예를 들어, 다음 그림을 오려서 사용하거나 복사하여 각 그림 뒷면에는 까슬이를 붙이고, 하드보드지에는 보슬이를 붙이면 된다. 붙였다 뗐다 할 수 있으므로 '높은 것' 과 '낮은 것' 의 위치를 다양하게 바꾸어 지도할 수 있다. 하드보드지는 문구점에서 구입이 가능하다.

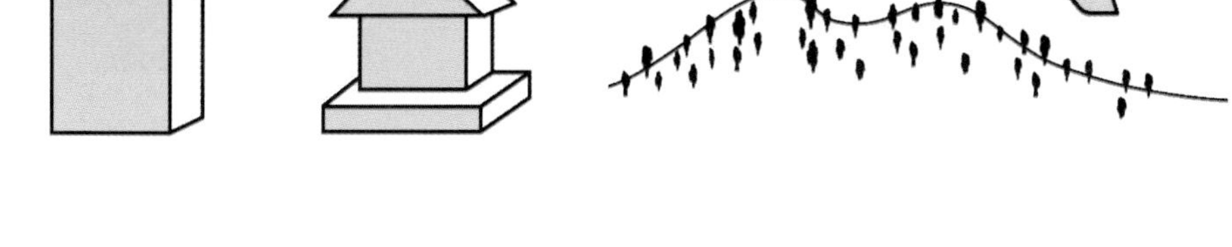

아파트

70 두 가지 촉감 가리키기

4~5세

목표 | 두 가지 촉감을 가리킬 수 있다.

자료 | 사포, 극세사(부드러운 털 종류), 솜, 콩 등, 비밀주머니, 강화제

방법 ❶

- 교사가 예를 들어 사포와 극세사(부드러운 털 종류)를 제시한 후 사포를 만지면서 "꺼칠하다."라고 말하고, 극세사를 만지면서 "부드럽다."라고 말하는 시범을 보인다.
- 유아에게 교사를 모방하여 사포를 만지면서 "꺼칠하다."라고 말하고, 극세사를 만지면서 "부드럽다."라고 말해 보라고 한다.
- 수행되면 유아 스스로 사포를 만지면서 "꺼칠하다."라고 말하고, 극세사를 만지면서 "부드럽다."라고 말해 보라고 한다.
- 수행되면 유아의 특성에 맞는 적절한 강화제를 제공한다.

방법 ❷

- 교사가 예를 들어 사포와 극세사(부드러운 털 종류)를 제시한 후 사포를 만지면서 "꺼칠하다."라고 말하고, 극세사를 만지면서 "부드럽다."라고 말하는 시범을 보인다.
- 유아에게 교사를 모방하여 사포를 만지면서 "꺼칠하다."라고 말하고, 극세사를 만지면서 "부드럽다."라고 말해 보라고 한다.
- 말하지 못하면 교사가 사포를 만지면서 "꺼칠하다고 ♬ 말~해 봐요 ♬ 말~해 봐요 ♬"라고 노래를 부르며 "꺼칠하다."라고 말하는 시범을 보인다.
- 유아에게 교사를 모방하여 "꺼칠하다."라고 말해 보라고 한다.
- 모방하지 못하면 교사가 "꺼칠하다."라고 반복하여 말해 준 후 유아에게 "꺼칠하다."라고 말해 보라고 한다.
- 모방하지 못하면 교사가 "꺼칠."이라고 말해 준 후 유아에게 "하다."라고 말해 보라고 한다.

- 수행되면 교사가 "꺼." 라고 첫소리를 말해 준 후 유아에게 "꺼칠하다." 라고 말해 보라고 한다.
- 수행되면 교사가 '꺼칠하다' 라고 말하는 입 모양을 보여 주며 유아에게 "꺼칠하다." 라고 말해 보라고 한다.
- 도움을 점차 줄여 간다.
- 수행되면 유아 스스로 사포를 만지면서 "꺼칠하다." 라고 말해 보라고 한다.
- 수행되면 교사가 극세사를 만지면서 "부드럽다고 ♬ 말~해 봐요 ♬ 말~해 봐요 ♬" 라고 노래를 부르며 "부드럽다." 라고 말하는 시범을 보인다.
- 유아에게 교사를 모방하여 "부드럽다." 라고 말해 보라고 한다.
- 모방하지 못하면 교사가 "부드럽다." 라고 반복하여 말해 준 후 유아에게 "부드럽다." 라고 말해 보라고 한다.
- 모방하지 못하면 교사가 "부." 라고 첫소리를 말해 준 후 유아에게 "부드럽다." 라고 말해 보라고 한다.
- 수행되면 교사가 '부드럽다' 라고 말하는 입 모양을 보여 주며 유아에게 "부드럽다." 라고 말해 보라고 한다.
- 도움을 점차 줄여 간다.
- 수행되면 유아 스스로 극세사를 만지면서 "부드럽다." 라고 말해 보라고 한다.
- 수행되면 교사가 '사포' 와 '극세사' 를 제시한 후 유아 스스로 사포를 만지면서 "꺼칠하다." 라고 말하고, 극세사를 만지면서 "부드럽다." 라고 말해 보라고 한다.
- 수행되면 유아의 특성에 맞는 적절한 강화제를 제공한다.

☞ 비밀주머니에 사포와 극세사(부드러운 털 종류)를 넣은 후 교사가 눈을 감고 사포를 꺼내면서 "꺼칠하다." 라고 말하고 극세사를 꺼내면서 "부드럽다." 라고 말하는 시범을 보인 후 유아에게 위와 같은 방법으로 지도해도 된다.

☞ 큰 사각 스카프를 활용하여 스카프 가장자리에 구멍을 낸 후 구멍에 끈을 끼워서 당기면 비밀

주머니가 만들어진다. 비밀주머니를 만들기 힘들면 상자나, 모자, 가방 등을 활용하면 된다.

☞ 교구점(예: 보육사, 교육산업)에서 판매되고 있는 다음 그림과 같은 촉감교구 및 서점에서 판매되고 있는 촉감책을 활용해서 지도하거나 집에서 쉽게 구할 수 있는 촉감자료들을 활용하여 지도하면 된다.

4~5
세

71 동작동사 사용하기

4~5세

목표 | 동작동사를 사용할 수 있다.

자료 | 동작동사카드(예: 머리 빗는 그림 등), 강화제

방법 ❶

- 교사가 동작동사카드를 제시한 후 각 동작을 말하는 시범을 보인다.
- 유아에게 교사를 모방하여 동작동사카드를 보면서 각 동작을 말해 보라고 한다.
- 수행되면 유아 스스로 동작동사카드를 보면서 각 동작을 말해 보라고 한다.
- 수행되면 교사가 각 동작동사카드의 위치를 바꾸어 놓은 후 유아에게 각 동작을 말해 보라고 한다.
- 수행되면 유아의 특성에 맞는 적절한 강화제를 제공한다.

방법 ❷

- 교사가 동작동사카드를 제시한 후 각 동작을 말하는 시범을 보인다.
- 유아에게 교사를 모방하여 동작동사카드를 보면서 각 동작을 말해 보라고 한다.
- 모방하지 못하면 교사가 예를 들어 ○○가 머리 빗는 그림을 보여 주며 "○○가 머리 빗어요."라고 말하는 시범을 보인다.
- 교사가 유아에게 "○○가 뭐 하고 있어요?"라고 물어볼 때 교사를 모방하여 "머리 빗어요."라고 말해 보라고 한다.
- 말하지 못하면 교사가 "머리."라고 말해 준 후 유아에게 "빗어요."라고 말해 보라고 한다.
- 수행되면 교사가 "머."라고 첫소리를 말해 준 후 유아에게 "머리 빗어요."라고 말해 보라고 한다.
- 수행되면 교사가 '머리 빗어요'라고 말하는 입 모양을 보여 주며 유아에게 "머리

빗어요."라고 말해 보라고 한다.

- 수행되면 교사가 머리 빗는 동작을 보여 주며 유아에게 "머리 빗어요."라고 말해 보라고 한다.
- 도움을 점차 줄여 간다.
- 수행되면 유아 스스로 "머리 빗어요."라고 말해 보라고 한다.
- 수행되면 교사가 예를 들어 ○○가 신발 신는 그림을 보여 주며 "신발 신어요."라고 말하는 시범을 보인다.
- 교사가 유아에게 "○○가 뭐 하고 있어요?"라고 물어볼 때 교사를 모방하여 "신발 신어요."라고 말해 보라고 한다.
- 말하지 못하면 교사가 "신발."이라고 말해 준 후 유아에게 "신발 신어요."라고 말해 보라고 한다.
- 수행되면 교사가 "신."이라고 첫소리를 말해 준 후 유아에게 "신발 신어요."라고 말해 보라고 한다.
- 수행되면 교사가 '신발 신어요'라고 말하는 입 모양을 보여 주며 유아에게 "신발 신어요."라고 말해 보라고 한다.
- 교사가 신발 신는 동작을 보여 주며 유아에게 "신발 신어요."라고 말해 보라고 한다.
- 도움을 점차 줄여 간다.
- 수행되면 유아 스스로 "신발 신어요."라고 말해 보라고 한다.
- 수행되면 교사가 머리 빗는 그림과 신발 신는 그림을 제시한 후 각 동작을 물어볼 때 유아 스스로 머리 빗는 그림을 가리키며 "머리 빗어요."라고 말하고, 신발 신는 그림을 가리키며 "신발 신어요."라고 말해 보라고 한다.
- 수행되면 다른 동작동사카드들도 같은 방법으로 지도한 후 유아에게 각 동작동사를 말해 보라고 한다.
- 수행되면 교사가 각 동작동사 그림의 위치를 바꾸어 놓은 후 유아 스스로 각 동작동사를 말해 보라고 한다.
- 수행되면 유아의 특성에 맞는 적절한 강화제를 제공한다.

☞ 각 동작동사카드에 유아, 엄마, 아빠, 누나(오빠), 동생의 사진을 붙여 사용하면 유아가 흥미로워 하므로 효과적으로 지도할 수 있다.

☞ 동작동사카드는 집에서 가족을 대상으로 다양한 장면(예: 노래 부르는 것, 세수하는 것, 주스 마시는 것, 과일 먹는 것 등)을 찍어서 사용하거나 동화책, 잡지 등에서 오려서 사용하면 된다.

☞ 다양한 동작동사카드는 유아교육 교구점(예: 보육사, 교육산업 등)이나 서점에서 시판되고 있으므로 쉽게 구입할 수 있다.

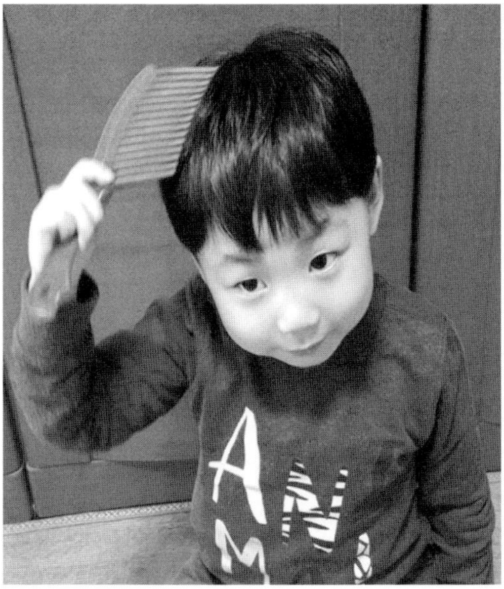

OH-68

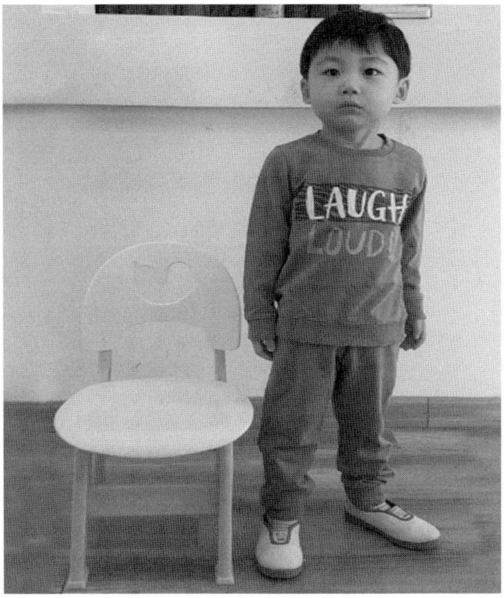

4~5
세

LAUGH

LAUGH

72 필요한 도구와 기구 말하기 I

4~5세

목표 | 필요한 도구나 기구를 말할 수 있다.

자료 | 필요한 물건이 빠진 그림, 필요한 물건의 실물(그림), 강화제

방법 ❶

- 교사가 필요한 도구나 기구가 없는 그림(예: 치약을 들고 있는데 칫솔이 없는 그림)과 필요한 물건의 실물 및 그림(예: 칫솔)을 제시한 후 유아에게 각 상황에 필요한 도구나 기구를 설명해 준다.
- 교사가 각각의 상황에 필요한 도구나 기구를 말하는 시범을 보인다.
- 유아에게 교사를 모방하여 각각의 상황에 필요한 도구나 기구를 말해 보라고 한다.
- 수행되면 유아 스스로 각각의 상황에 필요한 도구나 기구를 말해 보라고 한다.
- 수행되면 유아의 특성에 맞는 적절한 강화제를 제공한다.

방법 ❷

- 교사가 예를 들어 치약을 들고 있는데 칫솔이 없는 그림을 보여 주면서 무엇이 필요한지 물어본 후 "칫솔." 이라고 말하는 시범을 보인다.
- 교사가 "치약이 있는데 뭐가 필요해요(없어요)?" 라고 물어볼 때 유아에게 교사를 모방하여 "칫솔." 이라고 말해 보라고 한다.
- 말하지 못하면 교사가 "칫솔." 이라고 반복하여 말해 준 후 유아에게 "칫솔." 이라고 말해 보라고 한다.
- 수행되면 교사가 "칫." 이라고 첫소리를 말해 준 후 유아에게 "칫솔." 이라고 말해 보라고 한다.
- 수행되면 교사가 '칫솔' 이라고 말하는 입 모양을 보여 주며 유아에게 "칫솔." 이라고 말해 보라고 한다.

- 수행되면 교사가 "치카, 치카 할 때 무엇으로 해요?" 라고 물어볼 때 유아에게 "칫솔." 이라고 말해 보라고 한다.
- 수행되면 교사가 이 닦는 동작을 보여 주며 유아에게 "칫솔." 이라고 말해 보라고 한다.
- 도움을 점차 줄여 간다.
- 수행되면 교사가 치약을 들고 있는데 칫솔이 없는 그림을 보여 주면서 무엇이 필요한지 물어볼 때 유아 스스로 "칫솔." 이라고 말해 보라고 한다.
- 수행되면 교사가 예를 들어 종이를 자르려고 하는데 가위가 없는 그림을 보여 주면서 무엇이 필요한지 물어본 후 "가위." 라고 말하는 시범을 보인다.
- 교사가 "종이를 자르려고 하는 데 뭐가 필요해요(없어요)?" 라고 물어볼 때 유아에게 교사를 모방하여 "가위." 라고 말해 보라고 한다.
- 말하지 못하면 교사가 "가위." 라고 반복하여 말해 준 후 유아에게 "가위." 라고 말해 보라고 한다.
- 수행되면 교사가 "가." 라고 첫소리를 말해 준 후 유아에게 "가위." 라고 말해 보라고 한다.
- 수행되면 교사가 '가위' 라고 말하는 입 모양을 보여 주며 유아에게 "가위." 라고 말해 보라고 한다.
- 수행되면 교사가 "종이를 자를 때 뭐가 필요해요(무엇으로 잘라요)?" 라고 물어볼 때 유아에게 "가위." 라고 말해 보라고 한다.
- 수행되면 교사가 종이 자르는 동작을 보여 주며 유아에게 "가위." 라고 말해 보라고 한다.
- 도움을 점차 줄여 간다.
- 수행되면 교사가 종이를 자르려고 하는데 가위가 없는 그림을 보여 주면서 무엇이 필요한지 물어볼 때 유아 스스로 "가위." 라고 말해 보라고 한다.
- 수행되면 교사가 칫솔과 가위가 없는 그림을 제시한 후 무엇이 필요한지 물어볼 때 유아 스스로 "치약." 또는 "가위." 라고 말해 보라고 한다.

- 수행되면 교사가 예를 들어 밥을 먹으려고 하는데 숟가락이 없는 그림을 보여 주면서 무엇이 필요한지 물어본 후 "숟가락."이라고 말하는 시범을 보인다.
- 교사가 "밥을 먹으려고 하는데 뭐가 필요해요(없어요)?"라고 물어볼 때 유아에게 교사를 모방하여 "숟가락."이라고 말해 보라고 한다.
- 말하지 못하면 '가위'를 지도한 것과 같은 방법으로 지도한다.
- 수행되면 필요한 도구나 기구가 없는 다른 그림도 같은 방법으로 지도한다.
- 수행되면 유아 스스로 각각의 상황에 필요한 도구나 기구를 말해 보라고 한다.
- 수행되면 유아의 특성에 맞는 적절한 강화제를 제공한다.

방법 ❸

- 각 도구 및 기구가 필요한 상황과 각 도구 및 기구를 붙일 수 있는 그림을 제시한다.
- 교사가 예를 들어 종이를 자르려고 하는데 가위가 없는 그림에 가위를 붙이면서 "가위."라고 말하는 시범을 보인다.
- 유아에게 교사를 모방하여 종이를 자르려고 하는데 가위가 없는 그림에 가위를 붙이면서 "가위."라고 말해 보라고 한다.
- 말하지 못하면 교사가 유아의 손을 잡고 가위를 붙이면서 "가위."라고 반복하여 말해 준 후 유아에게 "가위."라고 말해 보라고 한다.
- 수행되면 교사가 "가."라고 첫소리를 말해 준 후 유아에게 "가위."라고 말해 보라고 한다.
- 수행되면 교사가 "가위."라고 말하는 입 모양을 보여 주며 유아에게 "가위."라고 말해 보라고 한다.
- 수행되면 교사가 "종이를 자를 때 뭐가 필요해요(무엇으로 잘라요)?"라고 물어볼 때 유아에게 가위를 붙이면서 "가위."라고 말해 보라고 한다.
- 수행되면 교사가 종이 자르는 동작을 보여 주며 유아에게 "가위."라고 말해 보라고 한다.
- 도움을 점차 줄여 간다.

- 수행되면 유아 스스로 종이를 자르려고 하는데 가위가 없는 그림에 가위를 붙이면서 "가위."라고 말해 보라고 한다.
- 수행되면 교사가 예를 들어 비가 오는데 우산이 없는 그림에 우산을 붙이면서 "우산."이라고 말하는 시범을 보인다.
- 유아에게 교사를 모방하여 비가 오는데 우산이 없는 그림에 우산을 붙이면서 "우산."이라고 말해 보라고 한다.
- 말하지 못하면 '가위'를 지도한 것과 같은 방법으로 지도한다.
- 수행되면 필요한 도구나 기구가 없는 다른 그림도 같은 방법으로 지도한다.
- 수행되면 유아 스스로 각각의 상황에 필요한 도구나 기구를 말해 보라고 한다.
- 수행되면 유아의 특성에 맞는 적절한 강화제를 제공한다.

☞ 필요한 도구나 기구에 스티커를 붙이게 하는 방법 및 동그라미를 그리도록 지도하는 방법도 있다.

☞ 필요한 도구나 기구의 사진이나 그림을 오려서 코팅하거나 다음 그림을 복사하여 코팅한 후 교구로 제작하여 사용하면 편리하다. 필요한 도구나 기구의 사진 및 그림 뒷면에는 까슬이를 붙이고, 하드보드지에는 보슬이를 붙이면 된다. 쉽게 붙였다 뗐다 할 수 있으므로 위치를 다양하게 바꾸어 지도할 수 있어 활용도가 높다. 하드보드지와 코팅지는 문구점에서 구입할 수 있다.

4~5 세

73 "시끄럽다."와 "조용하다." 표현하기

4~5세

목표 | "시끄럽다."와 "조용하다."를 표현할 수 있다.

자료 | 텔레비전, 북, 북채, 종, 동화책 등, "시끄럽다." 및 "조용하다."와 관련된 그림, 강화제

방법 ❶

- 교사가 텔레비전의 소리를 크게 틀어 놓고 "시끄럽다."라고 말하고, 텔레비전을 끈 후 "조용하다."라고 말하는 시범을 보인다.
- 유아에게 교사를 모방하여 교사가 텔레비전의 소리를 크게 틀어 놓을 때 "시끄럽다."라고 말하고, 텔레비전을 끄면 "조용하다."라고 말해 보라고 한다.
- 수행되면 유아 스스로 교사가 텔레비전의 소리를 크게 틀어 놓을 때 "시끄럽다."라고 말하고, 텔레비전을 끄면 "조용하다."라고 말해 보라고 한다.
- 수행되면 교사가 '시끄럽다' 및 '조용하다'와 관련된 상황을 보여 주거나 그림을 보여 줄 때 유아 스스로 각 상황에 적절하게 "시끄럽다."와 "조용하다."를 말해 보라고 한다.
- 수행되면 유아의 특성에 맞는 적절한 강화제를 제공한다.

방법 ❷

- 교사가 예를 들어 북과 북채를 제시한 후 북소리를 크게 내며 "시끄럽다."라고 말하고, 북소리를 멈춘 후 "조용하다."라고 말하는 시범을 보인다.
- 유아에게 교사를 모방하여 교사가 북소리를 크게 낼 때 "시끄럽다."라고 말하고, 북소리를 멈추면 "조용하다."라고 말해 보라고 한다.
- 말하지 못하면 교사가 북소리를 크게 내며 "시끄럽다라고 ♬ 말~해 봐요 ♬ 말~해 봐요 ♬"라고 노래를 부르며 "시끄럽다."라고 말하는 시범을 보인다.

• 유아에게 교사를 모방하여 "시끄럽다."라고 말해 보라고 한다.
• 말하지 못하면 교사가 "시끄럽다."라고 반복하여 말해 준 후 유아에게 "시끄럽다."라고 말해 보라고 한다.
• 수행되면 교사가 "시끄."라고 말해 준 후 유아에게 "시끄럽다."라고 말해 보라고 한다.
• 수행되면 교사가 "시."라고 첫소리를 말해 준 후 유아에게 "시끄럽다."라고 말해 보라고 한다.
• 수행되면 교사가 '시끄럽다'라고 말하는 입 모양을 보여 주며 유아에게 "시끄럽다."라고 말해 보라고 한다.
• 도움을 점차 줄여 간다.
• 수행되면 교사가 북소리를 크게 낼 때 유아 스스로 "시끄럽다."라고 말해 보라고 한다.
• 수행되면 교사가 북소리를 멈춘 후 "조용하다라고 ♬ 말~해 봐요 ♬ 말~해 봐요 ♬"라고 노래를 부르며 "조용하다."라고 말하는 시범을 보인다.
• 유아에게 교사를 모방하여 "조용하다."라고 말해 보라고 한다.
• 말하지 못하면 교사가 "조용하다."라고 반복하여 말해 준 후 유아에게 "조용하다."라고 말해 보라고 한다.
• 수행되면 교사가 "조용."이라고 말해 준 후 유아에게 "조용하다."라고 말해 보라고 한다.
• 수행되면 교사가 "조."라고 첫소리를 말해 준 후 유아에게 "조용하다."라고 말해 보라고 한다.
• 수행되면 교사가 '조용하다'라고 말하는 입 모양을 보여 주며 유아에게 "조용하다."라고 말해 보라고 한다.
• 도움을 점차 줄여 간다.
• 수행되면 교사가 북소리를 멈출 때 유아 스스로 "조용하다."라고 말해 보라고 한다.
• 수행되면 교사가 북소리를 크게 낼 때 유아 스스로 "시끄럽다."라고 말하고, 북소

리를 멈추면 "조용하다."라고 말해 보라고 한다.

- 수행되면 시끄럽고 조용한 다양한 상황을 제시한 후 북소리를 지도한 것과 같은 방법으로 지도한다.
- 수행되면 교사가 '시끄럽다' 및 '조용하다'와 관련된 상황을 보여 주거나 그림을 보여 줄 때 유아 스스로 각 상황에 적절하게 "시끄럽다."와 "조용하다."를 말해 보라고 한다.
- 수행되면 유아의 특성에 맞는 적절한 강화제를 제공한다.

☞ 수행되면 확인을 위해 그림을 제시한 후, 예를 들어 조용한 장면의 그림에 동그라미를 그리게 하거나 스티커 붙이기 또는 도장을 찍으면서 "조용하다."를 말하도록 지도하는 방법도 있다. 특히 시판되고 있는 도장은 동물 모양이나 과일, 수 등 다양한 그림들이 새겨져 있어 유아들이 흥미 있게 과제를 수행하는 데 도움이 될 수 있다.

74 '위'와 '아래' 표현하기

4~5세

목표 | '위'와 '아래'를 표현할 수 있다.

자료 | 책상, 상자, 인형, 블록 등, 위아래와 관련된 그림, 강화제

방법 ❶

- 교사가 예를 들어 책상(상자) 위에 인형을 놓고 "위."라고 말하고, 책상 아래 블록을 놓고 "아래."라고 말하는 시범을 보인다.
- 유아에게 교사를 모방하여 책상 위의 인형을 가리키며 "위."라고 말하고, 책상 아래 블록을 가리키며 "아래."라고 말해 보라고 한다.
- 수행되면 유아 스스로 책상 위의 인형을 가리키며 "위."라고 말하고, 책상 아래 블록을 가리키며 "아래."라고 말해 보라고 한다.
- 수행되면 다른 물건들도 '위'와 '아래'에 놓은 후 유아에게 각각 "위."와 "아래."를 말해 보라고 한다.
- 수행되면 유아의 특성에 맞는 적절한 강화제를 제공한다.

방법 ❷

- 교사가 예를 들어 책상(상자) 위에 인형을 놓고 "위."라고 말하고, 책상 아래 블록을 놓고 "아래."라고 말하는 시범을 보인다.
- 유아에게 교사를 모방하여 책상 위의 인형을 가리키며 "위."라고 말하고, 책상 아래 블록을 가리키며 "아래."라고 말해 보라고 한다.
- 말하지 못하면 교사가 책상 위의 인형을 가리키며 "위라고 ♬ 말~해 봐요 ♬ 말~해 봐요 ♬ 위, 위, 위 ♬"라고 노래를 부르며 "위."라고 말하는 시범을 보인다.
- 유아에게 교사를 모방하여 책상 위의 인형을 가리키며 "위."라고 말해 보라고 한다.
- 모방하지 못하면 교사가 "위."라고 반복하여 말해 준 후 유아에게 "위."라고 말해

보라고 한다.

- 수행되면 교사가 '위'라고 말하는 입 모양을 보여 주며 유아에게 "위."라고 말해 보라고 한다.
- 수행되면 교사가 '위'를 가리키며 유아에게 "위."라고 말해 보라고 한다.
- 도움을 점차 줄여 간다.
- 수행되면 유아 스스로 책상 위의 인형을 가리키며 "위."라고 말해 보라고 한다.
- 수행되면 교사가 책상 아래의 블록을 가리키며 "아래라고 ♬ 말~해 봐요 ♬ 말~해 봐요 ♬ 아래 ♬ 아래 ♬"라고 노래를 부르며 "아래."라고 말하는 시범을 보인다.
- 유아에게 교사를 모방하여 책상 아래의 블록을 가리키며 "아래."라고 말해 보라고 한다.
- 모방하지 못하면 교사가 "아래."라고 반복하여 말해 준 후 유아에게 "아래."라고 말해 보라고 한다.
- 수행되면 교사가 "아."라고 첫소리를 말해 준 후 유아에게 "아래."라고 말해 보라고 한다.
- 수행되면 교사가 '아래'라고 말하는 입 모양을 보여 주며 유아에게 "아래."라고 말해 보라고 한다.
- 수행되면 교사가 '아래'를 가리키며 유아에게 "아래."라고 말해 보라고 한다.
- 도움을 점차 줄여 간다.
- 수행되면 유아 스스로 책상 아래의 블록을 가리키며 "아래."라고 말해 보라고 한다.
- 수행되면 교사가 물어볼 때 유아 스스로 책상 위의 인형을 가리키며 "위."라고 말하고, 책상 아래 블록을 가리키며 "아래."라고 말해 보라고 한다.
- 수행되면 다른 물건들도 '위'와 '아래'에 놓은 후 유아에게 각각 "위." "아래."라고 말해 보라고 한다.
- 수행되면 유아의 특성에 맞는 적절한 강화제를 제공한다.

☞ 책상이나 소파 그림 등을 제시한 후 유아에게 책상이나 소파 '위'와 '아래' 물건에 도장을 찍어 보라고 하거나 동그라미를 그리게 해도 된다. 도장은 다양한 동물 모양이나 과일, 수 등이 새겨져 있어 유아들이 도장을 찍으면 다양한 모양들이 찍히게 되므로 매우 흥미로워한다.

☞ 높은 곳에 스티커를 붙이게 하거나 낮은 곳에 스티커를 붙이게 하는 등 놀이식으로 지도하면 효과적이다.

75 네 부위의 신체 기능 표현하기 4~5세

목표 | 네 부위의 신체 기능을 표현할 수 있다.

자료 | 네 부위의 신체 기능 그림, 강화제

방법 ❶

- 교사가 눈, 코, 입, 귀의 기능을 유아에게 설명한다.
- 교사가 유아의 눈, 코, 입, 귀를 가리키며 각 신체 기능을 말하는 시범을 보인다.
- 유아에게 교사를 모방하여 눈, 코, 입, 귀의 기능을 말해 보라고 한다.
- 수행되면 교사가 각 신체를 가리킬 때 유아 스스로 각 신체 기능을 말해 보라고 한다.
- 수행되면 유아의 특성에 맞는 적절한 강화제를 제공한다.

방법 ❷

- 교사가 눈, 코, 입, 귀의 기능을 유아에게 설명한다.
- 교사가 유아의 눈, 코, 입, 귀를 가리키며 각 신체 기능을 말하는 시범을 보인다.
- 유아에게 교사를 모방하여 눈, 코, 입, 귀의 기능을 말해 보라고 한다.
- 말하지 못하면 교사가 예를 들어 입을 가리킨 후 "입으로는 ♬ 무~얼 할까? ♬ 무~얼 할까? ♬"라고 노래를 부르며 "입으로 과자(음식) 먹어요."라고 말하는 시범을 보인다.
- 유아에게 교사를 모방하여 "입으로 과자 먹어요."라고 말해 보라고 한다.
- 말하지 못하면 교사가 "입으로 과자."라고 말해 준 후 유아에게 "먹어요."라고 말해 보라고 한다.
- 수행되면 교사가 "입으로."라고 말해 준 후 유아에게 "과자 먹어요."라고 말해 보라고 한다.
- 수행되면 교사가 "입."이라고 첫소리를 말해 준 후 유아에게 "입으로 과자 먹어

요."라고 말해 보라고 한다.

- 수행되면 교사가 '입으로 과자 먹어요'라고 말하는 입 모양을 보여 주며 유아에게 "입으로 과자 먹어요."라고 말해 보라고 한다.
- 수행되면 교사가 입으로 과자를 먹는 동작을 보여 주며 유아에게 "입으로 과자 먹어요."라고 말해 보라고 한다.
- 도움을 점차 줄여 간다.
- 수행되면 유아 스스로 "입으로 과자 먹어요."라고 말해 보라고 한다.
- 수행되면 교사가 예를 들어 눈을 가리킨 후 "눈으로는 ♬ 무~얼 할까? ♬ 무~얼 할까? ♬"라고 노래를 부르며 "눈으로 책(동화책) 봐요."라고 말하는 시범을 보인다.
- 유아에게 교사를 모방하여 "눈으로 책 봐요."라고 말해 보라고 한다.
- 말하지 못하면 교사가 "눈으로 책."이라고 말해 준 후 유아에게 "봐요."라고 말해 보라고 한다.
- 수행되면 교사가 "눈으로."라고 말해 준 후 유아에게 "책 봐요."라고 말해 보라고 한다.
- 수행되면 교사가 "눈."이라고 첫소리를 말해 준 후 유아에게 "눈으로 동화책 봐요."라고 말해 보라고 한다.
- 수행되면 교사가 '눈으로 책 봐요'라고 말하는 입 모양을 보여 주며 유아에게 "눈으로 책 봐요."라고 말해 보라고 한다.
- 수행되면 교사가 눈으로 책 보는 동작을 보여 주며 유아에게 "눈으로 책 봐요."라고 말해 보라고 한다.
- 도움을 점차 줄여 간다.
- 수행되면 유아 스스로 "눈으로 책 봐요."라고 말해 보라고 한다.
- 수행되면 교사가 예를 들어 코를 가리킨 후 "코로는 ♬ 무~얼 할까? ♬ 무~얼 할까? ♬"라고 노래를 부르며 "코로 냄새 맡아요."라고 말하는 시범을 보인다.
- 유아에게 교사를 모방하여 "코로 냄새 맡아요."라고 말해 보라고 한다.
- 말하지 못하면 눈의 기능을 지도한 것과 같은 방법으로 지도한다.

• 수행되면 유아 스스로 "코로 냄새 맡아요."라고 말해 보라고 한다.

• 수행되면 교사가 귀를 가리킨 후 "귀로는 ♬ 무~얼 할까? ♬ 무~얼 할까? ♬"라고 노래를 부르며 "귀로 소리 들어요."라고 말하는 시범을 보인다.

• 유아에게 교사를 모방하여 "귀로 소리 들어요."라고 말해 보라고 한다.

• 말하지 못하면 눈의 기능을 지도한 것과 같은 방법으로 지도한다.

• 수행되면 유아 스스로 "귀로 소리 들어요."라고 말해 보라고 한다.

• 수행되면 교사가 각 신체를 가리킬 때 유아 스스로 각 신체 기능을 말해 보라고 한다.

• 수행되면 유아의 특성에 맞는 적절한 강화제를 제공한다.

☞ 각 신체 기능 지도 시 실제 상황(예: 입 기능 지도 시 과자, 눈 기능 지도 시 동화책 준비 등)에서 지도하는 것이 가장 효과적이다.

☞ 교구로 제작하여 사용하면 편리하다. 각 신체 부위(눈, 코, 입, 귀)의 사진이나 그림을 오려서 사용하거나 다음 그림을 복사하여 각 신체 부위의 그림 뒷면에는 까슬이를 붙이고, 하드보드지에는 보슬이를 붙이면 된다. 붙였다 뗐다 할 수 있으므로 위치를 다양하게 바꾸어 지도할 수 있다. 하드보드지는 문구점에서 구입이 가능하다.

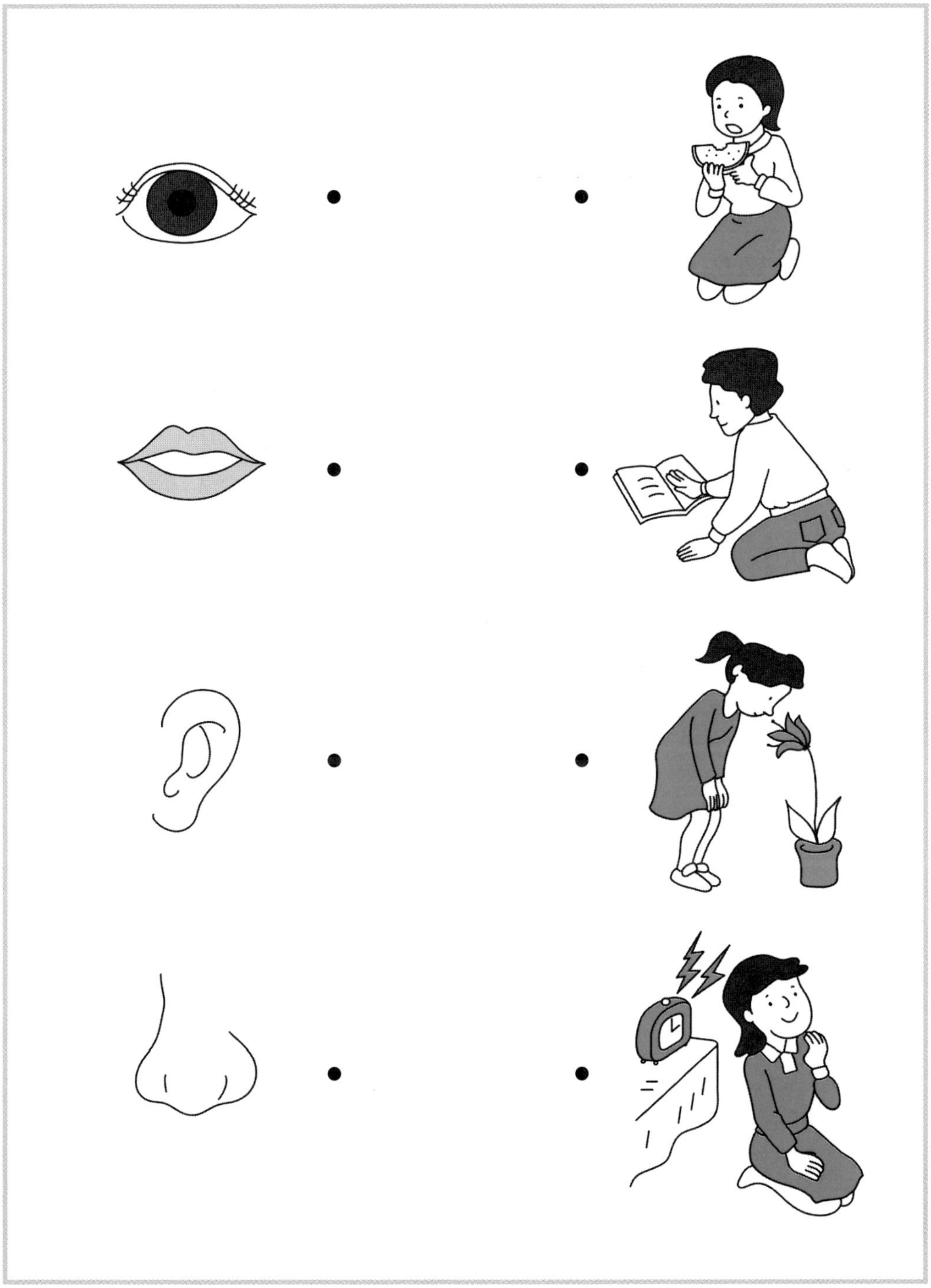

76 "빠르다."와 "느리다." 표현하기 4~5세

목표 | "빠르다."와 "느리다."를 표현할 수 있다.

자료 | 기차와 자전거 모형(그림) 등 "빠르다." 및 "느리다."와 관련된 그림, 강화제

방법 ❶

- 교사가 빠르고 느린 여러 개의 물건을 유아에게 제시한 후 교사가 '빠른 것'을 가리키며 "빠르다."라고 말하고, '느린 것'을 가리키며 "느리다."라고 말하는 시범을 보인다.
- 유아에게 교사를 모방하여 교사가 빠른 것을 가리킬 때 "빠르다."라고 말하고, '느린 것'을 가리킬 때 "느리다."라고 말해 보라고 한다.
- 수행되면 유아 스스로 교사가 빠른 것을 가리킬 때 "빠르다."라고 말하고, '느린 것'을 가리킬 때 "느리다."라고 말해 보라고 한다.
- 수행되면 유아의 특성에 맞는 적절한 강화제를 제공한다.

방법 ❷

- 교사가 예를 들어 기차와 자전거를 제시한 후 기차를 가리키며 "빠르다."라고 말하고, 자전거를 가리키며 "느리다."라고 말하는 시범을 보인다.
- 유아에게 교사를 모방하여 교사가 기차를 가리킬 때 "빠르다."라고 말하고, 자전거를 가리킬 때 "느리다."라고 말해 보라고 한다.
- 말하지 못하면 교사가 기차를 가리키며 "빠르다라고 ♬ 말~해 봐요 ♬ 말~해 봐요 ♬"라고 노래를 부르며 "빠르다."라고 말하는 시범을 보인다.
- 유아에게 교사를 모방하여 "빠르다."라고 말해 보라고 한다.
- 말하지 못하면 교사가 "빠르다."라고 반복하여 말해 준 후 유아에게 "빠르다."라고 말해 보라고 한다.

- 수행되면 교사가 "빠."라고 첫소리를 말해 준 후 유아에게 "빠르다."라고 말해 보라고 한다.
- 수행되면 교사가 '빠르다'라고 말하는 입 모양을 보여 주며 유아에게 "빠르다."라고 말해 보라고 한다.
- 수행되면 교사가 '빠르다'라는 몸짓을 보여 주며 유아에게 "빠르다."라고 말해 보라고 한다.
- 도움을 점차 줄여 간다.
- 수행되면 유아 스스로 기차를 가리키며 "빠르다."라고 말해 보라고 한다.
- 수행되면 교사가 예를 들어 자전거를 가리키며 "느리다라고 ♬ 말~해 봐요 ♬ 말~해 봐요 ♬"라고 노래를 부르며 "느리다."라고 말하는 시범을 보인다.
- 유아에게 교사를 모방하여 "느리다."라고 말해 보라고 한다.
- 말하지 못하면 교사가 "느리다."라고 반복하여 말해 준 후 유아에게 "느리다."라고 말해 보라고 한다.
- 수행되면 교사가 "느."라고 첫소리를 말해 준 후 유아에게 "느리다."라고 말해 보라고 한다.
- 수행되면 교사가 '느리다'라고 말하는 입 모양을 보여 주며 유아에게 "느리다."라고 말해 보라고 한다.
- 수행되면 교사가 느린 몸짓을 보여 주며 유아에게 "느리다."라고 말해 보라고 한다.
- 도움을 점차 줄여 간다.
- 수행되면 유아 스스로 자전거를 가리키며 "느리다."라고 말해 보라고 한다.
- 수행되면 교사가 기차를 가리킬 때 유아 스스로 "빠르다."라고 말하고, 자전거를 가리킬 때 "느리다."라고 말해 보라고 한다.
- 수행되면 빠르고 느린 다른 물건이나 그림들도 같은 방법으로 지도한다.
- 수행되면 교사가 빠르고 느린 다른 물건이나 그림들을 가리킬 때 유아 스스로 "빠르다." 또는 "느리다."라고 말해 보라고 한다.
- 수행되면 유아의 특성에 맞는 적절한 강화제를 제공한다.

77 친숙한 물건의 용도 말하기

4~5세

목표 | 친숙한 물건의 용도를 말할 수 있다.

자료 | 유아에게 친숙한 물건(예: 컵, 숟가락, 포크 등)의 실물과 그림카드, 강화제

방법 ❶

- 교사가 유아에게 친숙한 물건(예: 컵, 숟가락, 포크 등)의 용도를 설명한다.
- 교사가 유아에게 친숙한 물건이나 그림카드를 제시한 후 각 물건의 용도를 말하는 시범을 보인다.
- 유아에게 교사를 모방하여 각 물건의 용도를 말해 보라고 한다.
- 수행되면 교사가 유아에게 친숙한 물건이나 그림카드를 제시할 때 유아 스스로 각 물건의 용도를 말해 보라고 한다.
- 수행되면 유아의 특성에 맞는 적절한 강화제를 제공한다.

방법 ❷

- 교사가 유아에게 친숙한 물건(예: 컵, 숟가락, 포크 등)의 용도를 설명한다.
- 교사가 유아에게 친숙한 물건이나 그림카드를 제시한 후 각 물건의 용도를 말하는 시범을 보인다.
- 유아에게 교사를 모방하여 각 물건의 용도를 말해 보라고 한다.
- 모방하지 못하면 교사가 예를 들어 컵을 보여 준 후 “컵으로는 ♬ 무~얼 할까? ♬ 무~얼 할까? ♬”라고 노래를 부르며 “컵으로 물 마셔요.”라고 말하는 시범을 보인다.
- 유아에게 교사를 모방하여 “컵으로 물 마셔요.”라고 말해 보라고 한다.
- 말하지 못하면 교사가 “컵으로 물.”이라고 말해 준 후 유아에게 “마셔요.”라고 말해 보라고 한다.

- 수행되면 교사가 "컵으로."라고 말해 준 후 유아에게 "물 마셔요."라고 말해 보라고 한다.
- 수행되면 교사가 "컵."이라고 첫소리를 말해 준 후 유아에게 "컵으로 물 마셔요." 라고 말해 보라고 한다.
- 수행되면 교사가 컵으로 물을 마시는 동작을 보여 주며 유아에게 "컵으로 물 마셔요."라고 말해 보라고 한다.
- 도움을 점차 줄여 간다.
- 수행되면 유아 스스로 "컵으로 물 마셔요."라고 말해 보라고 한다.
- 수행되면 교사가 예를 들어 숟가락을 보여 준 후 "숟가락으로는 ♬ 무~얼 할까? ♬ 무~얼 할까? ♬"라고 노래를 부르며 "숟가락으로 밥 먹어요."라고 말하는 시범을 보인다.
- 유아에게 교사를 모방하여 "숟가락으로 밥 먹어요."라고 말해 보라고 한다.
- 말하지 못하면 교사가 "숟가락으로 밥."이라고 말해 준 후 유아에게 "먹어요."라고 말해 보라고 한다.
- 수행되면 교사가 "숟가락으로."라고 말해 준 후 유아에게 "밥 먹어요."라고 말해 보라고 한다.
- 수행되면 교사가 "숟."이라고 첫소리를 말해 준 후 유아에게 "숟가락으로 밥 먹어요."라고 말해 보라고 한다.
- 수행되면 교사가 숟가락으로 밥 먹는 동작을 보여 주며 유아에게 "숟가락으로 밥 먹어요."라고 말해 보라고 한다.
- 도움을 점차 줄여 간다.
- 수행되면 유아 스스로 "숟가락으로 밥 먹어요."라고 말해 보라고 한다.
- 수행되면 교사가 예를 들어 휴지를 보여 준 후 "휴지로는 ♬ 무~얼 할까? ♬ 무~얼 할까? ♬"라고 노래를 부르며 "휴지로 코(입) 닦아요."라고 말하는 시범을 보인다.
- 유아에게 교사를 모방하여 "휴지로 코(입) 닦아요."라고 말해 보라고 한다.
- 말하지 못하면 숟가락의 용도를 지도한 것과 같은 방법으로 지도한다.

- 수행되면 유아에게 친숙한 다른 물건들도 같은 방법으로 지도한다.
- 수행되면 교사가 유아에게 친숙한 물건이나 그림카드를 제시할 때 유아 스스로 각 물건의 용도를 말해 보라고 한다.
- 수행되면 유아의 특성에 맞는 적절한 강화제를 제공한다.

☞ 교구로 제작하여 사용하면 편리하다. 유아에게 친숙한 물건의 사진이나 그림을 오려서 사용하거나 다음 그림을 복사하여 각 물건의 그림 뒷면에는 까슬이를 붙이고, 하드보드지에는 보슬이를 붙이면 된다. 붙였다 뗐다 할 수 있으므로 위치를 다양하게 바꾸어 지도할 수 있다. 하드보드지는 문구점에서 구입이 가능하다.

HELLO
KITTY
JAM

벨리지오

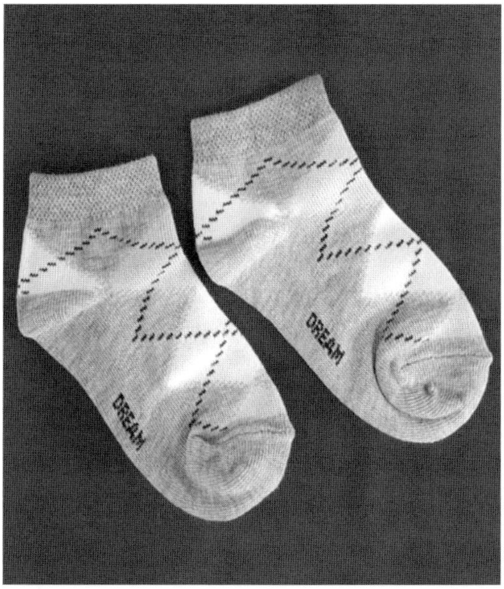
DREAM
DREAM

NIKE
NIKE

WING SPORTS
WING SPORTS

FROZEN

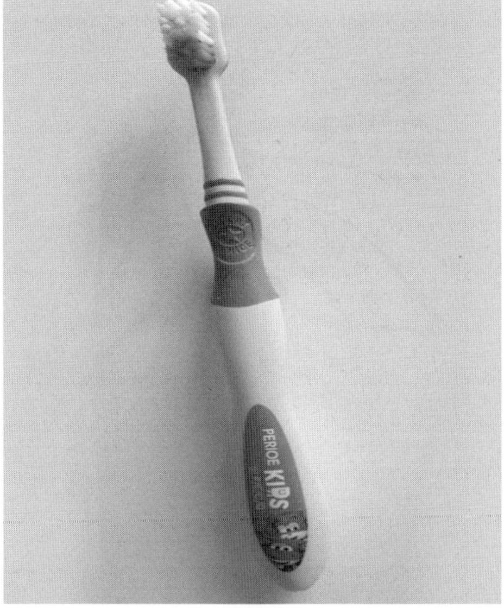
PERIOE KIDS

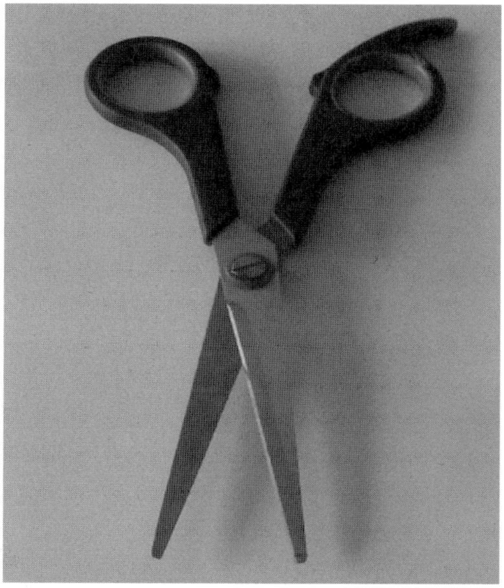

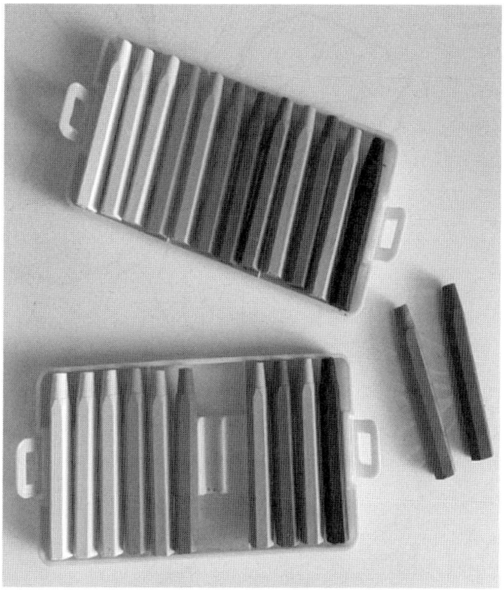

4~5
세

78 조금 전에 경험한 것 표현하기

4~5세

목표 | 조금 전에 경험한 것을 표현할 수 있다.

자료 | 우유, 과자, 공, 가위와 종이, 크레파스와 스케치북 등, 강화제

방법 ❶

- 교사가 유아와 함께 활동(예: 가위로 종이 자르기, 우유 마시기, 간식 먹기 등)을 한 후 교사가 조금 전에 무엇을 했는지 말하는 시범을 보인다.
- 교사가 유아에게 조금 전에 무엇을 했는지 물어보면 교사를 모방하여 조금 전에 한 것을 말해 보라고 한다.
- 수행되면 교사가 조금 전에 무엇을 했는지 물어볼 때 유아 스스로 조금 전에 한 것을 말해 보라고 한다.
- 수행되면 유아와 다양한 활동을 한 후 조금 전에 무엇을 했는지 물어볼 때 유아 스스로 조금 전에 한 것을 말해 보라고 한다.
- 수행되면 유아의 특성에 맞는 적절한 강화제를 제공한다.

방법 ❷

- 교사가 예를 들어 유아와 함께 우유를 마신 후 조금 전에 무엇을 했는지 물어보면 교사가 "우유 마셨어요."라고 말하는 시범을 보인다.
- 교사가 유아에게 조금 전에 무엇을 했는지 물어보면 교사를 모방하여 조금 전에 한 것을 말해 보라고 한다.
- 모방하지 못하면 교사가 "우유 마셨어요? 노래 불렀어요?"라고 물어본다.
- 말하지 못하면 교사가 "우유 마셨어요."라고 말해 준 후 유아에게 조금 전에 한 것을 말해 보라고 한다.
- 말하지 못하면 교사가 "우유."라고 말해 준 후 유아에게 "마셨어요."라고 말해 보라고 한다.

- 수행되면 교사가 "우."라고 첫소리를 말해 준 후 유아에게 "우유 마셨어요."라고 말해 보라고 한다.
- 수행되면 교사가 우유 마시는 동작을 보여 주며 유아에게 "우유 마셨어요."라고 말해 보라고 한다.
- 도움을 점차 줄여 간다.
- 수행되면 교사가 조금 전에 무엇을 했는지 물어볼 때 유아 스스로 "우유 마셨어요."라고 말해 보라고 한다.
- 수행되면 교사가 예를 들어 유아와 함께 가위로 종이를 자른 후 조금 전에 무엇을 했는지 물어보면 교사가 "가위로 종이 잘랐어요."라고 말하는 시범을 보인다.
- 교사가 유아에게 조금 전에 무엇을 했는지 물어보면 교사를 모방하여 조금 전에 한 것을 말해 보라고 한다.
- 모방하지 못하면 교사가 "우유 마셨어요?" "종이 잘랐어요?"라고 물어본다.
- 말하지 못하면 교사가 "종이 잘랐어요."라고 말해 준 후 유아에게 조금 전에 한 것을 말해 보라고 한다.
- 말하지 못하면 교사가 "종이."라고 말해 준 후 유아에게 "잘랐어요."라고 말해 보라고 한다.
- 수행되면 교사가 "종."이라고 첫소리를 말해 준 후 유아에게 "종이 잘랐어요."라고 말해 보라고 한다.
- 수행되면 교사가 가위로 종이 자르는 동작을 보여 주며 유아에게 "종이 잘랐어요."라고 말해 보라고 한다.
- 도움을 점차 줄여 간다.
- 수행되면 교사가 조금 전에 무엇을 했는지 물어볼 때 유아 스스로 "종이 잘랐어요."라고 말해 보라고 한다.
- 수행되면 교사가 예를 들어 유아와 함께 간식을 먹은 후 조금 전에 무엇을 했는지 물어 보면 교사가 "간식 먹었어요."라고 말하는 시범을 보인다.
- 교사가 유아에게 조금 전에 무엇을 했는지 물어보면 교사를 모방하여 조금 전에

한 것을 말해 보라고 한다.

- 말하지 못하면 종이를 잘랐다고 말하는 것을 지도한 것과 같은 방법으로 지도한다.
- 수행되면 유아와 다양한 활동을 한 후 조금 전에 무엇을 했는지 물어볼 때 유아 스스로 조금 전에 한 것을 말해 보라고 한다.
- 수행되면 유아의 특성에 맞는 적절한 강화제를 제공한다.

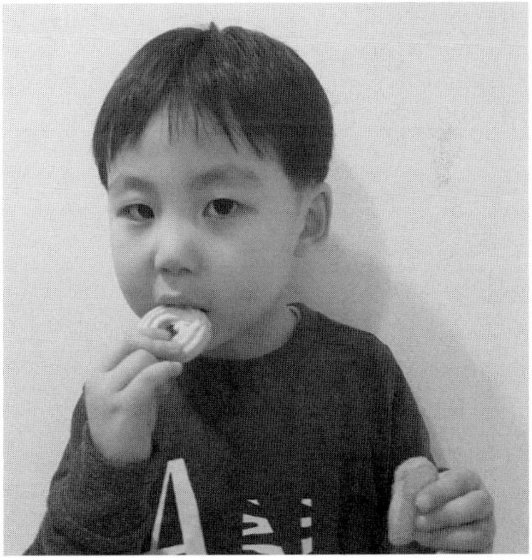

4~5
세

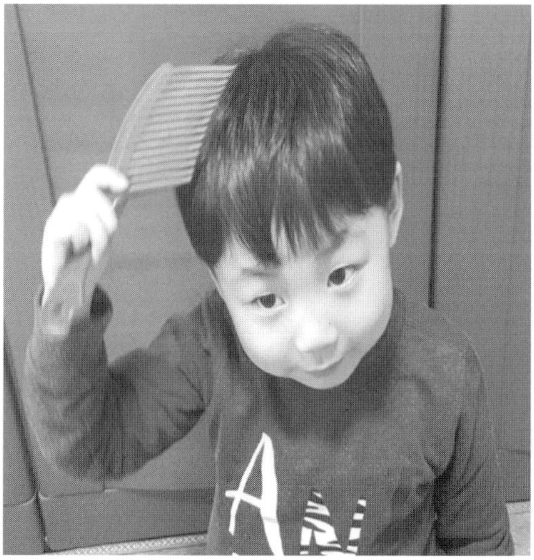

Milk

LAUGH

LAUGH
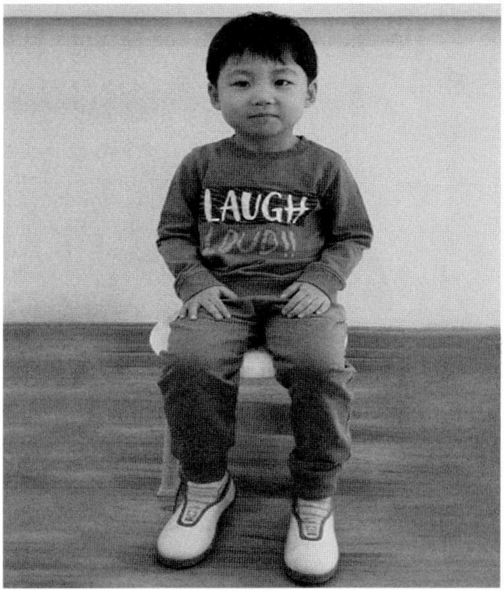
LAUGH
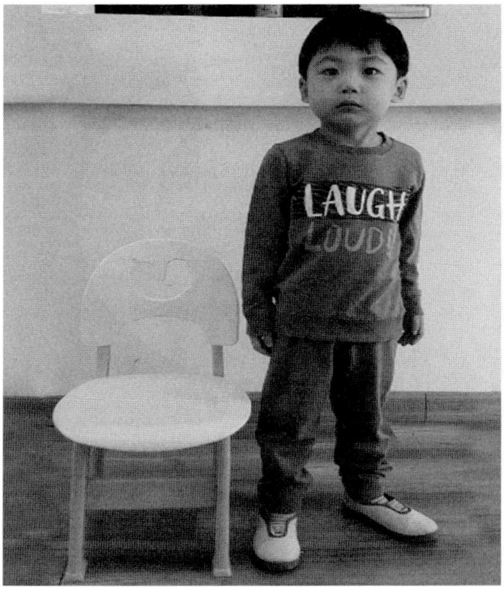
LAUGH

LAUGH

79 가구 명칭 말하기

4~5세

목표 | 가구 이름을 말할 수 있다.

자료 | 신발장, 침대, 의자, 소파, 옷장, 식탁 등의 모형(실물) 및 그림카드, 강화제

방법 ❶

- 교사가 신발장, 침대, 의자, 소파, 옷장, 식탁 등의 모형(실물)이나 그림카드를 제시한 후 각 가구의 이름을 말하는 시범을 보인다.
- 교사가 각 가구의 모형이나 그림카드를 보여 줄 때 유아에게 교사를 모방하여 각 가구의 이름을 말해 보라고 한다.
- 수행되면 교사가 각 가구의 모형이나 그림카드를 보여 줄 때 유아 스스로 각 가구의 이름을 말해 보라고 한다.
- 수행되면 교사가 각 가구의 모형이나 그림카드의 위치를 다양하게 바꾸어 놓은 후 유아에게 각 가구의 이름을 말해 보라고 한다.
- 수행되면 유아의 특성에 맞는 적절한 강화제를 제공한다.

방법 ❷

- 교사가 신발장, 침대, 의자, 소파, 옷장, 식탁 등의 모형(실물)이나 그림카드를 제시한 후 각 가구의 이름을 말하는 시범을 보인다.
- 교사가 각 가구의 모형이나 그림카드를 보여 줄 때 유아에게 교사를 모방하여 각 가구의 이름을 말해 보라고 한다.
- 말하지 못하면 교사가 예를 들어 신발장 모형이나 그림을 제시한 후 "신발장이라고 ♬ 말해 봐~요 ♬ 말해 봐~요 ♬"라고 노래를 부르며 "신발장."이라고 말하는 시범을 보인다.
- 유아에게 교사를 모방하여 "신발장."이라고 말해 보라고 한다.

- 모방하지 못하면 교사가 "신발." 이라고 말해 준 후 유아에게 "신발장." 이라고 말해 보라고 한다.
- 수행되면 교사가 "신." 이라고 첫소리를 말해 준 후 유아에게 "신발장." 이라고 말해 보라고 한다.
- 수행되면 교사가 '신발장' 이라고 말하는 입 모양을 보여 주며 유아에게 "신발장." 이라고 말해 보라고 한다.
- 수행되면 교사가 신발 넣는 곳이라고 말해 주며 유아에게 "신발장." 이라고 말해 보라고 한다.
- 도움을 점차 줄여 간다.
- 수행되면 유아 스스로 "신발장." 이라고 말해 보라고 한다.
- 수행되면 교사가 예를 들어 침대 모형이나 그림을 제시한 후 "침대라고 ♬ 말해 봐~요 ♬ 말해 봐~요 ♬"라고 노래를 부르며 "침대."라고 말하는 시범을 보인다.
- 유아에게 교사를 모방하여 "침대."라고 말해 보라고 한다.
- 말하지 못하면 교사가 "침." 이라고 첫소리를 말해 준 후 유아에게 "침대."라고 말해 보라고 한다.
- 수행되면 교사가 '침대'라고 말하는 입 모양을 보여 주며 유아에게 "침대."라고 말해 보라고 한다.
- 수행되면 교사가 잠자는 곳이라고 말해 주며 유아에게 "침대."라고 말해 보라고 한다.
- 도움을 점차 줄여 간다.
- 수행되면 유아 스스로 "침대."라고 말해 보라고 한다.
- 수행되면 교사가 예를 들어 의자를 놓고 "의자라고 ♬ 말해 봐~요 ♬ 말해 봐~요 ♬"라고 노래를 부르며 "의자."라고 말하는 시범을 보인다.
- 유아에게 교사를 모방하여 "의자."라고 말해 보라고 한다.
- 모방하지 못하면 침대를 지도한 것과 같은 방법으로 지도한다.
- 수행되면 다른 가구들도 같은 방법으로 지도한다.

• 수행되면 교사가 각 가구의 모형이나 그림카드를 보여 줄 때 유아 스스로 각 가구의 이름을 말해 보라고 한다.
• 수행되면 교사가 각 가구의 모형이나 그림카드의 위치를 다양하게 바꾸어 놓은 후 유아에게 각 가구의 이름을 말해 보라고 한다.
• 수행되면 유아의 특성에 맞는 적절한 강화제를 제공한다.

☞ 실제 가구를 보여 주면서 지도하는 것이 가장 효과적이다. 그리고 수행되면 그림으로 확인해 보도록 한다.

80 가족을 부르는 명칭 사용하기

4~5세

목표 | 가족을 부르는 명칭을 사용할 수 있다.

자료 | 가족의 개인 사진(예: 언니, 누나, 오빠, 형, 동생, 할머니, 할아버지 등), 강화제

방법 ❶

- 교사가 누나(언니), 오빠(형), 동생, 할머니, 할아버지 등의 사진을 제시한 후 각 명칭을 말하는 시범을 보인다.
- 교사가 각 가족의 사진을 보여 주면 유아에게 교사를 모방하여 각 가족의 명칭을 말해 보라고 한다.
- 수행되면 교사가 각 가족의 사진을 보여 줄 때 유아 스스로 각 가족의 명칭을 말해 보라고 한다.
- 수행되면 교사가 각 가족의 사진 위치를 다양하게 바꾸어 놓은 후 유아에게 각 가족의 명칭을 말해 보라고 한다.
- 수행되면 유아의 특성에 맞는 적절한 강화제를 제공한다.

방법 ❷

- 교사가 누나(언니), 오빠(형), 동생, 할머니, 할아버지 등의 사진을 제시한 후 각 명칭을 말하는 시범을 보인다.
- 교사가 각 가족의 사진을 보여 주면 유아에게 교사를 모방하여 각 가족의 명칭을 말해 보라고 한다.
- 모방하지 못하면 교사가 예를 들어 오빠(형) 사진을 놓고 "오빠라고 ♬ 말해 봐~요 ♬ 말해 봐~요 ♬"라고 노래를 부르며 "오빠."라고 말하는 시범을 보인다.
- 유아에게 교사를 모방하여 "오빠."라고 말해 보라고 한다.
- 모방하지 못하면 교사가 "오빠."라고 반복하여 말해 준 후 유아에게 "오빠."라고

말해 보라고 한다.

- 말하지 못하면 교사가 "오."라고 첫소리를 말해 준 후 유아에게 "오빠."라고 말해 보라고 한다.
- 수행되면 교사가 '오빠'라고 말하는 입 모양을 보여 주며 유아에게 "오빠."라고 말해 보라고 한다.
- 도움을 점차 줄여 간다.
- 수행되면 유아 스스로 "오빠."라고 말해 보라고 한다.
- 수행되면 교사가 예를 들어 누나(언니) 사진을 놓고 "누나라고 ♬ 말해 봐~요 ♬ 말해 봐~요 ♬"라고 노래를 부르며 "누나."라고 말하는 시범을 보인다.
- 유아에게 교사를 모방하여 "누나."라고 말해 보라고 한다.
- 모방하지 못하면 교사가 "누나."라고 반복하여 말해 준 후 유아에게 "누나."라고 말해 보라고 한다.
- 말하지 못하면 교사가 "누"라고 첫소리를 말해 준 후 유아에게 "누나."라고 말해 보라고 한다.
- 수행되면 교사가 '누나'라고 말하는 입 모양을 보여 주며 유아에게 "누나."라고 말해 보라고 한다.
- 도움을 점차 줄여 간다.
- 수행되면 유아 스스로 "누나."라고 말해 보라고 한다.
- 수행되면 교사가 예를 들어 동생 사진을 놓고 "동생이라고 ♬ 말해 봐~요 ♬ 말해 봐~요 ♬"라고 노래를 부르며 "동생."이라고 말하는 시범을 보인다.
- 유아에게 교사를 모방하여 "동생."이라고 말해 보라고 한다.
- 모방하지 못하면 '누나'를 지도한 것과 같은 방법으로 지도한다.
- 수행되면 다른 가족들의 명칭도 같은 방법으로 지도한다.
- 수행되면 교사가 각 가족의 사진을 보여 줄 때 유아 스스로 각 가족의 명칭을 말해 보라고 한다.
- 수행되면 교사가 각 가족의 사진 위치를 다양하게 바꾸어 놓은 후 유아에게 각 가

족의 명칭을 말해 보라고 한다.

- 수행되면 유아의 특성에 맞는 적절한 강화제를 제공한다.

☞ 일상생활 속에서 실제 가족들을 만날 때마다 지도하는 것이 가장 효과적이다.

81 "춥다."와 "덥다." 표현하기

4~5세

목표 | "춥다."와 "덥다."를 표현할 수 있다.

자료 | "춥다." 및 "덥다."와 관련된 그림, 강화제

방법 ❶

- 교사가 추워서 옷을 두툼하게 입고 있는 그림을 보여 주며 "춥다."라고 말하고, 햇볕 아래에서 땀을 흘리는 그림을 보여 주며 "덥다."라고 말하는 시범을 보인다.
- 유아에게 교사를 모방하여 옷을 두툼하게 입고 있는 그림을 가리키며 "춥다."라고 말하고, 땀을 흘리는 그림을 가리키며 "덥다."라고 말해 보라고 한다.
- 수행되면 유아 스스로 옷을 두툼하게 입고 있는 그림을 가리키며 "춥다."라고 말하고, 땀을 흘리는 그림을 가리키며 "덥다."라고 말해 보라고 한다.
- 수행되면 교사가 "춥다." 및 "덥다."와 관련된 상황을 보여 주거나 그림을 보여 줄 때 유아 스스로 각 상황에 적절하게 "춥다."와 "덥다."를 말해 보라고 한다.
- 수행되면 유아의 특성에 맞는 적절한 강화제를 제공한다.

방법 ❷

- 교사가 추워서 옷을 두툼하게 입고 있는 그림을 보여 주며 "춥다."라고 말하고, 햇볕 아래에서 땀을 흘리는 그림을 보여 주며 "덥다."라고 말하는 시범을 보인다.
- 유아에게 교사를 모방하여 옷을 두툼하게 입고 있는 그림을 가리키며 "춥다."라고

말하고, 땀을 흘리는 그림을 가리키며 "덥다."라고 말해 보라고 한다.

- 말하지 못하면 교사가 옷을 두툼하게 입고 있는 그림을 보여 주며 "춥다라고 ♬ 말~해 봐요 ♬ 말~해 봐요 ♬"라고 노래를 부르며 "춥다."라고 말하는 시범을 보인다.
- 유아에게 교사를 모방하여 "춥다."라고 말해 보라고 한다.
- 말하지 못하면 교사가 "춥다."라고 반복하여 말해 준 후 유아에게 "춥다."라고 말해 보라고 한다.
- 수행되면 교사가 "춥."이라고 첫소리를 말해 준 후 유아에게 "춥다."라고 말해 보라고 한다.
- 수행되면 교사가 '춥다'라고 말하는 입 모양을 보여 주며 유아에게 "춥다."라고 말해 보라고 한다.
- 수행되면 교사가 추워하는 모습이나 동작을 보여 주며 유아에게 "춥다."라고 말해 보라고 한다.
- 도움을 점차 줄여 간다.
- 수행되면 유아 스스로 추워서 옷을 두툼하게 입고 있는 그림을 가리키며 "춥다." 라고 말해 보라고 한다.
- 수행되면 교사가 햇볕 아래에서 땀을 흘리는 그림을 보여 주며 "덥다라고 ♬ 말~해 봐요 ♬ 말~해 봐요 ♬"라고 노래를 부르며 "덥다."라고 말하는 시범을 보인다.
- 유아에게 교사를 모방하여 "덥다."라고 말해 보라고 한다.
- 말하지 못하면 교사가 "덥다."라고 반복하여 말해 준 후 유아에게 "덥다."라고 말해 보라고 한다.
- 수행되면 교사가 "덥."이라고 첫소리를 말해 준 후 유아에게 "덥다."라고 말해 보라고 한다.
- 수행되면 교사가 '덥다'라고 말하는 입 모양을 보여 주며 유아에게 "덥다."라고 말해 보라고 한다.

- 수행되면 교사가 더워 하는 모습이나 동작을 보여 주며 유아에게 "덥다."라고 말해 보라고 한다.
- 도움을 점차 줄여 간다.
- 수행되면 유아 스스로 햇볕 아래에서 땀을 흘리는 그림을 가리키며 "덥다."라고 말해 보라고 한다.
- 수행되면 교사가 추워서 옷을 두툼하게 입고 있는 그림을 보여 줄 때 유아 스스로 "춥다."라고 말하고, 햇볕 아래에서 땀을 흘리는 그림을 보여 줄 때 "덥다."라고 말해 보라고 한다.
- 수행되면 춥고 더운 다양한 상황이나 그림을 제시한 후 같은 방법으로 지도한다.
- 수행되면 교사가 '춥다' 및 '덥다'와 관련된 상황을 보여 주거나 그림을 보여 줄 때 유아 스스로 각 상황에 적절하게 "춥다."와 "덥다."를 말해 보라고 한다.
- 수행되면 유아의 특성에 맞는 적절한 강화제를 제공한다.

☞ 수행되면 확인을 위해 그림을 제시한 후, 예를 들어 추운 날씨의 그림에 동그라미를 그리게 하거나 스티커 붙이기 또는 도장을 찍도록 하면서 "춥다."를 말하도록 지도하는 방법도 있다. 특히 시판되고 있는 도장은 동물 모양이나 과일, 수 등 다양한 그림들이 새겨져 있어 유아들이 흥미 있게 과제를 수행하는 데 도움이 될 수 있다.

4~5
세

82 '안'과 '밖' 표현하기

4~5세

목표 | '안'과 '밖'을 표현할 수 있다.

자료 | 바구니, 접시, 상자, 사탕, 과자, 과일, 장난감 등, 안과 밖에 관련된 그림, 강화제

방법 ❶

- 교사가 예를 들어 바구니 안에 사과를 놓고 "안." 이라고 말하고, 바구니 밖에 바나나를 놓고 "밖." 이라고 말하는 시범을 보인다.
- 유아에게 교사를 모방하여 바구니 안의 사과를 가리키며 "안." 이라고 말하고, 바구니 밖의 바나나를 가리키며 "밖." 이라고 말해 보라고 한다.
- 수행되면 유아 스스로 바구니 안의 사과를 가리키며 "안." 이라고 말하고, 바구니 밖의 바나나를 가리키며 "밖." 이라고 말해 보라고 한다.
- 수행되면 다른 물건들도 '안'과 '밖'에 놓은 후 유아에게 각각 "안." 과 "밖." 을 말해 보라고 한다.
- 수행되면 유아의 특성에 맞는 적절한 강화제를 제공한다.

방법 ❷

- 교사가 예를 들어 바구니 안에 사과를 놓고 "안." 이라고 말하고, 바구니 밖에 바나나를 놓고 "밖." 이라고 말하는 시범을 보인다.
- 유아에게 교사를 모방하여 바구니 안의 사과를 가리키며 "안." 이라고 말하고, 바구니 밖의 바나나를 가리키며 "밖." 이라고 말해 보라고 한다.
- 말하지 못하면 교사가 바구니 안의 사과를 가리키며 "안이라고 ♬ 말~해 봐요 ♬ 말~해 봐요 ♬ 안, 안, 안 ♬" 이라고 노래를 부르며 "안." 이라고 말하는 시범을 보인다.
- 유아에게 교사를 모방하여 바구니 안의 사과를 가리키며 "안." 이라고 말해 보라고 한다.

- 모방하지 못하면 교사가 "안." 이라고 반복하여 말해 준 후 유아에게 "안." 이라고 말해 보라고 한다.
- 수행되면 교사가 '안' 이라고 말하는 입 모양을 보여 주며 유아에게 "안." 이라고 말해 보라고 한다.
- 수행되면 교사가 '안' 을 가리키며 유아에게 "안." 이라고 말해 보라고 한다.
- 도움을 점차 줄여 간다.
- 수행되면 유아 스스로 바구니 안의 사과를 가리키며 "안." 이라고 말해 보라고 한다.
- 수행되면 교사가 바구니 밖의 바나나를 가리키며 "밖이라고 ♬ 말~해 봐요 ♬ 말~해 봐요 ♬ 밖, 밖, 밖 ♬" 이라고 노래를 부르며 "밖." 이라고 말하는 시범을 보인다.
- 유아에게 교사를 모방하여 "밖." 이라고 말해 보라고 한다.
- 모방하지 못하면 교사가 "밖." 이라고 반복하여 말해 준 후 유아에게 "밖." 이라고 말해 보라고 한다.
- 수행되면 교사가 '밖' 이라고 말하는 입 모양을 보여 주며 유아에게 "밖." 이라고 말해 보라고 한다.
- 수행되면 교사가 바구니 밖의 바나나를 가리키며 유아에게 "밖." 이라고 말해 보라고 한다.
- 도움을 점차 줄여 간다.
- 수행되면 유아 스스로 바구니 밖의 바나나를 가리키며 "밖." 이라고 말해 보라고 한다.
- 수행되면 교사가 물어볼 때 유아 스스로 바구니 안의 사과를 가리키며 "안." 이라고 말하고, 바구니 밖의 바나나를 가리키며 "밖." 이라고 말해 보라고 한다.
- 수행되면 교사가 다른 물건들도 '안' 과 '밖' 에 놓은 후 유아에게 각각 "안." "밖." 이라고 말해 보라고 한다.
- 수행되면 유아의 특성에 맞는 적절한 강화제를 제공한다.

☞ 수행되면 확인을 위해 ‘안’ 및 ‘밖’과 관련된 그림을 제시한 후 교사의 지시에 따라 유아에게 ‘안’과 ‘밖’의 그림에 도장을 찍어 보라고 하거나 동그라미를 그리게 하면서 ‘안’과 ‘밖’을 말하도록 지도해도 된다. 특히 시판되고 있는 도장은 동물 모양이나 과일, 수 등 다양한 그림들이 새겨져 있어 유아들이 흥미 있게 과제를 수행하는 데 도움이 될 수 있다.

☞ ‘안’ 및 ‘밖’과 관련된 그림을 제시한 후 교사의 지시에 따라 유아에게 ‘안’의 물건이나 사물에 스티커를 붙이게 하거나 ‘밖’에 스티커를 붙이게 하면서 ‘안’과 ‘밖’을 말하도록 지도해도 효과적이다.

☞ ‘안’ 및 ‘밖’과 관련된 사진이나 그림을 오려서 코팅하거나 다음 그림을 복사하여 코팅한 후 교구로 제작하여 사용하면 편리하다. ‘안’ 및 ‘밖’과 관련된 그림 뒷면에는 까슬이를 붙이고, 하드보드지에는 보슬이를 붙이면 된다. 쉽게 붙였다 뗐다 할 수 있으므로 위치를 다양하게 바꾸어 지도할 수 있어 활용도가 높다. 하드보드지와 코팅지는 문구점에서 구입할 수 있다.

4~5
세

83 날씨 말하기

4~5세

목표 | 날씨를 말할 수 있다.

자료 | 날씨 표시, 날씨와 관련된 그림, 강화제

방법 ❶

- 교사가 날씨 표시와 각 날씨와 관련된 그림을 제시한 후 유아에게 각 날씨의 특징을 설명해 준다.
- 교사가 각 날씨를 가리키며 "맑음." "비." "눈." "흐림."이라고 말하는 시범을 보인다.
- 유아에게 교사를 모방하여 각 날씨를 가리키며 "맑음." "비." "눈." "흐림."이라고 말해 보라고 한다.
- 수행되면 유아 스스로 각 날씨를 가리키며 "맑음." "비." "눈." "흐림."이라고 말해 보라고 한다.
- 수행되면 유아의 특성에 맞는 적절한 강화제를 제공한다.

방법 ❷

- 교사가 날씨 표시와 각 날씨와 관련된 그림을 제시한 후 유아에게 각 날씨의 특징을 설명해 준다.
- 교사가 예를 들어 비가 와서 우산을 들고 있는 그림과 '비'를 나타내는 표시를 제시한 후 "비(비가 와요)."라고 말하는 시범을 보인다.
- 유아에게 교사를 모방하여 "비."라고 말해 보라고 한다.
- 말하지 못하면 교사가 "비."라고 반복하여 말해 준 후 유아에게 "비."라고 말해 보라고 한다.
- 수행되면 교사가 '비'라고 말하는 입 모양을 보여 주며 유아에게 "비."라고 말해 보라고 한다.

4~5 세

- 수행되면 교사가 '비' 표시를 가리키며 유아에게 "비."라고 말해 보라고 한다.
- 도움을 점차 줄여 간다.
- 수행되면 교사가 '비'와 관련된 그림을 보여 줄 때 유아 스스로 "비."라고 말해 보라고 한다.
- 수행되면 교사가 예를 들어 눈이 와서 눈사람을 굴리고 있는 그림과 '눈'을 나타내는 표시를 제시한 후 "눈(눈이 와요)."이라고 말하는 시범을 보인다.
- 유아에게 교사를 모방하여 "눈."이라고 말해 보라고 한다.
- 말하지 못하면 교사가 "눈."이라고 반복하여 말해 준 후 유아에게 "눈."이라고 말해 보라고 한다.
- 수행되면 교사가 '눈'이라고 말하는 입 모양을 보여 주며 유아에게 "눈."이라고 말해 보라고 한다.
- 수행되면 교사가 '눈' 표시를 가리키며 유아에게 "눈."이라고 말해 보라고 한다.
- 도움을 점차 줄여 간다.
- 수행되면 교사가 '눈'과 관련된 그림을 보여 줄 때 유아 스스로 "눈."이라고 말해 보라고 한다.
- 수행되면 교사가 '비'가 오는 날씨 및 '눈'과 관련된 그림을 보여 줄 때 유아 스스로 각 그림을 가리키며 "비." 또는 "눈."이라고 말해 보라고 한다.
- 수행되면 교사가 예를 들어 맑은 날씨에 나비와 꽃이 활짝 피어 있고 기분이 좋아 웃고 있는 그림 및 햇볕을 나타내는 표시를 제시한 후 "맑음(날씨가 맑아요)."이라고 말하는 시범을 보인다.
- 유아에게 교사를 모방하여 "맑음."이라고 말해 보라고 한다.
- 말하지 못하면 교사가 "맑음."이라고 반복하여 말해 준 후 유아에게 "맑음."이라고 말해 보라고 한다.
- 수행되면 교사가 "맑."이라고 첫소리를 말해 준 후 유아에게 "맑음."이라고 말해 보라고 한다.
- 수행되면 교사가 '맑음'이라고 말하는 입 모양을 보여 주며 유아에게 "맑음."이라

고 말해 보라고 한다.

- 수행되면 교사가 '해' 표시를 가리키며 유아에게 "맑음." 이라고 말해 보라고 한다.
- 도움을 점차 줄여 간다.
- 수행되면 교사가 맑은 날씨와 관련된 그림을 보여 줄 때 유아 스스로 "맑음." 이라고 말해 보라고 한다.
- 수행되면 교사가 '비'와 '눈'이 오는 날씨 및 '맑은' 날씨와 관련된 그림을 보여 줄 때 유아 스스로 각 그림을 가리키며 "비." "눈." 또는 "맑음." 이라고 말해 보라고 한다.
- 수행되면 교사가 예를 들어 구름이 끼어 있는 그림 및 '구름'을 나타내는 표시를 제시한 후 "흐림(날씨가 흐려요)." 이라고 말하는 시범을 보인다.
- 유아에게 교사를 모방하여 "흐림." 이라고 말해 보라고 한다.
- 말하지 못하면 '맑음'을 지도한 것과 같은 방법으로 지도한다.
- 수행되면 교사가 '비' '눈' '맑음' '흐림' 날씨와 관련된 그림을 보여 줄 때 유아 스스로 각 그림을 가리키며 "비." "눈." "맑음." "흐림." 이라고 말해 보라고 한다.
- 수행되면 교사가 각 날씨의 그림 위치를 바꾸어 놓은 후 각 날씨를 물어볼 때 유아 스스로 "비." "눈." "맑음." "흐림." 이라고 말해 보라고 한다.
- 수행되면 유아의 특성에 맞는 적절한 강화제를 제공한다.

방법 ❸

- 교사가 날씨 표시와 각 날씨와 관련된 그림을 제시한 후 유아에게 각 날씨의 특징을 설명해 준다.
- 교사가 예를 들어 '비'가 오는 그림 옆에 '우산' 표시를 붙이면서 "비." 라고 말하는 시범을 보인다.
- 유아에게 교사를 모방하여 '비'가 오는 그림 옆에 '우산' 표시를 붙이면서 "비." 라고 말해 보라고 한다.
- 말하지 못하면 교사가 "비." 라고 반복하여 말해 준 후 유아에게 "비." 라고 말해 보

라고 한다.

- 수행되면 교사가 ‘비’라고 말하는 입 모양을 보여 주며 유아에게 “비.”라고 말해 보라고 한다.
- 수행되면 교사가 ‘비’ 오는 그림을 가리키며 유아에게 “비.”라고 말해 보라고 한다.
- 도움을 점차 줄여 간다.
- 수행되면 유아 스스로 ‘비’가 오는 그림 옆에 ‘우산’ 표시를 붙이면서 “비.”라고 말해 보라고 한다.
- 수행되면 교사가 예를 들어 ‘눈’이 오는 그림 옆에 ‘눈’ 표시를 붙이면서 “눈.”이라고 말하는 시범을 보인다.
- 유아에게 교사를 모방하여 ‘눈’이 오는 그림 옆에 ‘눈’ 표시를 붙이면서 “눈.”이라고 말해 보라고 한다.
- 말하지 못하면 교사가 “눈.”이라고 반복하여 말해 준 후 유아에게 “눈.”이라고 말해 보라고 한다.
- 수행되면 교사가 ‘눈’이라고 말하는 입 모양을 보여 주며 유아에게 “눈.”이라고 말해 보라고 한다.
- 수행되면 교사가 ‘눈’ 오는 그림을 가리키며 유아에게 “눈.”이라고 말해 보라고 한다.
- 도움을 점차 줄여 간다.
- 수행되면 유아 스스로 ‘눈’이 오는 그림 옆에 ‘눈’ 표시를 붙이면서 “눈.”이라고 말해 보라고 한다.
- 수행되면 교사가 예를 들어 ‘맑은’ 날씨의 그림 옆에 ‘맑음’ 표시를 붙이면서 “맑음.”이라고 말하는 시범을 보인다.
- 유아에게 교사를 모방하여 ‘맑은’ 날씨의 그림 옆에 ‘맑음’ 표시를 붙이면서 “맑음.”이라고 말해 보라고 한다.
- 말하지 못하면 ‘눈’ 오는 그림을 지도한 것과 같은 방법으로 지도한다.
- 수행되면 ‘흐림’도 같은 방법으로 지도한다.

• 수행되면 교사가 '비' '눈' '맑음' '흐림' 날씨와 관련된 그림을 제시한 후 유아 스스로 각 그림에 맞는 날씨 표시를 붙이면서 "비." "눈." "맑음." "흐림." 이라고 말해 보라고 한다.
• 수행되면 교사가 각 날씨의 그림 위치를 바꾸어 놓은 후 각 날씨를 물어볼 때 유아 스스로 "비." "눈." "맑음." "흐림." 이라고 말해 보라고 한다.
• 수행되면 유아의 특성에 맞는 적절한 강화제를 제공한다.

☞ 날씨를 지도한 후 일상생활 속에서 날씨를 정확하게 표현할 때까지 확인하도록 한다.

☞ 수행되면 확인을 위해 그림을 제시한 후 날씨 표시와 각 날씨와 관련된 그림에 동그라미를 그리게 하거나 스티커 붙이기 또는 도장을 찍으면서 각 날씨를 말하도록 지도하는 방법도 있다. 특히 시판되고 있는 도장은 동물 모양이나 과일, 수 등 다양한 그림들이 새겨져 있어 유아들이 흥미 있게 과제를 수행하는 데 도움이 될 수 있다.

☞ 각 날씨와 관련된 사진이나 그림을 오려서 코팅하거나 다음 그림을 복사하여 코팅한 후 교구로 제작하여 사용하면 편리하다. 각 날씨와 관련된 사진이나 그림 뒷면에는 까슬이를 붙이고, 하드보드지에는 보슬이를 붙이면 된다. 쉽게 붙였다 뗐다 할 수 있으므로 위치를 다양하게 바꾸어 지도할 수 있어 활용도가 높다. 하드보드지와 코팅지는 문구점에서 구입할 수 있다.

흐림
맑음
비
눈

부록

관찰표

표현언어편 (I)

관찰표

표현언어편 I

0~1세	1	쿠잉(cooing) 하기		
	2	같은 음절 반복해서 소리 내기		
	3	자음과 모음 반복 연결하기		
	4	"빠이빠이." 표현하기		
1~2세	5	호흡 훈련 I		
	6	호흡 훈련 II		
	7	호흡 훈련 III		
	8	호흡 훈련 IV		
	9	혀 훈련 I		
	10	혀 훈련 II		
	11	"아빠." "엄마." 부르기		
	12	친숙한 단어 모방하기		
	13	원하는 것을 몸짓으로 표현하기		
	14	신체 두 부위 말하기		
	15	"주세요." 표현하기		
	16	친숙한 사물 이름 말하기		
	17	두세 가지 동물 울음소리 표현하기		
	18	"안녕."이라고 말하기		
	19	"이게 뭐야?"라고 질문하기		
	20	한 가지 색 말하기		
	21	친숙한 동물 이름 말하기		
	22	친숙한 음식 이름 말하기		

〈계속〉

연령	번호	목표	시행 일자	습득 일자
2~3세	23	혀 훈련 III		
	24	호흡 훈련 V		
	25	호흡 훈련 VI		
	26	호흡 훈련 VII		
	27	자신의 이름 말하기		
	28	신체 네 부위 말하기		
	29	장난감 세 개 말하기		
	30	"있다."와 "없다." 표현하기		
	31	"더 주세요." 요구하기		
	32	"예." "아니요."로 대답하기		
	33	'나' 또는 '내 것' 표현하기		
	34	'누가' 라는 질문에 대답하기		
	35	"같다."와 "다르다." 표현하기		
3~4세	36	세 가지 색 말하기		
	37	"크다."와 "작다." 말하기		
	38	"~가(이) 아니야."라고 말하기		
	39	신체 여덟 부위 말하기		
	40	소유 말하기		
	41	친숙한 과일 말하기		
	42	여러 가지 동물 말하기		
	43	열다섯 개 이상의 물건 말하기		
	44	세 가지 도형 말하기		
	45	"많다."와 "적다." 표현하기		
	46	다양한 동물 울음소리 표현하기		
	47	명사와 간단한 동사 연결하여 표현하기		
	48	"열렸다."와 "닫혔다." 표현하기		
	49	자신의 성별 말하기		
	50	'어디에' 를 묻는 질문에 대답하기		
	51	표정 보고 감정 말하기		
	52	친숙한 옷 명칭 말하기		
	53	'무엇' 을 묻는 질문에 대답하기		
	54	'무엇으로' 를 묻는 질문에 대답하기 I		

〈계속〉

연령	번호	목표	시행 일자	습득 일자
	55	‘어디서’를 묻는 질문에 대답하기		
	56	‘이것’과 ‘저것’ 말하기		
	57	‘나’와 ‘너’ 대명사 말하기		
	58	두 가지 맛 표현하기		
	59	나이 말하기		
4~5세	60	여러 가지 음식 이름 말하기		
	61	“길다.”와 “짧다.” 말하기		
	62	교통수단 말하기		
	63	세 개의 물건 중 없어진 물건 말하기		
	64	“뜨겁다.”와 “차갑다.” 말하기		
	65	다섯 가지 색 말하기		
	66	‘앞’과 ‘뒤’ 말하기		
	67	화장실에 있는 물건 말하기		
	68	“가볍다.”와 “무겁다.” 말하기		
	69	“높다.”와 “낮다.” 표현하기		
	70	두 가지 촉감 가리키기		
	71	동작동사 사용하기		
	72	필요한 도구와 기구 말하기 I		
	73	“시끄럽다.”와 “조용하다.” 표현하기		
	74	‘위’와 ‘아래’ 표현하기		
	75	네 부위의 신체 기능 표현하기		
	76	“빠르다.”와 “느리다.” 표현하기		
	77	친숙한 물건의 용도 말하기		
	78	조금 전에 경험한 것 표현하기		
	79	가구 명칭 말하기		
	80	가족을 부르는 명칭 사용하기		
	81	“춥다.”와 “덥다.” 표현하기		
	82	‘안’과 ‘밖’ 표현하기		
	83	날씨 말하기		

MEMO

MEMO

MEMO

● 저자 소개 ●

임경옥(Lim Kyoungook)
강남대학교 특수교육학과 학사
경기대학교 교육대학원 유아교육 석사
강남대학교 교육대학원 유아특수교육 석사
단국대학교 대학원 유아특수교육 박사
전 무지개 특수아동교육원 원장
현 수원여자대학교 사회복지과 아동복지전공 교수

〈저서 및 역서〉
장애영유아발달영역별 지침서1~5권(공저, 학지사, 2010)
보육교사 일반직무교육(공저, 양성원, 2016)
원장 일반직무교육(공저, 양성원, 2016)
보육교사 심화직무교육(공저, 양성원, 2017)
원장 심화직무교육(공저, 양성원, 2017)
특수교육학개론(공저, 학지사, 2017)
발달지체 영유아 조기개입-인지편(학지사, 2017)
아동권리와 복지(공저, 공동체, 2018)
특수교재교구제작(공저, 학지사, 2018)
발달지체 영유아 조기개입-신변처리편(학지사, 2018)
교사! 그 아름다운 이름(학지사, 2018)
발달지체 영유아 조기개입-수용언어편(학지사, 2018)

〈주요논문〉
예비유아특수교사들의 관찰실습경험에 대한 질적 연구(한국특수아동학회, 2013)
장애영유아 미술치료 연구동향 분석-1997년부터 2012년까지 전문 학술지 중심으로(한국특수아동학회, 2013)
보육교사의 전문성 인식과 통합교육 신념에 관한연구(사회복지실천연구, 2013)
예비보육교사들의 실습경험에 대한 이야기(한국콘텐츠학회, 2016)
아동복지전공 예비보육교사들이 보육실습에서 경험하는 딜레마에 대한 탐색(한국콘텐츠학회, 2016)

03

발달지체 영유아 조기개입 - 표현언어편 (I)-

2019년 9월 10일 1판 1쇄 발행
2023년 9월 20일 1판 5쇄 발행

지은이 • 임경옥
펴낸이 • 김진환
펴낸곳 • (주) 학지사
04031 서울특별시 마포구 양화로 15길 20 마인드월드빌딩
대표전화 • 02)330-5114 팩스 • 02)324-2345
등록번호 • 제313-2006-000265호

홈페이지 • http://www.hakjisa.co.kr
인스타그램 • http://www.instagram.com/hakjisabook

ISBN 978-89-997-1343-9 93370

정가 17,000원